北大经院论丛【第五辑】
U0400002

北·大·经·院·论·丛

第五辑

雄关漫道从头越

孙祁祥◎主编

北京大学出版社
PEKING UNIVERSITY PRESS

图书在版编目(CIP)数据

雄关漫道从头越/孙祁祥主编. —北京:北京大学出版社，2018.8
(北大经院论丛)
ISBN 978-7-301-29757-5

Ⅰ. ①雄…　Ⅱ. ①孙…　Ⅲ. ①中国经济—经济体制改革—文集　Ⅳ. ①F121-53

中国版本图书馆 CIP 数据核字(2018)第 170179 号

书　　名　雄关漫道从头越
XIONGGUAN MANDAO CONGTOUYUE
著作责任者　孙祁祥　主编
责任编辑　兰　慧　付海霞
标准书号　ISBN 978-7-301-29757-5
出版发行　北京大学出版社
地　　址　北京市海淀区成府路 205 号　100871
网　　址　http://www.pup.cn
电子信箱　em@pup.cn　　QQ:552063295
新浪微博　@北京大学出版社　@北京大学出版社经管图书
电　　话　邮购部 62752015　发行部 62750672　编辑部 62752926
印 刷 者　北京大学印刷厂
经 销 者　新华书店
720 毫米×1020 毫米　16 开本　18.75 印张　267 千字
2018 年 8 月第 1 版　2018 年 8 月第 1 次印刷
定　　价　58.00 元

四十不惑：中国在自省中走向未来

（代序）

1978年，党的十一届三中全会召开，中国改革开放的大幕由此拉开。仅仅40年的时间，中国发生了巨变。

1978年，在邮电局工作了两年的我，每月工资从学徒工时的18.5元提高到32.5元。当年，我国城镇居民人均可支配收入为343元，农村居民人均纯收入为134元。2017年，我国城镇居民人均可支配收入为36 396元，农村居民人均可支配收入为13 432元。

1978年，我与话务班的20多位话务员一起，每天用十几部市内程控交换机连接着全市40多万人可使用的600多部电话。统计资料显示，当时整个中国的电话容量为359万门，普及率为0.38%，不及世界水平的1/10。2017年，我国移动电话普及率上升至102.5部/百人，4G用户占全球4G用户比例超过40%，光纤宽带用户占全球光纤宽带用户比例超过60%。

1978年，我们一家五口住在60多平方米的房子里，虽说相比现在不大，但与当时城里许多家庭相比，还是宽敞了不少。统计资料显示，1978年，城市居民人均住宅建筑面积为6.7平方米，2016年为36.6平方米。

1978年，已成年的我，除了小时候跟随不断调动工作的父母去过一些城市，从未去过任何其他地方旅游。中国甚至在1978年都没有国内旅游人数的官方统计，而仅有入境游客的统计。当年，入境游客人数为180.92万人次，2017年达到13 948万人次；1994年，全国居民旅游人数为5.24亿人次，2017年达到50亿人次，其中出境 14 273 万人次。

上面这些我亲身经历过的、反映普通百姓最基本生活变化的几组数据，只是中国巨变中的一个缩影。伴随着人民生活水平的大幅提升，按现行标准，我国农村贫困人口发生率从 1978 年的 97.5%下降到 2017 年的 3.1%，远低于 10%的世界平均水平。恩格尔系数从 1978 年的 60%下降到 2017 年的 29.3%，达到了联合国的富足标准。中国，这个有着五千年悠久文明历史、人口世界第一的发展中大国，仅用了不到 40 年的时间，就在从计划经济向市场经济的转轨中，告别贫困，实现温饱，走上小康，重回世界舞台的中央。

孔子曰："三十而立，四十而不惑。"人到四十能明理"不惑"，中国的改革开放，也进入了"不惑之年"。

四十不惑，我们为四十年的巨变而骄傲。巨变的发生是人类历史上的奇迹，更是确凿的证明——证明了改革开放的伟大；证明了"实践是检验真理的唯一标准"；证明了要想实现中华民族伟大复兴，只有坚持中国共产党的领导，走有中国特色的社会主义道路。

四十不惑，我们既要看到成绩、总结经验，也要清醒地认识到我们的不足。2016 年，中国人均国内生产总值只相当于世界平均水平的 80%、美国的 14.13%、欧盟的 23.30%，排在全球第 68 位。在 2015 年参加联合国人类发展指数排序的 188 个国家中，中国排在第 90 位。国家统计局和有关机构的权威资料表明，目前我国经济"大而不强"的特征仍然明显，科学技术、人力资源、生产资本等要素的水平与发达经济体相比还有较大差距。2016 年，最能衡量核心技术能力和创新能力的国内发明专利申请受理量和授权量占当年全部专利的比重分别不到 40%和 20%。目前，中国每百万人中研究人员数量只有 1 000 人左右，远低于高收入国家 4 000 人左右的水平。21 世纪以来，中国的劳动生产率从 2000 年的 2 023 美元跃升至 15 000 美元，而美国的劳动生产率在 2000 年是 81 000 多美元，2017 年更是突破 10 万美元大关。中国许多产业仍处于全球价值链的中低端，关键领域核心技术受制于人的格局还没有得到实质性的改变，出口产品附加值不高等问题尚未得到根本解决。

四十不惑，我们要清醒地看到发展约束条件的变化。在普遍贫困的年代，吃饱肚、穿暖衣就能为人带来幸福感；而随着经济发展和生活水平的提高，人们期盼有更好的基础设施、更舒适的居住环境、更丰富多彩的文体生活、更可靠的养老保障、更高水准的医疗卫生服务、更优美的生态环境，以及更有保障的安全、民主、法治、公平和正义。然而，"穷则思变，富则思安"。一方面，人们希望获得更多的利益；而另一方面，又不希望因为改革而触碰自己的既得利益。借用经济学的"边际"概念，人们的"边际改革热情"在下降，但"边际利益诉求"在攀升；"边际幸福感"在下降，而"边际焦虑感"在上升。与此同时，我们看到，改革开放 40 年后的今天，环境资源的硬约束、人口老龄化的加速、人口红利的消失、劳动力成本优势的下降、改革进入深水区后遭遇的体制机制藩篱……各种人的因素、物的因素和环境的因素交织在一起，无疑对未来的发展提出了新的挑战。

四十不惑，我们更要清醒地看到国际社会新的动向。综观全球，在中国经济迅速崛起的同时，国际上保护主义、民粹主义、保守主义、孤立主义以及反全球化的逆流也在涌动。已经出现并可以预见的是，在新的世界格局中，原有的国际平衡被打破，国与国之间可能产生新的诉求、新的摩擦甚至新的争端。对于重回世界舞台中央的中国来说，必须面对和警惕"修昔底德陷阱"和"金德尔伯格难题"。中国一直强调永不称霸，但这并不能阻挡那些想称霸，或有冷战思维的人，以及对中国的崛起有疑虑的国家制造或者挑起事端。与此同时，我们也不能不警惕有人以"吹捧"的方式来给中国设下"温柔的陷阱"。如果我们不能在"赞美声"中保持足够的自省，更加发愤图强，奋起直追，我们将可能在自我陶醉中重新拉大与发达国家的差距。中国是大国，但还不是强国。在从大国向强国进军的征程中，我们必须认清大国演进规律、科技发展规律和风险演化规律，正视中国与世界发达国家之间存在的差距，不畏各种挑战，直面并认真解决存在的问题，从容应对各种"棒杀"和"捧杀"。

2018 年的全国"两会"如期而至。这是党的十九大召开之后的第一次"两会"，也是在中国改革开放 40 周年时召开的一次盛会，意义十分重大。在此之后，中国历史上的三个重要年份将相继到来：2019 年，中华人民共和国成立 70 周年；

2020年，中国跨入全面小康社会；2021年，中国共产党成立100周年。在这样一个继往开来的时代，在这样一个承前启后的会上，我们一定要全面总结经验、深刻反思教训、认真剖析问题、理性提出对策。中国是一个有着“吾日三省吾身”传统的民族，而一个有着自省精神的民族能够永葆不竭动力。我们在自省中走到今天，我们也将在自省中走向未来。

北京大学经济学院自2014年开始，每年都在全国知名网站（北京大学经济学院官网和官微、环球网财经频道、新浪网财经频道、《环球时报》英文版等）推出“北大经院专家学者笔谈全国‘两会’”系列文章或观点，引起社会的广泛反响。今年是北京大学120周年的华诞。在北大百余年的历史中，一代又一代的北大经济学人为中国经济学科的发展和繁荣、为中国的改革开放做出了卓越的贡献。改革的成功需要汇集民智，我们希望通过“两会”笔谈，与社会各界共同深入探讨中国经济改革与发展中的问题，为贯彻落实十九大报告所提出的各项任务，为实现全面建成社会主义现代化强国的奋斗目标，提供我们的智力支持，贡献我们的力量。

孙祁祥

2018年5月

【目录】CONTENTS

理论篇：纲举目张，天下同途

宏观篇：盐铁激论，国是于兹

产业篇：坊市鳞栉，各历消长

三农篇：君子务本，本立道生

金融篇：轻重平准，枢集权衡

网信篇：百年一日，万变寻宗

文化篇：独步天下，盛德卧心

环境篇：青山犹在，细水长流

国际篇：深稽海志，千里逐波

民生篇：德风化民，泽润遐迩

理论篇·纲举目张，天下同途

1 Part

在新的历史时期下，全球经济发展进入了新的阶段，随着我国新一届领导班子的诞生，如何更好地推动中国社会的经济发展，深化改革体系，成为当下每一个经济学者所应关注的重点。本篇从理论的高度深入分析当下经济改革过程中所面临的重大战略性问题，内容涵盖供给侧改革、乡村治理、共享经济、分配制度等多个领域，以期从大入手，系统性地研究当下中国经济面临的重大难题。

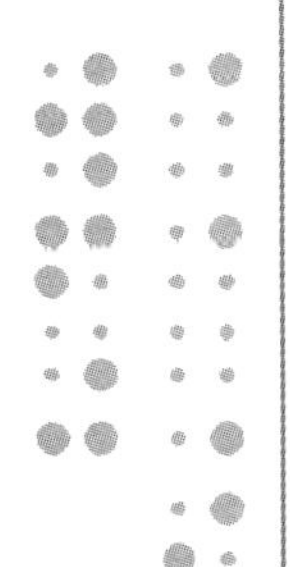

推动国有资本做强做优做大

平新乔

习近平总书记在2017年10月中国共产党第十九次代表大会上所做的政治报告里明确提出了“推动国有资本做强做优做大”的方针，李克强总理在2018年3月的《政府工作报告》里又继续强调了这个方针。这与2015年8月中共中央、国务院下发的《关于深化国有企业改革的指导意见》里提出的“做强做优做大国有企业”的方针相比，只有两字之差——将“国有企业”改为“国有资本”，但其意义非凡：“做强做优做大”的主体不再是作为公有制实现形式的国有企业，而是落实到作为公有制实体的国有资本上来，这就为混合所有制经济中的国有企业改革释放出巨大的改革空间。这是对于马克思主义政治经济学关于从资本主义社会向共产主义社会过渡时期的公有制体制及其实现方式理论的重大发展。

从做强做优做大国有企业到做强做优做大国有资本的转变，具体来说，包含三个方面：一是从监管目标上来说，国资委对于国企的监管，要从管企业转变到管资本上来；二是从监管体制上来说，要建立与落实国有资本的授权经营体制，将国家代表全体人民对于国有资本的控制方式与市场机制结合起来，同时也将国有资本的控制力和影响力扩展到社会经济的各个方面，而不光是以前那种国家对国企为主的控制力和影响力；三是从公司治理结构上来说，对于运行层面的国企，有可能终止目前还在实施的国资委与国企之间两级的委托—代理关系，让国资委不再成为国有控股的上市企业的直接委托人，而让国有控股上市企业建立相对独立的委托—代理治理结，这会大大改善国有上市企业的治理结构效率，从而改善整个经济的资源配置效率。这三个转变，会从总体上将发挥市场在资源配置中的决定性作用与更好地发挥政府作用两个方面有机地结合起来，是下一步中国经济改革和新时代社会主义经济发展的中心环节。

国企与国资之间究竟是什么关系？应该是形式与内容、特殊与一般的关系。社会主义国企是社会主义国家资本控制的一种企业经营形式，国资与国企之间的关系是生产资料全民所有制与其实现形式之间的关系在现阶段社会主义市场经济里的具体体现。这本是十分清楚的，是不成问题的。如孤立地看国企，从国企本身的角度来谈国企改革，那么，讲国企在一些领域里要做强做优做大也是正确的。但是，作为执政党的中国共产党的总方针，在坚持发展作为社会主义基础的公有经济的同时，也要大力支持非公经济发展，那么，放在混合经济的大格局里，国企就会有进有退，在有的地方需要做强，在有的地方则需要淡出；有的产业国企需要一股独大，而在另一些产业里，国企可能会转变为资本结构多元化的混合企业，甚至国资不再是控股资本的企业，也就是说，国有企业在这些领域不一定要做大。但是，作为生产资料公有制在现阶段的经济内涵的国家资本，其控制力则不仅体现在对国企的控制上，还表现在其对非公经济的控制、引导和影响力上。国资应该做强做优做大，这在现阶段社会主义经济中应该是一贯的，因为做强做优做大国资，实质就是做强做优做大生产资料公有制经济。国资作为生产资料公有制只是一种所有权归属，它不同于企业经营方式，不同于企业组织形式。强调国家资本的控制，即强调生产资料全民所有制的归属，而适当淡化国家对企业组织形式的控制，让企业组织形式适应市场方式，这会有利于国资的做优，即提高国资的资源配置效率，这反过来就会让国资更加强大。做强、做优、做大国资，核心是“做优”。优化了，会有利于国资的强与大；反过来，没有国资的优化而讲其强与大，可能会不利于整个经济的资源配置。

“做强做优做大国有资本”这个方针涵盖了改革国有资本授权经营体制、在国资委与国企之间建立国有资本投资与运行公司、发展混合所有制经济的内容。这对于下一阶段的国企改革来说，至少具有四方面的重大意义：

第一，在国资委与国企之间建立国有资本投资与运行公司，专司国有资本的市场投资与市场运行。这不仅是将国资管理的职能从国资委分解到国有资本投资与运行公司，而且在职能内涵上会发生从行政管理到市场经营的质的转变。我们知道，马克思和恩格斯非常重视资本市场的发展对于经济体制转型和未来社会形态的决定作用。恩格斯在1891年7月1月写给康·施米特的信中说："向共产主义社会的过渡阶段——还需要认真考虑……这是目前存在的所有问题中最难解决的一个，因为情况在不断地变化。例如，随着每一个新托拉斯的出现，情况都要有所改变；每隔十年，进攻的目标也会全然不同。"这就是说，资本市场发展会提供新的资本运行模式、新的企业组织方式，甚至是新的社会过渡形式。最近几十年来，世界金融市场和资本市场的创新为我们的国有资本做强做优做大提供了巨大空间，我们在国资委与国企之间建立国有资本投资与运行公司，就是要在国家资本的管理层面上引入市场机制，在管资本的层面上以公司模式来代替目前的行政管理模式，这本身就是一场深刻的革命。

第二，改革国有资本授权经营体制会改变目前国资委与国企之间那种二级的委托—代理关系。在目前的二级委托—代理关系里，国资委作为国家出资人是国企直接的委托人。一旦建立国有资本投资与运行公司，由国有资本投资与运行公司作为国家资本的投资方担当国企的出资人，就可能建立国有资本投资与运行公司和国企之间的委托—代理关系；同时，国资委作为国家资本的最终委托人和国有资本投资与运行公司之间又会建立新的委托—代理关系。这样一来，原来的国资委与国企之间的委托—代理关系就可能转变为三种模式：一是形成国资委——国有资本投资与运行公司——国企之间三级甚至多级的委托—代理关系，降低国资委对于国企决策的直接干预程度；二是国有资本投资与运行公司和国企之间形成比较直接的委托—代理关系，国企的董事会组成就主要取决于出资人的资本份额比重，由国有资本投资与运行公司来根据资本市场变化和人民长远利益决定对于国企的投资，通过股权变化来影响国企的决策和行为，也通过国有资本投资与运行公司的出资人所控制的国企的董事会来影响公司决策；三是在国有资本投资与运行公司持股较少的国企里，国企就可能变为混合公司，国资在股权里的比重可能不到绝对控股程度，甚至不到相对控股（第一股东）程度，但是国资还是参股了，能够对国民经济发挥影响力。

第三，国资委对于若干关键的经济部门尤其是社会公益经济部门的资本管理可能还是要继续目前的二级的委托—代理关系模式。但是在更多的经济部门里，让国有资本投资与运行公司作为投资方和出资人参与公司治理，就会在相当程度上把目前许多国企改造成为混合公司。在这些混合公司里，国家资本可以是继续绝对控股的，也可以是相对控股的，但混合所有制的改革本身会让国资和国企在更广的范围内参与经济发展和产业发展，从而进一步做强做优做大国资。中国目前正面临世界产业发展和产业结构升级的许多机会，比如，我们的电力产业，正面临配电段和发电段改革的机会；我们的铁路运输业，正面临巨大的亏空和债务压力，需要与物流产业融合，通过市场化运作来提升铁路运输的总体效率；我们的军工产业正面临军民融合的发展机会；我们的石油天然气产业，正面临下游和部分官网放开的改革机会；我们的民航产业，正面临货运转型机会，需要与物流、快递产业衔接；我们的基础设施建设产业正面临走出去、“一带一路”的发展机会，等等。这些，都需要电力、铁路、军工、石油天然气产业、民航产业和基础设施与设备制造产业里目前占据主导地位的国企大力推进混合所有制改革，引进非公的战略投资者，将国资做得更优。

第四，将国资管理与国企管理适当分离后，就加强了国资投资的灵活性和市场导向，就会淘汰那些低效亏损的僵尸企业，从而引起国资布局和国企布局的产业调整，从总体上有利于国资的优化。

在供给侧结构性改革中构建高效现代化农业管理体系

董志勇

2018年中央一号文件以乡村振兴为主题，在农业供给侧结构性改革的大背景下，致力于构建我国高效的现代化农业管理体系，目的是提升农民收入水平、生活水平，实现乡村振兴的根本目标。如何在供给侧结构性改革的根本要求下构建高效管理体系，是我们急需思考的问题，我相信这同样是2018年“两会”所需要重点讨论并解决的实际问题。

一、目前制约农业管理体系发展的几大因素

我个人觉得，目前制约农业管理体系发展的因素中既有政策性因素，也有我国农业生产客观经济规律的因素。要想构建高效现代化的农业管理体系，很大程度上要借助农业政策的力量，来最大限度地克服农业生产不利的客观条件。

(1) 落后分散的小农经济与市场化的根本矛盾。随着贸易全球化的深化，农产品的国际竞争日益显现。但是鉴于我国目前的农业生产条件，“小农户、大市场”的矛盾长期存在，并且在两个层面上显现：第一，我国是一个拥有14亿人口的大国，每年对于农产品的需求量极大；并且，中国幅员辽阔，农产品的生产和流通在地域上范围极大。第二，农产品的竞争日益成为国际范围内的竞争，这在很大程度上整合和拓展了市场，幅员辽阔、人口稀少和农业生产条件优越的国家迅速成了农产品输出国和农产品贸易顺差方，相比之下，中国农产品市场面临着巨大的挑战。同时，小农户的“小”也同样体现在，以边际

效率的损失来换取有限的产量提升，本质上还是受限于农业生产条件，尤其是人均耕地面积；广大农户的受教育水平较低，农业知识匮乏，对于生产效率改进的认知有限，再加上抵御风险能力差、收入低、资产少、缺乏议价能力，更加剧了“小农户”的特性。

（2）小农风险承担能力的天然缺失与农业生产高风险之间的矛盾。除了农地，“小农户”几乎再没有任何具备避险功能的资产，抗风险能力天然匮乏。同时，农业生产的高风险确实长期存在，这既是由农业生产本身的特性决定的，也跟我国农业的结构性因素有关。以养殖行业为例，最近几年猪肉价格、鸡肉价格和鸡蛋价格都出现了大幅波动，农业生产的分散性使得养殖户在受到正向或者负向刺激的时候会非常机动地选择养殖策略，再加上各地审批、监管的尺度不一，更会加大市场的波动，这些都是我国农业生产高风险性的结构性因素。

（3）收储制度难以为继，如何依赖市场手段平抑价格过度波动成为难题。当前的粮食收储政策面临变革。我国的粮食购销政策运行多年，使得国内外农产品价格倒挂，下游企业运营受到较大影响；农产品库存积压，库销比普遍大幅高于全球水平。2018年的政府工作也再次明确“加快消化粮食库存”“减少无效供给要抓出新成效”。

虽然我国已经启动了包括玉米在内的农产品价格直补政策，但是如何依赖更加市场化的手段来平抑农产品价格过度波动，尤其是在改革转型期更好地熨平农产品价格波动，保障农户利益和收入，成了重要的讨论话题。

（4）农业政策统筹协调的天然矛盾。虽然第一产业在我国经济体量中的占比越来越小，但是农业问题的牵扯范围却是越来越大，尤其是在城乡二元结构剧烈变动的时期，这也充分考验了政策制定者的智慧。历史经验告诉我们，针对农业问题，“头痛医头，脚痛医脚”的单一政策不但无法达到预计的政策效果，甚至会适得其反。

总之，农业领域的相应改革大致都具有三个特点，一是其往往涉及最本质的经济制度甚至政治制度，必须慎之又慎；二是其往往在短期内需要大量的财政支持，且短期内经济回报有限；三是由前两点决定了该领域的相应改革往往是长周期、渐进式的。相信绝大多数的经济学研究者都很难在农业领域的改革中找到特定的、巨大的政策冲击，因此农业经济学的相应研究往往被认为内生性比较强。这也充分说明乡村振兴、构建高效现代化农业管理体系是党和国家的重大战略，是一项长期的历史性任务。

二、农业供给侧结构性改革大原则下构建高效现代化农业管理体系的措施

供给侧结构性改革的大背景下，要更好地构建高效现代化农业管理体系，我们必须弄清并且长期遵照农业供给侧结构性改革、乡村振兴战略的本质要求，这样才能正本清源、不离初心。

(1) 以乡村振兴、增产增收为根本目标；农民必须作为乡村振兴、农业供给侧结构性改革中的主体，政策要充分考虑农民主观意愿。农业供给侧结构性改革的目标是多元的。同样地，构建高效现代化农业管理体系的挑战也是多重的，但一定需要明确。多元目标、多重挑战的最终目的都是更好地为农民和农业服务，致力于不断地增产增收，实现乡村振兴，实现人与自然和谐发展，更好地解决现阶段发展不平衡不充分的问题。

习近平总书记在十九大报告中指出，人民是历史的创造者，是决定党和国家前途命运的根本力量。同样，2018 年的《政府工作报告》指出“强化民生兜底保障”，具体的还提到“改进耕地占补平衡管理办法，建立新增耕地指标、城乡建设用地增减挂钩节余指标跨省域调剂机制，所得收益全部用于脱贫攻坚和支持乡村振兴”。那么在农业供给侧结构性改革的大背景下构建高效现代化农业管理体系也要充分考虑到农民的根本利益，切实考虑到农民的主观意愿，以人为本、以农为本地制定并且科学地推进各项农业政策。

(2) 以农地为切入口，继续鼓励新型农业主体的发展，鼓励流转。关于土地流转和生产率“负向关系”的观察与担忧始终有很多。《政府工作报告》再次强调“全面深化农村改革”“落实第二轮土地承包到期后再延长 30 年的政策”“探索宅基地所有权、资格权、使用权分置改革”。土地流转一直是国家大力推

行的政策，并辅以对新型经营主体的鼓励机制。土地流转带来的效率改进依托于几个渠道，第一是规模化经营和机械化经营，第二就是随着要素市场的活跃，土地能够流入出价最高、生产率最高的群体当中。

(3) 生产效率提升和环境规制并重；农业基础设施的投入要充分考虑市场性、效率、使用率。新时代下，农业供给侧结构性改革的根本要求也必须服从我国社会当前主要矛盾的客观规律。诚然，相对于城市人口，我国的农村和农村人口还相对贫困，收入水平较低，贫困比例还较高，更多的属于“不平衡不充分”中弱势的一方。因此，生产效率的提升还将是农村工作中长期存在并且需要不断努力的方向。无论是农业供给侧结构性改革、乡村振兴还是构建高效现代化农业管理体系，都需要为这一目标服务。

我们必须意识到总量不等于效率，摒弃投放无效的产能和无用途的基础设施、避免闲置同样符合农业供给侧结构性改革的根本要求。《政府工作报告》指出“继续破除无效供给”“坚持用市场化法治化手段，严格执行环保、质量、安全等法规标准，化解过剩产能、淘汰落后产能”。我国农业基础设施的投入一定时期内同样存在“过密化”“无效化”趋势，例如为了顾及大山深处的个别农户强行修路，而不考虑迁出集中居住；例如家电下乡等相应政策。这些投入短期内确实对于总产量和平均产量的提升有一定作用，但是长期来看使用率低、作用人群少、效率低下，并不符合高效、现代化的农业建设和生产要求，日后应当注意科学决策的效率。

目前农村的主要污染问题分为空气污染、地下水污染、虫害、河流污染、垃圾污染、癌症爆发等六类，大都主要由于人为因素而产生。生产效率提升和环境规制的目标非但不矛盾，反而可以相互促进。

(4) 通过国家部委机构改革，建立大部联动的政策制定机制或者机构。农业政策与外界环境之间是相互影响相互作用的，也可以说两者之间具有非常紧密的联系，不可分割，而且各农业政策之间也是具有相互关系的。因此，农业政策会随着时间的推移以及外界环境的变化而发生一些变化，这也体现出了农业政策是具有时效性的。随着时间以及外界环境的变化，原本协调的政策也可能会产生一些矛盾，这就需要及时地对这些矛盾进行调整，以增强农业政策的协调性，增加政策的合力，从而使农业政策能够发挥最大的效应。而要实现这一目标，在对农业政策进行优化调整的过程中，就需要从全局的角度出发，注重各个政策之间的协调统一。

这次《政府工作报告》再次强调了农业供给侧结构性改革的重要地位，2018 年中央一号文件再次聚焦乡村振兴战略，在两大主题的指导下，我们已经认清构建高效现代化农业管理体系将是一项系统并且长期的工作。本文基于对制约了目前农业管理体系的相关因素的认知，探讨如何在农业供给侧结构性改革的根本要求下构建高效管理体系，提供政策建议和具体措施，但是更加细致的举措以及相互之间的影响机制值得学术界和理论界长期的探讨和思考。

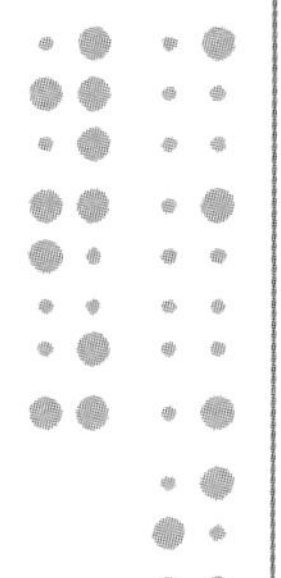

打破集体行动困境，强化乡村治理能力

叶静怡　韩佳伟

村民自治制度是我国乡村治理体系的重要依托，是改革开放以来“党领导亿万农民建设有中国特色社会主义制度的伟大创造”，是当代中国特色社会主义建设的重要制度创新。与传统农村社会由乡绅管理村务和人民公社制度下“政社合一”的管理模式不同，在村民自治制度下，由村民定期选举产生的村委会代表村民行使管理村庄公共事务的权力，并接受广大村民的监督，通过村民的自我管理、自我教育、自我服务，推动农村经济社会的发展和进步。经过三十多年的实践和发展，村民自治制度日趋完善，积累了丰富的实践经验，在村庄公共治理方面发挥着不可替代的作用，但与工业化和城市化的高速发展以及人民日益增长的美好生活需要相比，村民自治制度正面临发展不平衡不充分的问题。党的十九大报告指出，发展不平衡不充分已经成为满足人民日益增长的美好生活需要的主要制约因素。农村地区的发展不平衡不充分问题尤为突出，其表现之一就是农村基层基础建设存在薄弱环节，乡村治理体系和治理能力亟待强化，李克强总理在 2018 年的《政府工作报告》中再次强调乡村治理体系建设，把健全自治、法治、德治相结合的乡村治理体系列为乡村振兴战略的一个重要组成部分。

村民的积极参与是村民自治制度正常运行的基础，包括参加定期召开的全体村民会议和村民代表会议，参加定期举行的村委会改选和村务监督委员会的选举以及日常村务监督工作等。经济利益是政治参与的基础性条件。村民与村庄的基本经济利益关系植根于他们以集体经济组织名义所共同拥有的土地（包括耕地、建设用地和宅基地）和以家庭为基本经营单位的土地承包制。自2003年农村土地承包法施行以来，农民获得了受法律保护的长期而有保障的土地承包经营权；2017年全国人大通过的《中华人民共和国农村土地承包法修正案（草案）》明确规定，耕地承包期届满后再延长三十年；党的十九大报告再次强调第二轮土地承包到期后再延长三十年，并强调要巩固和完善农村基本经营制度，深化农村土地制度改革，完善承包地"三权"分置制度。可以说，国家依法保护农村土地承包关系稳定并长久不变，保障农民在土地上的相应权益，是农民和农户参与村庄民主自治的基本经济激励来源。

然而，在城乡经济发展水平和收入水平仍然存在巨大差距，且劳动力相对于土地过剩的背景下，大量农村劳动力离开土地和村庄涌入城市地区，在制造业和服务业等部门寻找更大的发展空间和更高的收入，已经成为中国经济发展的一个特征性事实。我们对黑龙江村庄的调查显示，大部分村庄外出打工的劳动力占村总劳动力的50%以上，占比最高的村庄甚至达到80%以上；根据《2017年国民经济和社会发展统计公报》，2017年年末，全国农民工总量达28652万人，比2016年增长1.7%，占乡村总人口的49.69%。随着大部分村庄中的青壮劳动力远离家乡、外出工作，村民的分散状态日益加剧，不少地区出现了村民的"原子化"和村庄的"空心化"，尽管农民依然保留着对土地的承包权，但他们的生活与村庄已经渐行渐远，他们的收入对土地经营和农业的依赖度在不断下降，对制造业、服务业的依赖程度则不断提高，对市民化的需求也越来越多，村民与村庄的利益联系逐渐被削弱。在土地承包关系稳定并长久不变的政策下，大部分外出务工和生活的农民只有在村庄集体土地被征用、宅基地发生拆迁时，也就是在发生重大利益变动和重新分配时，才会长途跋涉回到村里参加村民大会，才有积极性参加村委会的选举和担任村民代表并出席会议。无疑，这种由短期利益产生的村庄自治参与激励不仅是难以持续的，而且只发生在局部地区。

农民家庭对村集体共同所有的耕地所拥有的承包权和对宅基地所拥有的使用权，决定了村民无法割断与村庄之间的利益关联，他们必然保有对村庄民主自治和村务监督的愿望与权利，但迁移到城镇就业的农民家庭，尤其是跨省市的迁移，生活和工作的依托与依靠已经偏重城镇，导致他们参与村庄自治的愿望在不断弱化，而且，即使他们有愿望去实现自己基于村庄内部利益的某些权利，也往往因为成本过高而难以实现。这种状况导致的必然结果，是村庄自治中的集体行动困境。

打破这种困境的一个可能途径，是新型农业经营主体对村庄民主自治的参与。近年来各类从事农业生产和服务的新型农业经营主体蓬勃兴起，包括农业专业大户、家庭农场、各类农民合作社和农业产业化龙头企业等，他们正在成为农业经营的越来越重要的主体，其不仅构成了农村经济发展的重要经济基础，而且为乡村治理能力的提升提供了更为丰富的人力资源和经济实力，因而可能有助于推动集体行动问题的解决，强化乡村治理能力。在新型农业经营主体中，那些由本村农户通过土地经营权流转成为的农业专业大户、成立的大规模的家庭农场，或者由本村农民联合起来建立的各类合作社，无论是以家庭身份还是以经营主体身份参与村民自治，都与村民自治的法律规章、村规和民俗不矛盾，但那些由非本地村民和家庭组建的新型农业经营主体，尽管从事的是专业化农业生产，生活在当地村落，其收入和经济利益与当地农村非常密切，且《村组法》也明确规定户籍不在本村但在本村居住一年以上的外来人口也有选举权，但他们要真正融入当地村庄社会，享有与当地村民同等的参与村庄自治的权利和义务，发挥他们在村庄民主自治中的作用，还需要有村规民俗的相应变化。

完善信用体系，发展共享经济

杜丽群

近年来，党和政府高度重视共享经济的发展。习近平在党的十九大报告中提出：要把共享经济作为“培育新增长点，形成新动能”的领域之一。李克强总理在2018年《政府工作报告》中再次强调“发展共享经济”，并明确指出这个“快速崛起的新动能，正在重塑经济增长格局、深刻改变生产生活方式，成为中国创新发展的新标志”。在2018年的“两会”上，共享经济成了代表们关注的一个热门话题。这充分说明了，共享经济和其他新的经济引擎对中国国内生产总值增长的贡献率在不断地上升。那么，共享经济的本质和发展的基础是什么？它进一步发展的瓶颈又在哪里？信用体系对共享经济的发展与壮大有何意义和作用？

一、什么是共享经济

所谓“共享经济”(sharing economy)，即在所有权没有发生变化的情况下，将使用权(临时)让渡给他人，以获取一定的报酬或经济利益，又称“分享经济”。哈佛大学商学院商务管理教授和历史学教授南希·科恩(Nancy Koehn)表示，共享经济是指个体间直接交换商品与服务的系统。共享经济将闲置的资源与技术嫁接，特别是运用先进的互联网技术，不仅可以降低供给和需求之间的信息不对称，弥补市场失灵，而且通过资源的共享，可以减少资源闲置带来的浪费，避免产能过剩的现象，从而实现资源的有效利用和进一步优化配置，进而通过实现规模经济或范围经济最终提高经济效率。共享经济这个术语可追溯到美国得克萨斯州立大学社会学教授马科斯·费尔逊(Marcus Felson)和伊利诺伊大学社会学教授琼.L.斯潘思(Joe L. Spaeth)于1978年发表的论文,在文中他们提出"协作消费"的观点。1984年麻省理工学院的马丁·威茨曼教授(Martin Weitzman)深入阐述了共享经济的概念,但并未引起人们太多的注意。2011年,共享经济被美国《时代周刊》列为将改变世界的十大想法之一。

然而,共享经济却是最近几年才流行起来的新生事物,其主要特点是,包括一个由第三方创建的、以信息技术为基础的市场平台。这个第三方可以是商业机构、组织或者政府。个体借助这些平台,交换闲置物品,分享自己的知识、经验,或者向企业、某个创新项目筹集资金。

在移动互联网快速发展的今天,越来越多的人关注共享经济,将自己闲置的资源利用起来,实现互利共赢。在我们现实生活中,大家熟知的或身边的共享经济案例就是共享单车(如摩拜和ofo)、共享汽车、共享房屋、滴滴打车以及共享充电桩和充电宝等。那么共享经济在经济学中究竟属于哪一类呢?可以说共享经济涉及了经济学中的诸多研究领域,如信息经济学、消费经济学、知识经济学和属于新制度经济学范畴的产权理论与交易费用理论。但就我个人的认识而言,共享经济的本质或其赖以实现的经济学基础,就在于新制度经济学中的产权理论,其支撑则是信用经济和契约经济。共享经济得以生存和发展的前提条件是产权清晰和信息对称,因为共享经济是在不改变资源所有权的前提下,通过临时或短期出让资源的使用权或消费权,利用新手段、新技术或新知识,达到资源共享,降低交易费用,以实现资源的收益权,实现"帕累托改进"。因此,健全完善的社会信用体系有利于共享经济的健康稳定发展。

在经济学理论中,目前尚未真正展开对共享经济的分析,但显然存在着一些具有启发性的分析思路。例如,从规模经济、范围经济的角度来看,共享经济主要利用了规模效应,以及不断下降甚至接近于零的边际成本。

二、为什么要发展共享经济

共享经济作为一种新的经济形式，其出现有其必然性和合理性。尽管在共享经济发展初期可能会遭遇挫折，但中国庞大的市场规模必将为其良好发展前景带来有力支撑。在经济转型升级时期，共享经济究竟能在中国经济中扮演什么角色，能否带来一些变革呢？

党的十九大报告中指出，中国特色社会主义进入了新时代，这是我国发展新的历史方位。近些年来，随着我国经济进入"新常态"，政府也在引导或倡导供给侧结构性改革，以实现我国经济发展的转型升级。但转型升级不能完全靠政府的引导或主导，完全依赖政府就背离了市场经济的初衷，也违背了经济发展的规律。转型升级对我国经济的长期平稳发展至关重要。中国已经从一个所谓的短缺经济走到一个供应过剩的经济，这就给共享经济提供了物质基础。而共享经济作为新的增长引擎，可以提高社会财富和资源的循环利用效率，因而可以在我国实现经济转型升级中形成助推力，同时还可以更好地发展绿色经济，推进生态文明建设，促进可持续发展。但转型升级应是自然的演进过程，其不仅涉及技术进步、信息流动，更涉及相关制度变革和降低制度交易费用等多方面。

在我看来，共享经济会形成一定的助推力，有利于市场的广化和深化，也会带来一定的变革，但并不能改变甚至主导经济转型升级的进程。共享经济的出现是市场的行为，是"互联网＋"下产生的新事物，也是市场经济发展的必然趋势。共享经济在不同领域，如消费领域、资本界的发展，得益于其敢于创造一种新的消费模式和投资渠道。社会资本对共享经济进行投资，就是基于对其良好发展的预期。在国内，敢于对共享经济"砸钱"的这类企业开始增多，例如 AA 拼车、小猪短租、跟谁游等，渗透到了汽车、房产、旅游、众筹等很多领域。这些也正说明了共享经济的生命力和适用性。

三、发展共享经济路在何方

时代在进步、技术在发展、社会在变化，每一项新事物的出现都是从原来的不信任甚至抵触，到接受、享受的过程，就像互联网的出现。在共享经济模式下，交易双方的不确定性和信息不对称程度可能会更大，信任和信用是其发展的最大基础。作为一种全新的经济模式，共享经济存在安全、信用、税收等方面的问题和隐患，存在法律法规政策方面的诸多空白。因此，在搭建共享经济平台时，必须首先建立起交易、信任及信用评价反馈机制，使得参与共享经济平台的各方不仅可以看到交易价格，而且能够查询到交易对象以往的交易数据、评价、信用评级等信息。而我国信用体系建设就是为了解决这些不良影响的，国务院 2014 年颁布的《社会信用体系建设规划纲要（2014—2020 年）》，就是要通过社会信用体系建设，通过守信激励和失信惩罚机制的设计来规避共享经济发展中交易双方由于信息不对称可能产生的损失与不良影响。一方面，通过信用评价机制，并基于大数据下的信用记录可以加强对市场主体的信用约束，扩大共享经济带来的规模效应。另一方面，通过对信用的管理和承诺，处罚那些不守信用的人，为履约守信行为提供激励机制，促进市场实现更多潜在交易。

共享经济的根基是信用，没有信用的保障，就无法实现共享经济的安全性！那么，应如何通过社会信用体系建设来助推共享经济的发展呢？具体来讲，可以从以下三方面入手：一是加快培育专业的第三方信用中介服务企业，构建用户信用评级系统，通过跟踪用户点评共享平台及供需双方交易效果评价的数据记录，对共享平台及其客户提供专业的交易信用评级服务。二是让官方媒体介入信用体系建设，也就是对共享经济交易中的守信者和失信者进行公开披露，以失信惩戒制约交易中的失信行为。三是打破传统路径，采取线上线下相结合的 O2O 模式，线上注重与社交网络、电商平台等网络公司合作，线下整合工商、税务、公安、法院、海关、央行等职能部门的信用记录，建立起共享经济网上信用平台和线上线下相结合的安全信用体系。

当然，还要做好消费者信息保护和消费者权益保护等工作。例如，互联网约车已经出现恶意加费现象，许多快车或专车司机没有“打赏”就不接单，这已经违背了契约精神和诚信文化要求，同时也侵害了消费者的利益。作为消费者，应该树立保护自身消费利益和消费权益的观念。时代在进步，观念也需要进步，新时代更要有新观念。经济学假设人是理性的“经济人”，但却是“有限理性”的。因此，对于眼前利益和长远发展之间的平衡，更需要个人能够获得足够的信息，以更好地比较两者之间的成本与收益，避免出现因短视而损害了长期发展的可能性或增加了未来成本。

人们出于对新生事物的不熟悉或不了解，也可能是出于它对已有经济的冲击，又或者是出于怀疑或担忧政策方面的滞后性，而拒绝接受甚至排斥共享经济。但共享经济的出现，本身就是市场选择的结果。因此，在政策层面上，首先，应更着重于对共享经济发展的规制，使其能够有序发展，避免出现如“P2P”跑路潮之类现象的发生；其次，减少市场对如何收税、监管的不确定性的担忧，通过立法消除市场可能存在的不确定性（基于负面清单制度）；再次，重视保护消费者权益，合理应对来自传统“实体经济”竞争对手和其他团体的反对；最后，还应该对消费者行为进行监管和监督，如对已经出现的对共享单车进行恶意锁车、将共享单车扔到荒郊野外等不良现象进行合法处理，树立消费者的法制观念、产权观念以及信用意识。

总之，政府只需要制定合理的规则，把剩下的事情交给市场，让消费者“用脚投票”。当然，也应重视道德规则的约束，不能完全依赖于政府或者市场，非正规制度的约束也是保证市场秩序的有力手段。

坚持改革，推动全面现代化建设

李心愉

在2018年全国人大会议上，修订宪法是代表们审议的最重要内容。在改革开放40周年之际对我国的根本大法进行修订，极其重要的是要把改革开放以来对于国家的发展具有关键意义的指导思想写入宪法。本次宪法修订的重要内容就是对"改革"的强调：原宪法序言第十自然段中的"在长期的革命和建设过程中"修改为"在长期的革命、建设、改革过程中"；原宪法序言第十二自然段中的"中国革命和建设的成就是同世界人民的支持分不开的"修改为"中国革命、建设、改革的成就是同世界人民的支持分不开的"。新宪法加上了"改革"这两个字是对我国改革开放40年来社会和经济发展的重要总结。我国之所以在这些年里取得了举世瞩目的伟大成就，从一个低收入的发展中国家成长为对世界经济和政治具有重大影响力的国家，人民生活和综合国力得到巨大提升，都是与我们在各个领域持续推进的改革密不可分的。中国的崛起所走过的道路在世界上没有先例，只有通过不断的改革来探索出一条中国特色社会主义的道路，实践证明这是一条成功的道路。党的十九大提出了中国在全面建成小康社会之后，将要开启全面现代化建设的新征程。在未来的发展中，我们首先是要坚持改革过程中已经被证明了的正确的发展道路，同时要继续推进改革，尤其是改革那些与我国生产力发展不相适应的体制和机制，这样，我们才能最终实现中华民族伟大复兴的目标。

新宪法再次强调："我国将长期处于社会主义初级阶段。国家的根本任务是，沿着中国特色社会主义道路，集中力量进行社会主义现代化建设。"未来的发展必须根据我们所处的社会发展阶段，选择具有中国特色的发展道路，进行社会主义现代化建设。党的十八大提出，并在十九大坚持的推进中国特色社会主义经济建设、政治建设、文化建设、社会建设、生态文明建设“五位一体”的总体布局，为我国现阶段的发展指明了方向。自从党的十一届三中全会提出把工作的重点转移到经济建设上来之后，我们取得了长达40年的高速经济增长。在新的历史阶段，党和国家及时提出了高速经济增长要向高质量发展转变。而要实现高质量的经济增长，就必须按照“五位一体”总体布局的要求，为高质量的经济增长提供支持和保障，支持我国的全面现代化建设。

邓小平在1992年南方谈话时指出：“革命是解放生产力，改革也是解放生产力。”40年来，正是通过不断深化改革，不断解放生产力，我国才实现了持续的高速增长。改革的任务，就是在发展中国特色社会主义的过程中，充分调动国家、集体、企业和个人的积极性，优化资源配置，通过生产效率（包括时间效率和要素效率）的改善来增加产出，通过改善收入分配来扩大和平衡收入，通过各个方面（政府、企业、居民等）对收入的使用来扩大消费，形成良性循环，从而实现持续增长的目标。在这一过程中，我们首先是在传统的计划体制下，通过对劳动者收入的调整来奖勤罚懒，以此达到增强企业活力的目标。但是后来发现，仅仅依靠在企业或单位内部拉开劳动者收入差距对经济增长的贡献是有限的，因为其他的生产要素（如资本、技术、土地、管理等）在经济活动中所发挥的作用同样也不能忽视，而对这些生产要素的拥有者（国家、集体、个人）的激励（投入）对于经济活动的产出也具有重要的意义。因此，党的十四大明确提出要建立和发展社会主义市场经济体制。在社会主义初级阶段，在产权制度上，要实行以公有制为主体、多种所有制经济共同发展的基本经济制度；相应地，在分配制度上，则是以按劳分配为主体、多种分配方式并存，把按劳分配和按生产要素分配结合起来，这就把国家、集体和个人的积极性调动了起来，从分配原则上兼顾了政府、国有和民营企业与劳动者的利益，各种生产要素在生产过程中的投入所得到的回报更多地通过市场来决定，从而有效地提高了中国经济发展的动力。

党的十八大后，供给侧结构性改革成为中国经济改革的重点。事实上，自改革开放以来，我们的经济体制改革大多是在供给领域即生产领域进行的，即通过分配方式的改革、产权制度的改革、现代企业制度的建立和发展，从供给方改善生产效率并增加生产要素的收入，再由各种生产要素收入的总和形成国民可支配收入，由此扩大投资和消费的购买力，在新的高度上形成供给和需求的均衡。从供给管理和需求管理的角度看，两方面的管理要相互配合，才能达到总量均衡和结构均衡的目标。但是就中国而言则有特殊性，中国的经济增长和发展是在转轨过程中进行的，是在对体制和机制不断改革的进程中实现的，这种改革既需要不断调动经济活动中的潜力，又必须保证经济活动的稳定性。在这种发展中，供给侧结构性改革发挥的作用显然更为重要。虽然需求管理也很重要，但需求管理是建立在一定的经济发展环境之中的，如货币政策的应用，就依赖于我国金融市场体系的发展，金融市场体系越完善，货币政策的应用也就越有效。供给领域改革的核心，是通过调节生产要素之间、生产要素拥有者之间的关系来优化资源配置，在技术进步的条件下增加投入，从而不断实现增加产出的目标。因而改革的核心是产权制度的改革。对于原来的公有制经济而言，就是要建立产权清晰、权责明确、政企分开、管理科学的现代企业制度。与此同时，要大力支持非公有经济的发展。浅显地说，就是在“长期的社会主义初级阶段”，必须承认并保护公民对私有财产的合法拥有和使用，尤其是在生产过程中的拥有、使用以及对其回报的获取。事实已经证明，正是由于有了国有与非国有经济的共同发展，我国的经济建设和现代化建设才能取得如此大的成就。

有一段时间，由于国际上实行计划经济的大多数国家的经济效率明显低于市场经济国家，西方经济学界有一种观点，认为公有制的效率低于私有制，并形成了所谓的“华盛顿共识”。一些原计划经济国家如俄罗斯和一些东欧国家按照这个“共识”开出药方，通过“休克疗法”推行全面私有化，结果反而更差。但在中国，我们运用“中国智慧”，在坚持公有制的主体地位的基础上，大力发展非公有制经济，创造了中国奇迹，这就是改革的力量。如果没有民营经济的发展和竞争，就出不了腾讯和阿里巴巴这样的全球领先的企业，但是反过来，如果没有国有企业在基础建设上的支持，包括卫星通信、互联网建设、交通运输基础设施的建设等，中国的民营科技产业也不可能像今天这样走到世界科技革命的前沿。实践雄辩地说明，坚持改革、坚持国有企业和民营企业的共同发展，互相取长补短，是建设中国特色社会主义、实现全面现代化的正确道路。

以土地市场化为抓手，推动要素市场化改革

张 辉

近年来要素市场化改革的呼声不断高涨。在商品市场已经基本实现市场化的背景下，劳动力、土地、资金、技术、信息等生产要素的市场化改革也迫在眉睫。党的十九大报告中，要素市场化和完善产权制度一起被确定为经济体制改革的两大重点内容，也被视为现代化经济体系建设的应有之义。在各类生产要素中，土地作为一种重要的基础性资源，在中国工业化和城镇化进程中扮演着重要角色，与政府财政、房价波动、农村发展、社会治理紧密关联，是理解“中国模式”的关键。然而土地问题的复杂性也使得其市场化进程面临多重掣肘，发展相对滞后。土地市场化如何破局，这既关乎要素市场化改革的全局，对于未来的社会经济发展模式也将产生深远影响。2018 年 3 月 5 日上午，国务院总理李克强在第十三届全国人民代表大会第一次会议上做《政府工作报告》，提出“加快技术、土地等要素价格市场化改革，深化资源类产品和公共服务价格改革，打破行政垄断，防止市场垄断”；大力实施乡村振兴战略，全面深化农村改革，探索宅基地所有权、资格权、使用权分置改革等。

在城乡二元经济模式下，中国的土地市场也被分割为农村和城市两大块，其中城市土地市场还可细分为土地使用权出让的一级市场和土地使用权流转的二级市场，整体上呈现出农村土地集体所有、城市土地国家所有的特征。近年来，土地市场化进程不断加速。农村土地市场上，在农村土地承包关系稳定并长久不变的前提下，土地确权工作已接近收尾，农村承包地所有权、承包权和经营权“三权分置”改革稳步推进并逐渐向宅基地领域探索，农村土地征收、

集体经营性建设用地入市和宅基地制度改革在内的“三块地”改革试点也取得阶段性成果。按照农地流转率进行衡量，到2016年年底全国耕地流转面积已达4.71亿亩，农地流转率由2004年的10.5%提升至35.1%。城市土地的市场化水平则远高于农村。自2004年经营性用地一律要求公开竞价后，“招拍挂”取代无偿划拨和协议出让成为土地出让的主流方式。“招拍挂”占出让总面积和总价款的比率由2004年的29.2%、55.2%上升至2015年的92.3%和96.0%，2017年国有土地使用权出让收入更是达到创历史新高的5.2万亿元。

土地市场化取得突破的同时，我们也要看到，中国的土地市场化进程仍然面临诸多问题，发展程度相对落后于其他要素的市场化改革。

土地市场化程度整体较低。在土地公有性质不改变、耕地红线不突破、农民利益不受损三条底线的规制下，农村土地市场化进程服从农业生产与粮食安全、农民与农村稳定的诉求，呈现出小步慢走的特征，即使是步子最大的集体经营性建设用地入市也面临多重限制。现阶段土地流转涉及的农户数量多、经营规模小，难以实现产业化和规模经营，在社会保障制度的不完善、安土重迁等社会观念以及其他因素的制约之下，大规模且标准化的土地交易市场也没有形成。城市土地市场化同样面临发展困境。地方政府对土地财政的依赖程度同样呈波动上升趋势，2017年土地出让收入占一般公共预算收入的比值高达33.4%，土地财政的弊病短期内仍难以消除。与一级市场相比，城市土地二级市场整体不够活跃，在土地资源趋紧和产业结构转型升级的背景下，如何利用二级市场盘活土地资源、提升土地使用效率，也是未来城市土地问题的一大重点。

土地供给结构不尽合理。工矿仓储用地和基础设施用地占比过高，商服用地和住宅用地比例较低，2017年基础设施用地和工矿仓储用地分别占土地总供应面积的61%和20%。长期以来在“以地谋发展”的思路下，地方政府倾向于通过高价出让商住用地、低价出让工矿仓储和基础设施用地的方式来发展本地区经济，一方面推动了本地区工业化和城镇化进程；另一方面也导致了房价的快速上升。与此同时，工矿仓储用地常以协议出让或挂牌出让，基础设施用地常以无偿划拨方式出让，这也直接拉低了城市土地整体的市场化水平。2015年划拨土地面积占供应总量的58%，远高于2004年24%的水平。

土地市场化区域差异较大。由于土地具有天然的垄断性和区位性，决定了其在空间上的配置无法像劳动力、资金等要素一样实现充分的自由流动。从全国三大区域看，东部地区城市土地市场化程度最高，中部次之，西部则明显落后。从地级市的视角看，经济发展越落后的地区，政府对于土地市场的干预程度越高，越倾向于采用低价、定向的方式出让土地。从土地供给角度看，由于土地资源受到国家高度的计划控制，其地区间分配并未与经济发展格局完全匹配，土地供给接近于均匀化。2003年以来国家出于区域均衡发展的考虑，土地供应向中部和西部倾斜，到2017年东部、中部和西部的供地面积分别占供地总量的37.4%、27.2%和35.4%。土地供给的倾斜为中西部的发展提供了助力，但也使得东部地区城市用地压力趋紧，抬升了城市生产和生活成本。

作为优化土地资源配置的重要手段，土地市场化的推进不仅有利于提升土地利用效率，也有助于促进经济发展模式的优化和升级。结合土地市场化现阶段面临的瓶颈和要素市场化发展的一般经验，农村和城市的土地市场化改革可以在以下方面予以突破。

第一，农村方面。农村是土地改革的主战场，也是土地市场化改革的突破口。农村土地市场化仍然存在极大的发展空间，承包地流转、集体经营性建设用地入市、宅基地有偿使用、增减挂钩等政策的推行，一方面将会提升农村土地的使用效率，还权赋能，提升农民从土地中获得的增值收益，另一方面为城市土地发展提供新的土地资源。在发展方向上，农村的土地市场化应与乡村振兴、产业发展紧密结合，通过农地流转的扩大化、新型农业主体的培育来促进现代农业的发展，同时通过加强社会保障和培训来实现“农民上楼”的平稳过渡，为劳动力的产业间转移提供助力。

第二，城市方面。城市的土地市场化改革则应朝着精细化的方向发展，土地管理与经济发展阶段、人口和产业相适应。针对土地城市化快于人口城市化的现象，城市管理者在进行城市规划时就应该根据预期的人口变化情况和产业发展态势合理地配置土地资源。一方面着力提升土地利用效率，盘活土地存量资源，尤其是加快培育更加成熟的土地二级市场；另一方面调整土地供给结构，根据地区实际情况适当增加居住类土地供给。在土地市场的管理中，应完善相关的监管制度，提升土地市场运行的透明度，减少土地出让中的寻租空间。针对土地财政尾大不掉的问题，应逐步调整现阶段一次性收取土地出让金的做法，探索以合理的土地增值税等方式公平分配土地增值收益。与此同时，土地市场化的提升也可能会导致地价上涨过快，土地融资可能加剧地方债务和系统金融风险，对此也需要加以重点监管和预防。

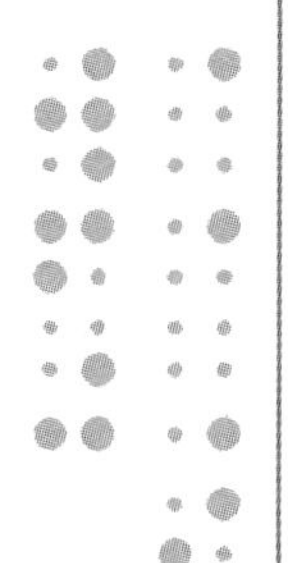

系统动态平衡发展理论与中国未来

王曙光

一阴一阳谓之道。这是中国古代对于事物矛盾发展规律的特有的观念：事物矛盾的两面总是在不断消长和变化之中，《周易》的“易”，其中既有“简易”“不易”，亦有“变易”之意。事物内在矛盾既有“不易”的一面(事物的性质保持稳定、恒定和确定的一面)，也有时刻保持动态变化的一面，而且就其本质而言，万物无时无刻不在“变易”之中，未有绝对静止之时。中国人常说“知变守常”，其中“变易”是“变”，“不易”即“常”，“常”和“变”相伴而生，从最高意义上而言，“变”即是最本质的“常”，而“常”即是“变”本身。阴阳矛盾的互动造成了万事万物，其中所包含的道理极其简单易明，此谓之“简易”，即所谓“大道至简”也。

因此，从任何一个巨大的系统来看，动态平衡就是所有复杂事物内在的基本规律：就其稳定的一面来看，它应该保持一定的平衡，以维持其性质的相对恒定性；而就其变易的一面来看，事物要发展，就必须保持动态的发展，不可能保持绝对的平衡与稳定。系统动态平衡，就是从一个复杂的、巨大的“大系统”角度出发，在事物的运动中保持一种动态的平衡：既不是追求一种绝对的平衡(事实上也不可能有任何绝对的平衡)，因为绝对的平衡不但于事物发展不利，反而会使事物处于一种能量衰退的境况之中，丧失其发展的活力、动力和势能；也不能追求一种绝对的不平衡，因为当事物处于绝对的不平衡时，其如同摆动幅度过大而超过一定限度的钟摆，会使自身陷于崩溃状态，整个大系统的基本稳定就难以维持，这个复杂系统就会进行自我否定，丧失原有的性质，而不是发展。

因此，系统动态平衡理论所要追求的状态，是既要使事物保持一种相对的不平衡，以使其充满活力、动力和势能，使其自身处于一种生机勃勃的动态发展状态之中，又要使事物本身保持一定的稳定性和平衡性，以保持整个事物的稳定，从不平衡走向新的更高级的平衡。因此，系统动态平衡理论强调的是：不过于追求平衡，过于平衡则亡；也不宜过于不平衡，过于不平衡亦亡。

中国就是一个巨大的、复杂的系统。治大国若烹小鲜。不翻容易糊，乱翻容易散。因此黄老所有的治国智慧，在于教我们掌握平衡与不平衡的辩证法，拿捏好这个动态平衡的度。中华人民共和国成立以来，我们经历了社会经济制度的巨大变迁，使中国社会结构和经济结构发生了极为深刻的变化；改革开放以来，制度变迁的力度、强度也是极为罕见的，对中国社会经济诸方面的影响也是极为深远的。制度层面的频繁变动，是整个系统具有巨大活力和动能的源泉，然而同时也造成了系统的不稳定。然而不稳定是不是就不要变革了？恰恰相反，从不平衡和不稳定的系统状态走向相对平衡和稳定的系统状态，还要靠深刻的变革，这就是系统动态平衡理论的辩证哲学的要义所在。

一个国家的大系统所包含的问题，无外乎三个：人和自然的关系、人和人的关系、人和自身的关系。我们可以从这三大关系看今天中国经济社会体制的发展与变革及其影响。

从人和自然的关系来说，今天关于中国经济增长模式的争议就大多涉及人和自然的关系范畴，外延式增长和内涵式增长、增长速度和质量的争论，无不与此相关。要实现绿色发展，要落实科学发展观，要在发展中保持人和自然的平衡与和谐，不要再以过大的生态代价来发展经济，这是我们在高速发展几十年后所获得的感悟。旧的发展观引发的环境危机、农业安全危机（化学农业所造成的农产品和食品危机）等已经危及民生，从长远来看更危及可持续发展和长期增长。人和自然不平衡了，人过多地剥夺了自然，过早地耗费了自然资源，现在人需要退一退，使人和自然的不平衡重新走向平衡。这就要求增长模式实现变革，包括工业发展模式、农业发展模式、环境保护政策、资源利用机制等都要发生深刻的变革，才能把人和自然的关系重新搞得和谐一些、平衡一些。当然这个平衡，要动态地获得，不要走极端，不要追求绝对化，还要兼顾一下其他变量，要照顾系统的整体稳定，要在动态发展中解决。

从人和人的关系来说，今天热烈讨论的经济社会发展的公平和效率问题、收入分配问题、贫困和富裕的关系以及扶贫问题、城乡问题、东西部问题、族群问题，乃至国企和民企关系问题等，本质上都是涉及人和人的关系问题。人和人的关系的不平衡，已经成为影响整个社会经济发展和系统稳定的大问题。这里面既有经济学意义上的发展战略的调整问题，也有政治学和社会学范畴的问题。要建立一个人和人的关系基本平衡的社会，建立一个人和人和谐的社会，而不是一个隔阂的、撕裂的、二元对立的社会。处理好人和人之间的关系问题，事关国家这个大系统的基本稳定，没有基本稳定，遑论发展？而人和人之间的关系的和谐，是有利于发展的，可以降低发展的成本，降低发展的社会代价（社会震荡成本和社会摩擦成本），甚至可以说，人和人关系的问题的解决，可以为发展带来更多的机遇，可以激发更多的需求，激发更多的发展动力。我们以往的发展得益于一定的不平衡，打破原来的僵化的平衡，这在一定历史时期是对的；现在要从系统稳定的视角出发，矫正过度不平衡带来的弊端，并从不平衡到平衡的动态发展中获得更多的发展动力。今天中国的反贫困力度的加大、效率和公平兼顾方针的提出、区域发展战略的调整、城乡一体化和城镇化战略的推进、人口政策的改变等，都是从不平衡到平衡的努力，在这个调整过程中，所激发的国内需求和增长动力是无穷的。所以，人和人的关系解决得好，可以激发新潜能，释放新动力，形成新的改革红利，实现人和人的利益格局的再配置与再调整，为中国未来几十年的长远稳定增长奠定一个好的基础。

而最深刻的关系是人和自身的关系。人与自身的和谐，是一切和谐的基础。这个问题，涉及极为广泛而复杂的学科体系，甚至可以说，就人和自身的和谐这个主题而言，它可以调动一切社会科学和人文科学的智慧，举凡心理学、社会学、经济学、政治学、法学以及艺术、哲学、文学等，都在试图为这个问题提供答案。人与自身的和谐，取决于人自身所具备的调整人与自我内心的一切矛盾的能力，使人处于一种均衡的、稳定的的状态，这种状态体现为一个人的满足感、幸福感、获得感、安全感以及自我成就感，而与这种和谐的状态相反的，则是匮乏感、绝望感、丧失感、危机感和自我否定感。而人所有的积极的感觉，即人和自身的和谐感，既有赖于外部的因素（包括可见的、物质的因素，也包括不可见的、社会关系的因素），也有赖于内部的因素的支撑。就人的外部因素而言，人类的各种制度安排（社会福利制度、医疗制度、教育制度，甚至信贷制度、财政制度等）都会影响一个人的幸福感和安全感，都会影响人与自身的和谐程度，所以我们千万不要以为"幸福"这样的心理状态仅仅是一个人自己内心的事情，实际上人作为社会的动物，其内心的幸福感从来就不是一个人自己的问题，而是牵涉到整个社会的制度设计与制度安排。一个没有任何社会保障和社会资本（社会交往所带来的特殊资本）的人，是很难有真正的安全感和幸福感的。但是外部制度条件仅仅是一个人与自身和谐的必要条件，而非充分条件。事实是，很多人尽管具备优厚的外部条件，如极高的物质条件、社会地位带来的巨大社会资本、极为完善的社会保障等，但他们仍然有可能不具有幸福感和安全感。反之，有些人可能并不具备优厚的外部条件，但他们很有可能是幸福感和安全感更强的人。这就涉及一个人与自身和谐的内部条件，这个内部条件的具备，主要有赖于一个人内心世界均衡性心理结构的建立，这个均衡性的强大的内部心理结构的建立，本质上也是社会教育（或古代称之为教化）的产物。所以，我们就可以理解孔子的治国智慧：当他的弟子问他如何才能治理好一个地方时，他依序给出了三个答案：庶之、富之、教之。教化，既有帮助人和人之间实现和谐关系的功能，更有帮助一个人获得稳定的均衡的内部心理结构的功能。"教以人文，化成天下"，这是治国最难的部分，也是至为重要的部分。一个国家的教化传统、文化积淀、传统意识、人文记忆，其落脚点，实际上都是为人与自身的关系和谐而服务的，此所谓立人之道、达人之道。富了就安了吗？富了就乐了吗？衣食足就知荣辱了吗？不见得。

中国正处在由一个"以发展为导向的社会"向一个"以均衡为导向的社会"的转变之中。一个"以发展为导向的社会"，从非均衡中汲取动力以保持平衡

（就像我们前些年极为强调“保八”来维系整个社会的高速发展以避免社会危机）；而一个“以均衡为导向的社会”，是从均衡中获得长久发展的动力。在这个新的时期，不仅增长的动力源泉和增长的模式发生了转换，而且人和人的利益关系格局也在发生深刻变化，人和自身关系也在发生深刻的变化：一个焦灼的、汲汲于发展的社会，逐渐转型为一个稳健的、追求社会“良治”和人类“良知”的社会；一个强调竞争、丛林规则、结果本位的社会，逐渐转型为一个强调公平、法治、伦理本位的社会；一个浮躁的、追求外在物质满足的、以财富和资本为中心的社会，逐渐转型为一个从容的、追求内在心灵满足的、以幸福和自我实现为中心的社会。这是中国未来社会的总方向、大趋势、大潮流，顺之则昌，逆之则亡。

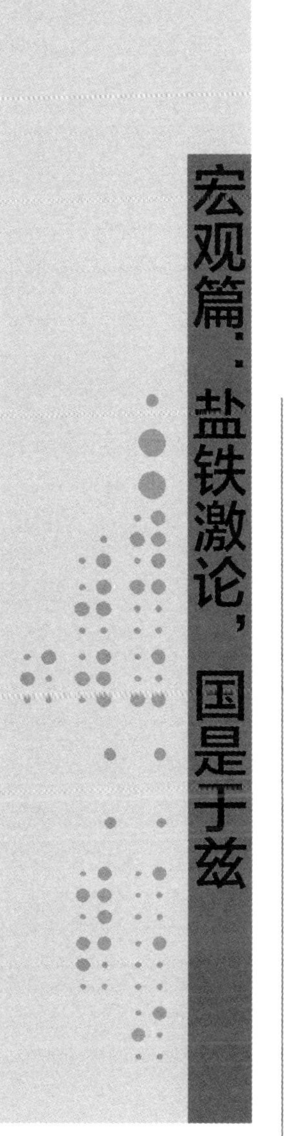

宏观篇：盐铁激论，国是于兹

2 Part

宏观经济发展关乎整个国家经济发展的基本面,是社会各个层面发展的基础。如何应对当下宏观经济出现的挑战,如何运用相关政策工具对宏观经济进行有利的调控,是本篇着重讨论的内容。

PPP：化解当前社会主要矛盾的重要机制

孙祁祥

一、社会主要矛盾的转变与政府责任的凸显

继党的十九大报告首次提出人民日益增长的美好生活需要和不平衡不充分的发展之间的矛盾成为当前社会的主要矛盾以后，在2018年"两会"的《政府工作报告》中，李克强总理在提到2018年经济社会发展总体要求和政策取向时明确指出，要"紧扣我国社会主要矛盾变化，坚持以供给侧结构性改革为主线……加强和改善民生，促进经济社会持续健康发展"。

"紧扣我国社会主要矛盾变化"，成为政府各项工作的基点，符合唯物辩证法的原理。唯物辩证法认为，社会主要矛盾是不断发展变化的，它既是社会发展进步的结果，也是社会发展进步的动力。如果社会的主要矛盾不解决，不仅会影响全面建成小康社会的进程，而且到本世纪中叶实现社会主义现代化强国的目标也会大打折扣。因此，我们一定要花大力气来研究解决发展中不平衡、不充分的问题，以更好地适应人民日益增长的美好生活需要。

经过40年的发展，人民群众的生活水平得到了极大的提高。但在从贫困、温饱、小康再到全面小康的过程中，百姓期盼有更好的基础设施、更舒适的居住环境、更丰富多彩的文体生活、更可靠的养老保障、更高水准的医疗卫生服务、更优美的生态环境以及更有保障的安全、民主、法治、公平和正义，而这些目标还没有得到完全实现，百姓对更高品质生活的"需要"与"供给"之间还存在较大的落差。

一个不容回避的事实是，要解决这个“供需矛盾”，社会必须加大对基础设施领域，特别是公共产品领域的投资。而由于这些领域通常来说投资规模大、投资期限长、利润率较低，私人投资一般不愿介入。但如果政府只是唯一的提供者，基础设施和公共品的提供就不可能充分，人民群众对更高品质生活的需要就无法得到充分满足。

二、“有为政府”携手“有效市场”攻克难题

国际经验和我国的实践表明，政府与社会资本（public-private partnership，PPP）是化解当前这一社会主要矛盾的重要机制。

自 20 世纪 90 年代初 PPP 首先在英国以 PFI（private finance initiative）即私人投资计划方式出现以后，陆续在许多发达国家得到广泛应用。之后经联合国、世界银行等国际组织的大力推广，中国、印度等发展中国家也纷纷开始实践。

PPP 的出现和迅猛发展有其客观必然性。

首先，从必要性来看，一个社会的有效运转，离不开包括交通、环境保护、文教卫生事业、国防、司法等在内的基础设施和公共物品。按照著名经济学家萨缪尔森教授的定义，公共物品具有与私人物品不同的三个特征，即效用的不可分割性、消费的非竞争性和收益的非排他性，这使得人们在公共产品的消费中普遍存在着“搭便车”的动机，即每个人都想不付或少付成本而享受公共物品。而与此同时，这些基础设施和公共物品通常都具有投资规模大、建设周期长、价值转移慢的特点，使得以利润为目标、效率为经营原则的私营部门和企业不愿或无力涉足这些领域。在这种情况下，以公平为导向、有义务向全体国民提供基础民生服务的政府作为公共物品的提供者就成为必然。

但诸多实践表明，政府因其不同于企业经营组织的内在规定性以及财力上的约束，在效率上和项目的可持续性上存在先天不足。而随着社会的进步和人民生活水平的提高，人们对基础设施和公共物品与服务的质量要求和多样性要求将会越来越高。社会对政府职能的新要求和政府财力的捉襟见肘，

凸显出公共物品提供上的困境。

其次，从可能性来看，如前所述，私营部门是以利润为导向的，而基础设施投资领域投资规模大、资本回报期限长，这是私营部门通常不愿进入或者无力进入该领域的主要原因。但随着现代金融技术的发展，金融部门可以针对不同项目设计不同的融资方式并实行不同的管理模式。各种新的技术手段和管理模式的出现，以融资规模的可分割性和投资周期的可调整性，在相当程度上舒缓了投资规模大、投资期限长带给社会资本的压力，由此为其进入公共部门和领域提供了吸引力与可能性。

由此可见，正是经济社会发展对基础设施和公共物品提出的越来越高的要求与现代金融技术和管理的发展所提供的有力支撑，日益彰显出政府与社会资本相结合的经济合理性。PPP 的生命力就在于，它将政府部门所追求的公平目标和社会（私营）部门所追求的效率目标，通过风险共担和利益共享机制有效地结合了起来。只要机制设计得当，政府与社会资本就可以形成良好的互补关系，使政府在宏观调控、资源的运用能力、公共服务的监督管理经验等方面所具有的优势和社会资本在技术、管理、运营等方面所具有的优势实现叠加，由此有效激活市场潜力，提升政府管理效能，提高公共产品和服务的供给质量，实现公平与效率的统一。

三、PPP 在“幸福产业”的实践

十八大以来，党中央在整个公共服务领域全面推进了以 PPP 为中心的改革。实践证明，PPP 是一项公共服务供给市场化、社会化的综合性改革，是“发挥市场在资源配置中的决定性作用和更好地发挥政府作用”的“枢纽”，具有推进国家治理体系和治理能力现代化，满足小康社会中人民群众日益增长的多样化的美好生活需要的重要作用。

尽管 PPP 过去五年多在中国的发展过程中还存在许多问题，值得反思，值得警醒，但不可否认的是，它也让我们积累了许多有益的经验，在许多领域产生了积极的影响，其中最具典型意义的就是在“幸福产业”中的作用。

2016年，李克强总理在当年举行的夏季达沃斯论坛上提出了“旅游、文化、体育、健康、养老”五大幸福产业的概念。之后，国务院出台《关于进一步扩大旅游文化体育健康养老教育培训等领域消费的意见》，对促进五大幸福产业的发展制定了具体措施。大力发展旅游、文化、体育、健康、养老等被称为幸福产业的战略符合社会发展规律和发展趋势，是加快供给侧结构性改革、满足人民对美好生活的向往、化解社会主要矛盾的重要举措。

应当明确的是，与铁路、公路、港口等基础设施和国防、军队、司法等这些公共物品属性很强的领域相比，旅游、文化、体育、健康和养老产业虽然也具有投资规模较大、投资期限较长的特点，但进入门槛相对较低，个性化需求更为显著，更多地体现出准公共物品的属性，即“有限的非竞争性和局部的排他性”。而这些产业具有一个共同的突出特点，那就是都与百姓的生活品质和幸福感、获得感直接相关。打一个比喻来说，旅游体现着人们追求视野拓展的宽度，文化体现着人们追求精神享受的高度，体育体现着人们追求强身健体的力度，健康体现着人们追求生活质量的厚度，养老体现着人们追求完善生命过程的广度。在新时代主要矛盾发生了转变的前提下，要解决不平衡不充分的问题，就必须更广泛地调动各方资源、更好地发挥市场优势。而PPP模式的精义就是改变公共物品单一由政府提供的状况，通过政府和市场共同作用，产生协同效应，提升基础设施领域和公共服务领域的效率，由此更好地满足人们对美好生活的需要。

根据财政部PPP中心的数据显示，截至2017年年末，全国处于准备、采购、执行和移交阶段的PPP项目(纳入管理库)有7 137个，“幸福产业”PPP项目总计1 350个(占比18.92%)，其中教育PPP项目有343个(占比4.81%)，旅游PPP项目有310个(占4.34%)，医疗卫生PPP项目有261个(占比3.66%)，文化PPP项目有194个(占比2.72%)，养老PPP项目有135个(占比1.89%)，体育PPP项目有107个(占比1.50%)。相关数据同时表明，我国每年对“幸福产业”的投资总额在5万亿元左右。但相关的PPP项目只有1万亿元，不及“幸福产业”每年投资需求的五分之一，这说明PPP项目在“幸福产业”中还大有作为。

中国正面临着从高速增长转向高质量发展的重要历史机遇期，PPP 在经历了前些年的快速推广后，正步入调整、规范发展期，拥有广阔的前景。我们应充分认识 PPP 的意义，正确理解三个 P 各自的定位和相互关系，设计良好的激励机制，充分发挥政府和市场在基础设施与公共服务领域的协同作用，化解当前社会的主要矛盾，助力全面小康的实现。

提高起征点与个税改革

王大树

2018 年“两会”期间，个人所得税起征点又一次成了热门话题。有的代表建议将起征点提高到 5 000 元，有的主张提到 10 000 元。我认为，提高起征点是个死胡同，个人所得税改革不能沿着这条老路一直走下去。

首先要明确两个概念。起征点与免征额是同税收减免有关的两个概念，都是对纳税人的税收优惠，在实际操作中二者也经常被混用，但其实并不是一码事。顾名思义，起征点是对课税对象征税的起点，即开始征税的最低数额界限。规定起征点是为了免除低收入者的税收负担。起征点的特点是：课税对象未达到起征点时不征税；当达到此点时，对课税对象全额征税。

与此相反，免征额是在课税对象中确定的免于征税的数量，即在确定计税依据时允许从全部收入中免于征税的限额。规定免征额是为了照顾纳税人的最低生活需要。免征额的特点是：课税对象低于免征额时不征税；当课税对象高于此数额时，则从总额中减去免征额以后，对余额部分征税。

现行 3 500 元的起征点实际上是免征额，或者更准确一点，应该叫基本减除费用标准。但是，起征点这个概念在老百姓口中已经发生了嬗变，几乎可以与免征额互换。也就是在这个意义上，本文也沿用起征点这一说法，当然实际上指的还是免征额。

1980 年，起征点全国统一确定为 800 元。在这以后的二十几年内，起征点一直固定不变。21 世纪以来，考虑到物价和收入水平发生了巨大变化，一些地方纷纷自行提高起征点，各地起征点变得五花八门。例如，2003 年，上海起征点提到 1 100 元；北京、南京和大连分别提到 1 200 元；广州和珠海提到 1 260 元和 1 400 元；深圳的起征点在全国独占鳌头，高达 1 700 元。其实，从税法的角度讲，这些地方已经“违法”了，因为税法规定提高起征点的权力属于全国人大常委会，地方政府无权自行调整。

2006 年，人大常委会决定将各地执行的起征点调整为全国统一的 1 600 元；2008 年起征点提高到 2 000 元；2011 年又进一步提到 3 500 元。

三十多年来，除了提高起征点，个税改革几乎没有其他动作，也就是说，税改走上了提起征点这座“独木桥”，纳税人对税改的期待也主要体现在对提起征点的期盼上。起征点越来越高，走下去路越来越窄，是个死胡同，这样的路径依赖带来一些问题：

第一，起征点的确定缺乏科学依据。以 2011 年那次为例，据说国务院原来的意见为 3 000 元，人大常委会表示很难保证高票通过，后来改为 3 500 元。这 3 500 元的计算依据是什么？最低社会保障？最低工资？平均工资？谁也说不清楚。其实，设立基本免征额的目的之一是保障劳动者基本生活需要，包括劳动者的基本生活资料和教育培训费用、家庭成员所需生活资料的费用等。我国个税实行收入减去免征额作为应税所得额的制度，这种方法忽视了纳税人的赡养费用、子女抚养费用、教育费用、医疗费用等因素。在现实生活中，由于上述费用不同，纳税人生活的必要支出也就不同。所以，起征点的标准缺乏科学性，这样的制度不科学，没有考虑到纳税人的实际情况。

第二，穷人从起征点获益不大。例如，农民工回家过年时没有工资，3 500 元的起征点对他们一点好处也没有。再例如两对夫妻。一对是双职工，每人 3 500 元，不缴税，月家庭可支配收入 7 000 元；另一对是单职工，一人工资 7 500 元，家庭可支配收入却只有 7 255 元，因为要缴纳个税 245 元。更荒唐的是实习费。一个学生实习时得到 3 000 元实习费，由于是劳务所得，不算工资和薪金所得，3 500 元的起征点对他们一点用处也没有，要按一次性劳务报酬收税，税款 440 元。

其实，提高起征点，表面上看是低收入者得实惠，实际上是高薪阶层获益更多。比如,月薪6 000元的人税负只减了100多元,而月薪5位数的高管税负一下子就减掉好几千元。财政部的实证研究也认为,大幅度提高起征点受惠多的是高收入者,中低收入者并不能得到多大实惠。

第三,挤压税改空间。现在起征点名义上是3 500元,考虑到"三险一金"免税等因素,实际上月薪4 000元以上才有缴税资格,换算以后,岁入50 000元左右才需要缴税。

地方政府债务管理与官员考核

李连发

2018年《政府工作报告》提出“加强地方政府债务管理，防范化解地方政府债务风险”。资源配置效率是评价地方政府债务合理规模的最终标准。为与资源有效配置保持一致，需要考虑地方官员在不同任期和考核方法下的动机。地方官员任期长短与合理的地方政府债务期限之间并没有简单划一的“一刀切”的关系，地方官员考核中GDP和债务偿还的权重也没有简单划一的“一刀切”的数字，而是要根据各地区的经济发展实际情况。当地方政府有超越资源有效配置进行扩张的财务基础时，强化GDP考核就给了财政扩张以借口，导致资源过度配置，债务规模趋于扩大。反之，当资源配置效率被财政资源不足所制约时，一味强化债务偿还考核，使得地方政府不能灵活地运用手中的债务工具，就会制约地方经济的发展，使得GDP无法到达潜在的资源最优配置的水平。

自2014年新《预算法》出台以来，尽管我国地方政府债务管理制度逐步得到完善，但地方政府债务的规模依然庞大。根据中国社科院国家金融与发展实验室编制的《中国国家资产负债表》，2016年12月底，我国地方政府债务是17.5万亿元（窄口径）到21.3万亿元（宽口径），占国民生产总值的比重分别为23%和28%。国际评级机构对我国地方政府性债务风险尤其关注。2017年5月24日，穆迪将我国的主权信用评级由A3调至A1。2017年9月21日，标普将我国的长期主权信用评级由AA－降至A＋。根据国家审计署数据，2010年12月和2013年6月，我国地方政府性债务余额分别为10.7万亿元和

17.9 万亿元。

地方政府领导干部追求 GDP 的政绩动机与地方政府性债务风险相关。2016 年 11 月 14 日，国务院发布《地方政府性债务风险应急处置预案》。该预案提出，在发生 IV 级（一般）以上地方政府性债务风险的省份，省级政府应将地方政府性债务风险处置纳入政绩考核范围。

有必要将地方政府领导干部的任期和考核与地方政府债务结合起来加以考察。任期的长短和考核的内容将影响地方政府领导干部在任期结束时选择达到考核内容的要求。1982 年和 1990 年，我国分别建立了官员退休制度和高级官员异地任职（官员交流）制度；前者限制了高级官员的任期，后者减少了官员在同一地区的任期。根据对 1978—2002 年期间省（自治区、直辖市）级党政领导[省委书记和省长（自治区主席和直辖市市长）]的任职数据，最长的任期达到 12.4 年，最短的任期为 0.4 年，平均为 3.532 年。将数据样本期间延长到 1978—2007 年，省委书记和省长的平均任期为 4.52 年和 3.75 年；1985 年和 1994 年后上任的省委书记平均任期分别为 4.37 年和 3.69 年，省委书记的调动越来越频繁；省长的平均任期基本保持在 3.7 年左右，基本稳定。省委书记任期更长，是省的“第一把手”，对地方经济发展（包括地方政府债务）负主要责任。由于晋升机会有限，地方官员都希望在自己任期内做出成绩。省级干部被提拔的概率与其任期内地区的经济增长率有关。

干部提拔的考核主要有两点，一是组织部门在干部考察任用期间的“德、能、勤、绩、廉”考核，二是针对各级领导班子的综合目标责任制考核。2002 年 7 月，中共中央印发《党政领导干部选拔任用工作条例》。该条例并未提供任何定量的指标体系给备选干部打分。作为综合目标责任制考核的早期实践，1988 年 1 月，河南省新密县县委决定实施乡镇领导岗位责任制。综合目标责任制考核最早出现在县、乡之间，随后地市对县级领导班子进行综合目标责任制考核，再然后出现省级对地市领导班子的综合目标责任制考核，中央对省级领导班子的综合目标责任制考核最晚出现。2006 年 7 月 3 日，中共中央组织部印发实施《体现科学发展观要求的地方党政领导班子和领导干部综合考核评价试行办法》；在2006年之前，对省一级领导干部，在文件中不存在具体考核指标体系；在2006年以后，也没有公布实施过量化指标计算体系。作为换届干部考察，考察领导班子实绩的内容包括本地人均生产总值及增长、人均财政收入及增长、城乡居民收入及增长、资源消耗与安全生产、教育、就业、社会保障、城乡文化生活、人口与计划生育、耕地资源保护、环境保护、科技投入与创新等。具体指标选取和指标权重均没有明确规定。

地方政府债务与地方政府领导干部的决策密切相关。主要领导干部对地方政府债务有相当程度的控制和影响。各地经济增长的影响因素很多，地方政府领导任期和考核可能只是其中一方面。相对而言，地方政府负债是地方政府领导直接可以决定的，与地方政府领导任期和考核之间的联系更加直接与清晰。

除了GDP考核，地方债务偿还状况也是政绩考核的重要内容。1994年分税制以后，各地原有的国有和乡镇企业难以继续为地方政府提供财政收入，各地迫切需要增加财政收入。省级、地市级、县级对下级政府考核的目的之一是激励下级政府增加财政收入。以下将地方官员考核内容构成类型分为三种：考核内容类型A，既考核GDP，也考核债务偿还；考核内容类型B，只考核GDP，不考核债务偿还；考核内容类型C，不考核GDP，只考核债务偿还。

在地方债务偿还能力较强的地区，在A类考核下，考核内容综合地方债务偿还和地方经济总量两方面。地方官员关心任期内的政绩，也就是关心任期内的债务偿还和经济总量。因为举债有助于提高经济总量，地方官员会举债超过社会最优水平，达到债务偿还的临界水平。在B类考核下，由于债务偿还的权重为零，仅考核GDP政绩，地方政府官员甚至可能举债超过偿还的临界水平。在C类考核下，淡化GDP考核（GDP考核权重为零），债务偿还的考核权重为1，地方官员可能会增加债务偿还，从债务偿还临界水平向左移，使得举债水平接近社会最优水平。对于地方债务偿还能力较强的地区，淡化GDP考核，强化债务偿还的考核权重，适度延长官员的任职年数（使举债的负面效应内部化），有利于资源配置效率的提升。

在地方债务偿还能力较弱的地区，在A类考核下，地方官员如果仅考虑GDP和与自己相关的债务偿还，则可能通过举债将GDP推高。在B类考核下，地方官员不担心债务偿还，举债规模增加。在C类考核下，地方官员举债水平回归真实债务偿还临界水平，使得债务水平低于与资源配置效率一致的水平。对于地方债务偿还能力较弱的地区，强化GDP考核，弱化债务偿还的考核权重，适度缩短官员的任职年数，有利于使地方政府债务水平与资源配置效率相一致。债务偿还考核力度下降可能导致地方政府债务趋于超过平均意义上真实的债务偿还临界，但这需要灵活看待，因为举债是使得经济总量趋于资源配置最优水平所需要的。因此，A类或B类官员考核加上适度缩短官员任期有利于将地方政府债务保持在与此类地区资源配置效率一致的水平。

地方官员任期长短和最优的地方政府债务期限并没有简单划一的最优数字，地方官员考核中GDP和债务偿还的权重也没有简单划一的解，而是要根据各省份的经济发展实际情况。当地方政府有超越资源有效配置进行扩张的财务基础时，强化GDP考核就给了财政扩张以借口，导致资源过度配置。反之，当资源配置效率被财政资源不足所制约时，一味强化债务偿还考核，使得地方政府不能灵活地运用手中的债务工具，就会制约地方经济的发展，使得GDP无法达到潜在的资源最优配置的水平。

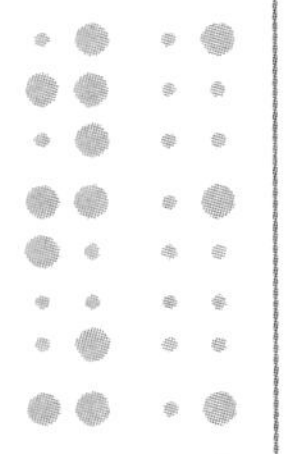

无关左右、要问西东

——透视安邦诸事件

朱南军

2018年3月9日，央行就“金融改革与发展”举办发布会回答中外记者提问。时任中国人民银行行长周小川在回答当前面临的金融风险时称，一些已经发生的金融机构或者准金融机构的风险需要抓紧进行处置，维持金融系统的健康。此前中国保险监督管理委员会（以下简称“保监会”）也宣布：鉴于安邦保险集团存在违反法律法规的经营行为，可能严重危及公司偿付能力，为保持安邦保险集团照常经营，保护保险消费者合法权益，依照《中华人民共和国保险法》有关规定，保监会决定于2018年2月23日起，对其实施接管，接管期限一年。保监会还称，接管不改变安邦保险集团对外的债权债务关系，也不改变其民营企业性质。获得实质上的类似处理，安邦保险集团不是第一个，也不是最后一个。

一、财富与分配

安邦保险集团之所以引人注目，与其快速的财富积累有密切关系，这让中国民众感到困惑，也让世界媒体感到惊奇，这一点媒体多有报道，不赘述。改革开放以来，中国成为全球巨大的财富工场，不断重复演绎财富创造、分配与流动的过程。改革开放头三十年中国社会各方面——政府、企业家群体、居民群众都在积极发展经济，追求的主要目标是财富的增量，在这个一致性目标之下，也协调与掩盖了很多社会矛盾。但是近十几年来，在中国社会财富已经积累到相当高的一个水平之后，中国经济增速放缓，进入新常态，除去增量财富外，存量社会财富的再分配成为一个重要问题。这种财富再分配主要不是依靠个人所得税、遗产税等税收政策实现的，更多的是通过自然资源价格（如煤炭、稀有金属）、房地产价格与资金价格（利率）等资产要素的价格结构变化实现了存量财富的再分配，但引发了一系列严重的社会矛盾。

在中国巨大的财富创造过程中，还呈现另一种态势：中国财富向国外流动。早期第一波是国际贸易中定价话语权弱，向世界廉价输出大量低端商品，使中国成为世界工厂，但是同时也让中国获得了世界市场、宝贵的原始资本积累以及后来强大的工业生产能力；第二波是本世纪后中国航母级能源企业、金融企业以及消费品生产龙头企业引入国际资本，在很短时间给予国内外投资者不同的认购价格，其理由是输入了所谓的“国外先进管理能力”，国际投资者此后在中国资本市场获得了天文数字的利润回报，与中国普通股民惨不忍睹的状况形成鲜明对比。第三波就是最近十年中国居民家庭资产海外配置与中国企业海外并购。

而少数热衷于在海外进行超高杠杆并购的中国资本大鳄则成为中国社会财富国内再分配与财富国际流动的集大成者，其海外并购更像是中国社会存量财富的全球配置，也是一种更高级的财富配置方式：在国外配置资产与财富，在国内配置负债与风险，而冒险收益则归属于其神秘的所有者权益。这引发了中国政府的顾虑并出手干预，发布了诸如《境外投资敏感行业目录（2018年版）》等一系列法规文件加以限制，同时对存在违反法律法规的经营行为的企业果断采取行政与司法措施。

二、左与右

中国政府的出手干预引发了部分人士对中国市场经济改革方向的争议，其指责中国政府干预企业自主权，希冀将这一个问题偷换概念成为中国发展道路的左右之争。

然而如果不抱有偏见，事实上中国政府并不反对企业正常的海外投资。相反，对于中国高铁、中国华为、格力电器等一众企业的海外投资，中国政府给予了大力支持。中国国有政策性银行与商业银行、信用保险公司也对走出海外的中国企业给予各种融资便利与风险保障；财税部门同时采取切实有力的财税措施予以鼓励支持。例如，2017 年年底财政部、税务总局、发改委、商务部四部门联合发布文件，对境外投资者暂不征收预提所得税的条件、享受优惠的程序和责任等作了具体规定。（西方国家在贸易与投资方面的所作所为与我们相比，是不是更“左”?）此外，当中国企业海外投资受到不公正待遇时，政府亲自出面交涉处理。如果把中国维护自身经济金融安全的果断措施与改革开放左右之争混为一谈，不是将问题简单化就是别有用心。中国政府的风险处置措施与左右无关，中国经济发展到今天，无论是中国国内民众追求美好生活的内在要求还是对外在国际环境审时度势的判断抉择，都不允许开改革倒车，中国必将在市场经济改革与对外开放的正确道路上继续前进。

三、风险与收益

近年来中国企业如中国高铁、中国华为、格力电器等，其走向世界都是基于自身主营产品与服务的国外延伸和全球产业布局，在走向全球的同时，也为世界带来优秀的产品与服务，其资产端的经营基本比较成功，风险可控。

与上述企业不同，当前某些海外并购急先锋呈现出迥然不同情况：他们收购的是东道国既有的产业与资产，完全谈不上为东道国提供创新和优秀的产品与服务。早些时候，当保险公司收购商业银行、地产公司涉足文旅产业、制药公司经营保险、航空企业开办酒店与机场时，姑且认可其具有些许合理性，中国政府并未加以干涉。但是随后这些企业的海外并购画风大变，收购的很多标的资产与自身主业完全不同：保险公司收购酒店、地产公司收购电影院线、制药公司收购女装、航空企业收购投资银行，根本拿不出令人信服的证据说明其收购具有协同效应。其收购行为之急促、定价之草率、出手之阔绰令全球为之瞠目。

存在即合理。与普通居民家庭财富海外配置不同的是，某些企业海外高杠杆并购的最后资金主要来自中国国内的保险公司与商业银行资金（即便是海外资金也多采取内保外贷的形式），这些企业资产负债表变化趋势非常明确：资产境外化、负债境内化；商业冒险在国外，商业风险留给境内，当私权的肆意妄为与公权的默契滥用相结合，便可以为其神秘的所有者权益实现"无风险套利"的效果；而中国政府与民众将面临巨大的风险敞口，自身风险收益呈现极端的不匹配。

在外汇储备方面，近年来在中国经济减速和2015年股市重挫之际，国际对于人民币贬值担忧加剧。即便如此，中国对于中国企业正常的海外投资用汇并未进行限制。但此时中国企业海外并购势头更猛，这些海外并购的急先锋，富可敌国。有些企业单笔海外投资就达数百亿美元之多，足以够得上一个小国的GDP了。企业群体非理性海外并购给中国外汇储备带来巨大压力，辅以多种因素，中国国家外汇储备由2014年年末的3.84万亿美元降至2015年年末的3.33万亿美元，进而在2017年2月初跌破3万亿美元，突降迅速。在政府及时采取行政甚至法律措施来加以应对后，中国外汇储备一直于3.2万亿美元左右徘徊。

海明威描述危机时曾经说过："开始量变，然后质变"(gradually, and then suddenly)。诚如是，似乎还可以在量变过程中对质变风险加以防范。然而现代信息社会迥异于海明威的时代，经常出现猝死和闪崩，很多情况下根本不给予量变与应对的时间，这一点无论是中东某些国家的社会剧变，还是中国2015年夏季的股灾都可以作为例证，中国政府的风险处置措施必须果断而有力。

四、西与东

这个世界并非大同社会，没有一个超越于所有国家之上的世界政府可以制定统一市场规则并履行监督职能。这个世界既存在基于人性的普世价值，也存在基于人性的个体利益差异。任何个体、企业乃至国家都有自己的利益诉求。企业之间、国家之间既有合作共赢，也有利益博弈。企业经营都不能脱离其所在的外在环境，同时也打上国家利益的深深烙印。要注意限制中国企业海外并购的并非一定是中国方面，有时是东道国方面。例如，阿里巴巴公司旗下的蚂蚁金服以12亿美元收购美国速汇金，中国政府并未干预，最终由于美国政府基于安全理由的干预而失败。同样，中国吉利欲以增发方式收购德国戴姆勒公司股份，一开始也被戴姆勒方面断然拒绝，最后不得已在二级市场以更高的代价收购戴姆勒的股份。鼓励也好，限制也好，都是利益驱动，企业如此，国家亦然，东西方亦然。

企业发展之初，目的是使自己与家族衣食无忧、受人尊重，获得马斯洛分析框架下需求层次的逐级提升，直至实现马斯洛需求最高层次即自我实现；然而，当企业进一步发展时，其已经超越马斯洛需求分析框架，个人与家族从企业发展中获取利益的满足将对国家、社会和他人的利益满足产生重大影响，其违法违规行为对国家与社会的负面后果也会因此放大。当企业家与企业个体发展和国家与民族的利益紧密连为一体时，如何将个人事业与家族命运置于国家与民族命运走向的大环境下来思考自身的发展延续，是中国每一个新兴富豪家族需要面对的事情。

用成本效益分析补充物有所值方法，提升PPP项目筛选和评价工作质量

蒋云赟

截至2017年年底，通过物有所值评价和财政承受能力论证并纳入财政部PPP(政府与社会资本合作)综合信息平台管理库的项目有7 137个，投资额为10.8万亿元，与2016年12月末相比，同比净增项目2 864个、投资额4.0万亿元。2018年《政府工作报告》指出“支持社会力量增加医疗、养老、教育、文化、体育等服务供给”和“支持社会力量举办职业教育”，因此政府和社会资本结合的PPP模式仍然在我国有很大的空间。但为了PPP的可持续发展，我们需要进一步加强通过PPP模式开展项目的论证和管理。

2015年财政部颁布《PPP物有所值评价指引(试行)》，提出采用物有所值方法来评价是否采用PPP模式代替政府传统投资运营方式(以下简称“传统模式”)提供公共服务项目。物有所值评价目前以定性评价为主，并鼓励开展定量评价。但由于物有所值方法本身的局限性，我们应该考虑采用成本效益分析方法补充，甚至替代物有所值评价方法对以PPP模式提供公共服务项目进行评价。

首先，物有所值的定量评价是在假定采用PPP模式与传统模式产出绩效相同的前提下，通过对PPP项目全生命周期内政府方净成本的现值(PPP值)与公共部门比较值(PSC值)进行比较，判断PPP模式能否降低项目全生命周期成本。因此物有所值分析的一个基本假设是传统模式和PPP模式下的项目内容相同，如果在PPP模式下项目内容有变化，则传统模式下的项目内容也要进行相应调整，这样物有所值分析才会有效。此外，物有所值分析不能定

量描述在PPP模式下用户因为服务质量变化而获得的收益。例如，轨道交通建设中采用PPP模式可能导致道路平顺性更好、交通事故响应速度提升、道路建设和维护对交通的影响更小，这些在物有所值分析中都不会考虑，或者仅作定性分析。而成本效益分析是通过比较项目的全部成本和效益来评估项目价值的一种方法，20世纪30年代被引入政府活动领域，成本效益分析可以定量考虑采用PPP模式后引起的项目的变化，能够比较内容不同的项目，并且能够发现因PPP模式的项目内容变化导致的有利和不利之处，也能够定量描述在PPP模式下用户因为服务质量变化而获得的收益，这样就可以更全面地对PPP项目进行评价。

其次，我们把财政承受能力认证和物有所值评价同时进行，物有所值分析假设与PPP模式项目生命周期相同的条件下，政府财力能够支撑传统模式。但是如果政府的项目投资运营机构受到预算或负债能力的制约，必然给项目投资回收带来不利影响。这样，物有所值定量分析就不会考虑采用PPP导致项目提前交付带给用户的收益，而PPP模式的优点之一就是引进社会资本，可以让民众较早享受到公共产品。

再次，目前的物有所值方法强调在收益相同的情况下，去比较政府在PPP模式下和传统模式下的成本。但实际上这些项目之所以需要有政府资本或者政府参与，就是因为这些项目具有外部性，所以从社会的角度全面分析项目的成本和收益更合适。成本效益分析的视野要比物有所值的量化分析更宽广。与传统模式相比，PPP带来的社会效益更宽泛，使用成本效益分析则能将社会效益量化。因而，与物有所值方法相比，成本效益分析更适合回答这样的问题：“与传统模式相比，PPP方法是否能带来社会效益的提升？”

由于受限于风险概率和风险损失的衡量，目前我们对PPP项目的物有所值定量评价难以深入有效地开展，采用更全面直接的成本效益分析方法更为合适。成本效益分析方法基于微观经济学的框架去寻找社会净收益大于零的项目。它可以对项目的效益和成本进行全面评估，成本效益分析可以对外部性进行较好的度量，比如我们用PPP方式开展项目，可能改变收益实现的时间，当然项目本身也可以产生负的外部性，这些都是物有所值评价无法考虑的。

物有所值分析在假定传统模式可行并且PPP模型和传统模式可以实现相同收益的情形下，比较PPP模式是否会更节约政府成本。但是与项目是否采用PPP模式相比，项目本身的可行性也非常重要。成本效益分析方法是发达国家对项目进行可行性分析的主要方法，很多国家规定一定金额以上的项目必须进行成本效益分析，成本效益分析可以全面考察各项成本和收益，不会忽略对社会的正负影响，也可以包含收益提前实现的效应，并且成本效益分析并不会比物有所值分析所需要的数据量更多。

总之，物有所值分析考虑的是选择PPP模式（而不是传统模式）对政府财政的影响。由于物有所值分析仅从政府机构的视角出发，就没有定量评估那些非财政因素的社会效益。而成本效益分析则可以解决这些物有所值不能解决的问题，并且对提高PPP采购过程透明度及强化会计责任起到积极作用。随着我国PPP项目的项目数和规模不断增加，对项目本身的可行性定量分析和决策会更加重要，因此应该考虑全面推广成本效益分析，用成本效益分析补充甚至替代物有所值分析，提升对PPP项目的筛选和评价工作质量。

推动有效投资：PPP发展的守正与创新

袁　诚

2018年《政府工作报告》强调要“发挥投资对优化供给结构的关键性作用，促进有效投资”，并特别提到要“落实鼓励民间投资政策措施，在铁路、民航、油气、电信等领域推出一批有吸引力的项目，务必使民间资本进得来、能发展”。鼓励民间资本规范有序参与基础设施项目建设，促进政府和社会资本合作（PPP）模式更好发展，有助于提高公共产品供给效率，加快补短板建设，充分发挥投资对优化供给结构的关键性作用，增强经济内生增长动力。

自2014年财政部76号文和发改委2724号文拉开中国新一轮PPP发展序幕以来，已经历时将近四个年头。截至2017年12月末，全国PPP综合信息平台项目库共收录PPP项目14 424个，总投资额为18.2万亿元；其中，处于准备、采购、执行和移交阶段的项目共7 137个，投资额为10.8万亿元，覆盖31个省（自治区、直辖市）及新疆兵团和19个行业领域。毫无疑问，中国PPP已经历了一个短期的飞速发展，入库项目多、覆盖领域广、落地速度快、合作模式新，对改善公共服务、拉动社会投资和促进经济增长均发挥了积极作用。

然而，2017年是PPP发展的转折之年，这一年PPP发展同时面临着政策收紧和速度放缓两大因素的共同制约。政府借其变相举债、地域行业发展失衡、项目泛化异化粗放、配套政策亟待健全、退出机制仍需完善，成为PPP发展急需解决的隐患和问题。2017年，在中央部署防范系统性金融风险的大背景下，各部委针对PPP发展的问题采取了一系列措施，目的则在于以牵住项目融资，倒逼市场回归PPP本质，防范政府、国有企业和金融机构的系统风险。与此同时,参与 PPP 项目的政府方与社会资本方在 2017 年也遭遇发展瓶颈,使得 PPP 发展速度逐步放缓。其中最大的瓶颈来自,地方政府做 PPP 不能超过每年财政支出 10%的上限。经过四年的发展,大部分地区基本上达到或接近这个上限,不少地方政府已临近“天花板”约束。对于社会资本方来说,热衷于做 PPP 的企业前期已经签订了大量的合同,但是现在很多项目签约后融资还没有完成,项目开工建设存在巨大的社会资本垫资和赊欠,面临着资源上限的问题。

尽管如此,2018 年《政府工作报告》对 PPP 仍持鼓励态度,因此 PPP 未来的发展仍具前景,而注重 PPP 项目的有效投资成为 PPP 发展的关键环节和目标。推进 PPP 项目的有效投资,需要同时把握 PPP 发展的基本原则和未来的创新方向。

PPP 发展的基本原则主要体现在以下三个方面。

第一,PPP 的基本目标是提升公共服务绩效、促进经济增长。通过在公共品供给领域引入政府与社会资本的合作,将部分公共品供给任务分配给私营部门,在地方财政出现压力的时期,支持政府继续履行公共品提供的责任。 PPP 模式可以发挥私营部门在商业、管理、运营和创新方面的专业知识从而提升公共服务绩效;公共服务的提升可以直接或间接提高本地生产部门的产出效率,从而促进经济增长并拉动投资。PPP 模式重新定义并确认了某些公共项目公私合作的模式,以及政府与市场在公共品提供中分别承担的责任与角色。为纳税人提供更好的公共产品与服务,是发展 PPP 的使命与出发点,也是评价 PPP 政策与项目是否成功的根本标准。因此,我们要警惕在 PPP 项目的设计过程中,把 PPP 包装为地方政府转移政府债务的工具、资本市场转移金融风险的工具的风向与势头。

第二,PPP 的合作形式是基于契约理论的公私合作伙伴关系,PPP 的设计要遵循基本的经济规律,对 PPP 的研究依然要从经济学以及公共经济学的基本原理出发。 兴起于 20 世纪 30 年代的契约理论,倡导所有权和经营权的分离,并通过不断完善契约以保证所有者和经营者的最优经济行为。所有权和经营权分离的合理性依据在于所有者和经营者对市场拥有不对称的信息，分离后双方可以各司其职而提升效率；不断完善契约要求也来源于这种不对称信息，以避免出现逆向选择、道德风险、不可验证性等问题而损坏效率。PPP 正是基于这种契约理论的公私合作伙伴关系。PPP 的有效实行，一方面需要公私部门明确各自的职能、发挥各自的优势，公共部门的作用主要在于提供资金支持和政策保障，私营部门的作用主要在于发挥其专业知识以实现项目高效运营；另一方面更需要在契约中设置更多激励相容的约束条件，将权利、风险和收益进行合理分配，从而实现公共部门和私营部门最优化目标的统一。

第三，物有所值是 PPP 发展的核心价值，是政府制定 PPP 政策，设计、评估、验收 PPP 项目必须坚守的标准和原则。PPP 项目的标的都是公共设施或公共服务，政府作为项目的发起者和所有者选择将不同阶段任务委托于不同的私营部门，以期获得公共品的供给效率，即相对于原有供给模式有更多的产出或更低的成本。私人资本追求利润和效率，但这并不必然保证物有所值会自动实现，因为物有所值评估的是公共项目在全生命周期内的社会效益和社会成本，社会资本逐利的短期性和私人性与之是有出入的。在公私合作的伙伴关系中，坚持物有所值的核心价值，是政府必须承担的责任和重要角色。而要做好周密的物有所值测算和评估，除了采用正确的定性分析、可行的定量模型，政府本身的绩效管理与评估、监管成本的精确核算、公共项目完整数据的积累、政策执行的连贯性与一致性是必不可少的前提，也是在现阶段需要加强建设的政府管理内容。大量的历史经验和案例表明，治理良好的政企关系、规范透明的财政收支管理，是物有所值评估与目标能够顺利实现的关键因素，也 PPP 政策和项目取得成功的重要保障。

只有把握 PPP 发展的基本原则与核心价值，才能走对正确的开拓创新方向。PPP 本身是制度创新的产物，PPP 本身的发展也不断受益于技术与制度的创新。例如，正是智能收费技术使得公共产品“非排他性”的边界不断退化；而大数据技术的应用，使得消费者对于公共品真实偏好的显示与甄别，以及政府对于差异化、多样化的公共品的提供成为可能。政府与市场的边界在时代的进步和创新中不断变化，PPP的发展也必须在不断的创新中实现社会价值的最大化。PPP发展的创新方向主要体现在以下两个方面。

第一，拓宽进入领域，创新领域的PPP发展模式。目前PPP项目进入的领域大多集中于市政工程、交通运输、旅游，三者合计能占到总体项目的一半以上。这些行业有一个共同特征，就是能够产生相对稳定的现金流，而资本本质上是逐利的，私营部门在参与PPP项目时选择优先进入这些行业也是情理之中。但是，这与PPP发展已经很成熟的英美加等西方发达国家很不一样，他们已在医疗、教育、环境、养老等领域有了很多成功的PPP实施案例，这些行业则大多不能产生稳定的收益流。要进一步拓宽中国PPP的进入领域，首先要扭转地方政府“基建保增长”的政绩观，将更多元的公共服务纳入地方政府目标和考核内容中；其次要多渠道地保障低收益项目中私营部门的利益需求，政府财政支出和专项补贴政策应配套为低收益项目服务。

第二，创新PPP投融资机制，提升项目的综合收益。PPP项目不同于普通的投资项目，它们大多具有投资大、周期长、利润低的特点，其本身对于追逐利润的社会资本是缺乏吸引力的。因此创新PPP投融资机制以提升项目综合收益，并给予相应立法保障，将成为PPP提高公共服务质量和效益最主要的动力机制，也是确立PPP理性的最主要市场约束机制。当前急需推进的是PPP项目的费价制度改革和资产证券化。费价制度改革应该按照谁受益、谁付费的原则形成一种价格机制，这样才能吸引投资者、保证PPP项目的可持续性。资产证券化将PPP项目的运营管理权和收费收益权进行了分离，并将未来的使用者付费和财政补贴作为基础资产，这样的设计为社会资本构建了良性的退出机制，有利于盘活存量PPP项目资产、增强PPP项目对社会资金的吸引力、提升PPP项目稳定运营能力。未来的PPP投融资机制创新，应注重顶层设计和机制建设相结合，推行更多如“费价制度改革”和“资产证券化”的有效机制，同时积极引导中长期机构投资者，努力实现风险的合理分配。

加强PPP空间治理，推进PPP区域均衡发展

程　哲

我国正在加快推进国家治理体系和治理能力现代化，作为基础设施和公共服务供给方式重大创新的PPP(Public Private Partnership)，本身就属于治理模式创新，但作为对象，PPP也需要治理。2014年以来的PPP发展热潮取得了显著成绩，也暴露了很多问题，比如明股实债、固定回报、资本金穿透、伪PPP盛行等，亟需治理。

中国社会经济发展不平衡不充分的基本国情决定了中国的PPP发展一直存在显著的空间差异。这种空间差异既反映在项目的空间分布上，也体现在PPP的应用特征上。就PPP项目的空间布局而言，以财政部入库PPP项目为例，截至2018年1月31日，入库项目总计7 446个，最多的前三个省份是河南(695个)、山东(639个)和湖南(591个)，最少的三个省份是西藏(2个)、上海(2个)和天津(14个)。此外，PPP项目的区域差异还体现在城乡之间，PPP项目过多地集中于城市，在广大乡镇的推进力度不够，结果导致基础设施和公共服务的城乡差距越来越大。就PPP的应用特征(比如PPP的驱动因素)而言，按照熊伟和诸大建提出的PPP 3.0理论，PPP的发展可分为三个阶段，PPP 1.0的主要驱动因素是填补公共财政资金缺口，PPP 2.0的驱动因素是提升公共治理能力和公共产品的供给效率，PPP 3.0的驱动因素是促进可持续发展；PPP的三个阶段并不是线性的，而是双向演化和可能同时并存的。不同的阶段PPP驱动因素是不一样的，甚至相同阶段，不同区域的

PPP 驱动因素也是存在差异的。PPP 的区域差异，部分属于正常范畴，比如禀赋差异和需求差异带来的区域差异；也有部分是非正常的，比如地方政府认知和能力不到位导致乱用滥用 PPP。此外，区域发展不平衡要求 PPP 的政策具有灵活性，但目前国家政策却是一视同仁，全国“一刀切”，缺乏政策弹性，导致了一系列问题。因此，需要通过空间治理机制对 PPP 进行矫正、引导和调控。

PPP 的治理手段很多，比如关系治理、契约治理、网络治理和项目治理。但空间治理无疑是研究相对比较薄弱的环节。与地理领域的空间治理不同，在 PPP 治理领域，空间治理更强调结合 PPP 的特征和需求，通过空间和制度手段，修复城乡之间、区域之间基础设施和公共服务的不平衡不充分。空间治理不仅是发现空间差异，也不仅是坐视空间差异，而是在正视和分析空间差异的基础上，因地制宜，因地施策，对症下药，通过空间治理模式和政策调控，从而对空间格局进行优化，缩小空间差异，促进空间正义。

PPP 的空间治理首先是识别和诊断 PPP 的时空格局和演化特征，并从时间序列和空间尺度对中国 PPP 驱动因素的阶段性和区域性差异进行分析和测度。在此基础上，构建一个“事前—事中—事后”呼应的动态评估与调控体系，从而实现对 PPP 项目的过程控制与优化。PPP 空间治理的事前评估就是立足中国发展不平衡不充分的现状，构建中国城市 PPP 适宜性评价，通过加权指标体系对中国城市采用 PPP 模式的适宜性进行评估。事中评估就是根据 PPP 项目的实施绩效对 PPP 入库项目进行动态调整和清理整顿。事后评估就是构建中国地方政府 PPP 治理能力评价，目的在于对地方政府实施 PPP 模式的管控水平进行评估，识别和诊断地方政府 PPP 治理能力的区域差异及其原因，根据评估结果采取针对性的改进措施，从而提升地方政府 PPP 治理能力。

目前，PPP 的空间治理在概念界定、内涵特征、实施路径、技术手段等方面都处于起步阶段。尤其是空间治理是一个跨学科的集成研究，需要项目管理、公共管理、地理学和经济学等相关学科视角、理论和方法的融合，难度较大。但PPP空间治理紧紧围绕这一轮PPP热潮中暴露出来的“一刀切”政策模式、运动式发展陷阱、制度效率低下、地方政府能力不足等问题，具有极强的现实意义和理论价值，不可不推，也不可晚推。

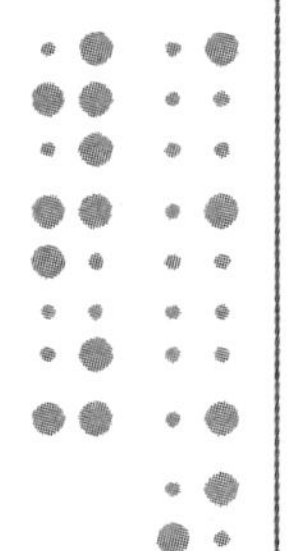

切中肯綮，行政机构改革全面开启

闫　雨

2018 年 3 月 13 日，国务院总理李克强向全国人大提请审议《国务院机构改革方案的议案》，该方案主旨明确、目标精准、设计科学、切中肯綮，标志着新一轮国家行政机构全面改革的大幕开启。

政府机构是政府职能履行的载体，政府职能的背后蕴含着政府与市场、政府与社会关系的运行逻辑。党的十九大报告做出“新时代我国社会主要矛盾已经转化为人民日益增长的美好生活需要和不平衡不充分的发展之间的矛盾”“我国经济已由高速增长阶段转向高质量发展阶段”的判断，而市场对资源配置起决定性作用。在“互联网＋”推动下，新技术、新产品和新业态快速发展，各个领域都有体制机制障碍亟待破除。面对政府管理“碎片化”，部门之间协调与整合不力，政府部门存在职责不明、职能交叉和重叠，政出多门，政令不统一，办事效率较低，职能缺位、越位和不到位等诟病，创新行政管理体制，提升人们群众的获得感、幸福感，深化“大部制”机构改革成为一个重要抓手。

党中央以全局视野和战略眼光，以党的全面领导为核心，推动科学性顶层设计，本次“两会”审时度势地提出国务院机构改革方案，从组织层面确保深化改革的有效性，从满足社会发展的需求出发改善制度运行环境和机制，是对市场经济发展及公众需求的主动回应，改革与开放齐头并进，机制的内生动力全面激活。

根据议案描述，本次机构改革后，国务院正部级机构减少 8 个，副部级机构减少 7 个，除国务院办公厅外，国务院设置组成部门 26 个，改革力度之大可见一斑。其重要目标是根据市场经济和社会发展的新任务、新要求重组政府，彰显了优化机构设置、突出民生服务、强化宏观监管、增强公共服务协同性的改革总思路、总原则。

优化机构设置。政府组织模式与政府职能优化之间应该是良性互动的，在一个僵化的组织模式之下，即使拥有精英型人才也难以避免相互掣肘，因而很难达到管理要求。面对日趋复杂化的内外部环境和多元化的利益矛盾，本轮机构改革以大部制改革为统领，体现出“一类事项原则上由一个部门统筹、一件事情原则上由一个部门负责”的改革目标，形成大健康、大环保、大监管、大应急的组织架构和统合性职能。改革基本实现全方位覆盖，从组织设计方面增强了政府组织结构的协调性、整体性、弹性和渗透性，有利于打破原来固化的组织壁垒，优化配置资源，直接撤除了“九龙治水”的弊端。机构改革适应新时代的多变性，增强了对新生情况和复杂事物管理的灵活性，避免了因为局部利益而影响关键领域深化改革的顺利实施。

突出民生服务。与经济发展的协同相匹配，以人民利益为中心成为此次改革的基本逻辑。机构改革瞄准当前民生领域存在的体制机制弊端，尤其在教育文化、卫生健康、医疗保障、退役军人服务、应急管理等人民群众普遍关心的民生、服务以及市场监管等重点领域加大改革力度，以组织机构改革为引领，体现出不回避权力和利益调整的革命性特点，突出强调防范化解重大风险、精准脱贫、污染防治“三大攻坚战”，在组织设置更为精简的前提下有效推动公共资源的合理配置、产业的合理布局、基础设施的共享以及环境污染的共治，增强政府社会管理和公共服务职能，体现出协同治理的理念，是对“五位一体”总体布局在组织层面的有利落实。

强化宏观监管。本次机构改革提出组建中国银行保险监督管理委员会，作为国务院直属事业单位。同时将银监会和保监会拟定重要法律法规草案和审慎监管基本制度的职责划入中国人民银行，不再保留银监会和保监会。本次机构改革确立了防范系统性风险的金融监管思路和组织架构，为统一金融监管框架奠定坚实基础，进而必然将在金融监管规则和具体监管措施层面推出大量的宏观性、协调性改革举措。宏观监管思路的创新顺应了信息时代的要求。金融监管首先在于对信息的捕捉能力，宏观监管打破了体制和制度壁垒，建立起全通道格局，增强了获取信息的能力，有效加强了现实中金融混业监管之间的各种联系，进而从根本上规避金融经营利润最大化与金融系统隐性风险性加剧之间的矛盾，从整体上提升金融市场的合规性和稳健性，有利于增强虚拟经济与实体经济之间的良性互动。

增强公共服务的协同性。面对未来风险社会中牵一发而动全身的新矛盾、新问题，政府管理能力突出强调快速应变能力和服务整合能力，与此相对应的是组织机构的自身弹性与自我更新能力。原来的政府职能条块分割格局必然导致社会回应与公共服务协同能力的减弱。本次机构改革的最大特点在于以大部制提升组织的协同性，构建起具备全局意识和应对复杂局面的组织结构，实现了机构改革的新发展、新突破。

本次机构改革涉及组织整体格局的调整，在优化政府结构和流程改革方面迈出了坚实步伐，拉开了中国新一轮改革开放的大幕。今年是改革开放 40 周年，可以预见，接下来将以更大力度推动政府职能转变，释放出强大的深化改革和制度创新红利，为市场经济和社会主义民主建设保驾护航。

2018 年“两会”的政府机构改革方案从自我破题，推动自我更新，率先破除了党和国家机构职能体系中存在的障碍和弊端，大刀阔斧地推动政府管理职能和公共服务保障的优化和改善，比以往历次机构改革的范围更为广泛、影响更为深远，以整体性部署降低改革协调成本，实现机构职能的有机统一而非机械整合，充分体现了新时代的治理使命和目标，必将迸发更大的发展活力，有利于全面推动实现国家治理体系和治理能力的现代化，因而具有里程碑式的意义。

3 Part 产业篇：坊市鳞栉，各历消长

当下区域产业发展不平衡已经成为阻碍中国经济健康增长的重大难题。如何协调经济产业结构转型进程中区域之间的平衡，环境与经济增长之间的平衡，国有企业与民营企业之间的平衡，将会直接关系到此次转型的成败。本篇立足于当下中国产业转型过程中的重点难点问题，通过深入剖析，以期对其提出一些突破性的政策性意见和建议。

京津冀协同发展与产业转移

王大树　程　哲　申海成

2018年《政府工作报告》提出“以疏解北京非首都功能为重点推进京津冀协同发展，高起点规划、高标准建设雄安新区”。京津冀协同发展是一项伟大的系统工程，核心工作是疏解北京的非首都功能，其中主要任务是产业转移，即把北京的一些不属于首都功能的产业和功能向河北省与天津市合理有序地进行转移。

具体来讲，产业转移有两个方面：从产业转出地的角度来看是产业疏解；从产业转入地的角度来看是产业承接。京津冀三地人口1.1亿，土地面积21.6万平方公里。从产业梯度来看，北京和天津处于高梯度，河北则处于低梯度，因此，三地间存在产业梯度转移的基础。另一方面，三地之间又呈现出产业异构，因而无法单独依托企业构建起严紧的产业链关系，于是出现了各自为营、相对独立的分工体系。

从历史上看，京津冀经济社会文化同源性很强，三地融合、协同发展有深厚的历史底蕴。要以新发展理念为指导，打破行政区划限制，谋求区域发展的新路子。京津冀协同发展，区域内的产业疏解和承接问题是重点也是难点。我们认为，三地之间的产业转移要注意以下三个问题：

一、北京的产业和非首都功能疏解

北京的主要任务是“减肥瘦身”，通过两种方法疏解非首都功能。首先是行政功能分散。北京市属行政单位整体或部分迁入通州区，实现北京中心城区向外疏解，功能分散化。其次是产业疏解，把属于非首都功能的产业转移到天津和河北。

患上“大城市病”的北京必须有“壮士断腕”的勇气，把不符合北京定位的产业和功能转移出去。重点是疏解一般性产业特别是高消耗产业、区域性物流基地、区域性专业市场等部分第三产业，推动部分教育、医疗、培训机构等社会公共服务功能以及部分行政性、事业性服务机构等有序迁出。近四年来，北京全面落实新增产业的禁止和限制目录，实施更加严格的准入标准；关停退出一般制造业企业 1 992 家，调整疏解各类区域型专业市场 594 家。当然，北京产业向外转移也不能光是“甩包袱”，只把不好的产业推出去，而是要好坏搭配；不仅要考虑比较经济优势，还要考量资源、环境、人口、交通等条件的限制，更要考虑疏解非首都功能这一因素。所以，某些产业（例如，金融、教育、医疗）的外移是“忍痛割爱”，而且对于一些产能过剩的产业要实行减量化外移。

功能疏解要加强政策创新，优化政策组合，减少疏解地的阻力，提高承接地的引力，增强疏解对象的动力，才能形成非首都功能疏解的合力。在疏解的同时，北京还要加强与天津、河北的沟通对接，实现承接地园区统一规划、合理布局、产业集聚；加强目前反映强烈的承接地交通、水电气热、医疗、教育等基础设施建设和公共服务配套，缩小与北京的差距，会同两地增强对疏解企业和员工的吸引力。

二、河北和天津的产业承接

北京的产业疏解关系到河北和天津的利益，如果没有国家顶层的规划和管理难以取得理想的效果，河北和天津争资源、争项目、争投资等竞争会愈来愈严重。结果，资源在京津冀优化配置也无法实现。所以，津冀都要积极改善经济环境，依托自身优势，围绕发展重点，主动承接北京的产业疏解。

河北省要利用自身优势科学地制订产业承接计划，主动做好产业承接工作。2016 年河北省加快了承接北京功能疏解的步伐，打造了一批重点承接平台，其中包括北京新机场临空经济区、芦台—汉沽津冀协调发展示范区、曹妃甸协同发展示范区，等等。河北产业结构调整应学习和借鉴上海周边县市如昆山、张家港、江阴等地的经验，这些地区只是县级市，但一些产业的竞争力甚至超过了上海。河北的白沟原来只是京津冀三地交界、交通不便的穷乡僻壤，如今却发展成为我国北方地区重要的箱包生产基地和小商品交易集散地。

天津承接产业转移有两个特点：第一，作为环渤海地区的中心，天津市是中国北方最大港，拥有现代化的运输网络，可以海陆空三者齐运，这为发展现代物流提供了充足的有利条件。第二，产业集群，以发展新兴产业为契机，努力推动制造业竞争力的提升。天津市出台了政府规划，按照区县资源的禀赋差异，协调区域与行业统筹发展，推进各区县示范工业园区的建设。同时，天津将机械装备制造、汽车产业、高档金属制品与大型铸造锻件几个领域列为重点突破，加强分类引导，在优化了配套设施的同时，延伸了产业生产链条，由此打造了 17 个特色产业集群，各个群规模都超过了百亿元。到目前为止，世界五百强企业中，有超过百家企业将生产研发基地落户天津，天津也提高了城市综合竞争力，过去几年 GDP 增长率保持在 15%上。这表明，产业集群能形成一股合力，促进天津市的发展，对于三地之间的协同发展也同样具有重大意义。

三、处理好集中疏解与分散疏解的关系

尽管北京非首都功能疏解已经成为共识，但疏解到哪里和怎样疏解却是必须认真研究的问题。

世界上城市功能疏解主要有集中和分散两种方式。我们认为，北京产业疏解必须处理好集中疏解与分散疏解的关系。目前，河北和天津承接北京功能疏解的热情很高，河北有 11 个地级市，172 个县、市区，再加上天津的 16 个区县，能够与北京对接的行政区至少有 188 个市县区，但“天女散花”式疏解恐怕不行。与此同时，北京公共服务资源也是有限的，区域交通建设不可能一步到位。在初期阶段，非首都功能可以分散疏解但不宜过于分散，而要“点面结合、以点为主”，选择几个距离适宜、规模适中、发展基础较好的区域重点对接，

疏解出包括一部分公共服务在内的非首都功能，这样可以在短时间内提高承接地的公共服务水平，达到良好的疏解效果。综合考虑北京现有的城市规模、高铁技术以及周边城市的空间区位、资源条件、城市配套等因素，可以在北京周边50—120公里范围内，特别是沿着铁路干线，选择基础较好的3—5个区域集中同当地产业集群对接，打造一批承接北京功能疏解的特色新城、卫星城或“微中心”。河北省和天津市要努力探索产业承接模式，积极构建产业承接平台，努力提高承接产业转移的质量；优化产业空间布局，把产业承接同产业集聚结合起来，打造若干产业链和产业带，通过上下游联动对接来建立产业集聚高地，引导产业向园区集聚、向重点区域集中。目前北京疏解也正从以零散项目、点状疏解为主的“小疏解”向以点带面、集中连片、央地协同、整体推进的“大疏解”转变。

2017年，党中央、国务院决定设立雄安新区，这是一项重大的历史性战略选择。北京要打破行政区划限制，全力建设以首都为核心、以北京城市副中心和河北雄安新区为两翼的世界级城市群。在产业规划上，将北京受空间限制无法进一步扩展的总部资源、教育资源、科技资源等向雄安集中疏解，比如行政事业单位、总部企业、金融机构、高等院校、科研院所等。雄安新区已经公布首批48家入驻企业名单。其中包括19家央企：国开投、中国电信、中国人保，等等；21家民企：BATJ（百度、阿里、腾讯、京东）、深圳光启，等等。这些企业全部定位在“高端”与“高新”上，包括14家前沿信息技术类企业，15家现代金融服务业企业，7家高端技术研究院，5家绿色生态企业，7家其他高端服务企业。2018年2月，雄安新区首个重大交通项目北京至雄安新区城际铁路（京雄城际铁路）开工标志着雄安新区重大基础设施正式启动建设。

首都、雄安新区与通州形成“一首两翼”之势。作为北京城市副中心的通州，北京市政府迁入之后，会带动河北腹地发展；雄安新区涵盖了雄县、容城和安新，距离天津、北京都在120公里左右，作为疏解北京非首都功能集中承载地，雄安新区会带动河北南部及华北腹地的发展。要顺应自然、尊重规律，高标准、高质量地建设雄安新区；结合区域文化、自然景观、时代要求，形成中华风范、淀泊风光、创新风尚的城市空间布局；同步规划建设数字城市，努力打造智能新区；坚持生态优先、绿色发展，努力建设绿色低碳新区；按照国家部署建设一批国家级创新平台，努力打造创新驱动发展新区。

北京非首都功能疏解的目标在于京津冀协同发展。建设巨大的首都经济圈，意味着将首都的资源及人口重新配置，需要几个增长极来支撑。因此，在资源及人口的区域间配置上需要选择几个重点，并推进这几个重点的集中开发。这种集中疏解比分散疏解方式更重视效率，可以在中长期推进“点—线—面”的逐渐式扩展。

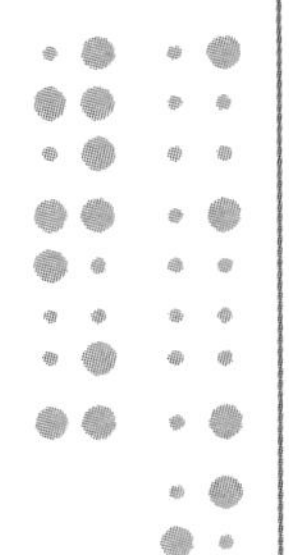

绿水青山不会自动变为金山银山

张亚光

在习近平新时代中国特色社会主义思想体系中,“绿水青山”和“金山银山”的辩证关系是重大理论贡献。

早在2005年,时任浙江省省委书记的习近平同志就在《浙江日报》上发表评论文章指出:“如果能把生态环境优势转化为生态农业、生态工业、生态旅游等生态经济的优势,那么绿水青山也就变成了金山银山。”时隔八年之后,习近平总书记在哈萨克斯坦纳扎尔巴耶夫大学发表演讲,并回答学生们关于环境保护的问题时再次强调:“我们既要绿水青山,也要金山银山。宁要绿水青山,不要金山银山,而且绿水青山就是金山银山。”

这些论述不仅表明了党和政府大力推进生态文明建设的态度与决心,同时也开启了对以“绿色经济”为重要内容和方向的未来新经济增长模式的探索。在党的十九大报告中,“绿色”提到了15次,“生态”(特指自然生态)提到了39次,“环境”(特指自然环境)提到了22次,而这组数据在十八大报告中分别是1次、39次和24次,在十七大报告中则分别是0次、12次和16次。最突出的变化是,“绿色”和“绿色经济”日益成为被关注的热点。

“绿色”是一种发展方式,也是一种生活方式。“绿色经济”就是绿色发展方式和生活方式的经济总称。只有坚持走“绿色经济”的道路,绿水青山才有可能转变为金山银山。自近代以来,工业化的迫切发展需求使得国人过度追逐工业规模而忽略了生态环境的保护,甚至使人形成了“经济增长就要以牺牲自然环境为代价”“先发展后治理”等错误认识。习近平总书记关于“绿水青山”和“金山银山”的论述，从根本上破除了这种错误的对立关系，将生态保护与经济发展科学有机地统一起来，为那些身处绿水青山之中但暂时相对贫困的人们指明了前进的方向，提供了巨大的精神动力。

然而，在振奋人心的响亮口号面前，少部分人也陷入了盲目的乐观和被动的等待，似乎只要守着绿水青山就会自动脱贫致富，只要不破坏自然环境就能抱上金山银山。对此我们应当持有清醒的认识：

第一，绿水青山是宝贵的自然资源，但自然资源丰富并不必然意味着经济发展、人民富裕。世界上有不少国家和地区遍地绿水青山，自然环境优越，却仍然处在贫穷落后状态。因此，绿水青山并非获得金山银山的充分条件，甚至也不是必要条件。

第二，绿水青山向金山银山的转化过程，本质上是“绿色经济”的实现过程。这一过程的转化，需要依靠复杂的机制设计和政策环境。必须由多方主体共同努力推进。金山银山，不是等来的，也不是守来的，是要动脑筋花力气从绿水青山中变出来的。

第三，绿色经济是以市场为导向，以传统产业经济为基础，以经济与环境和谐为目的的经济形式。其基本逻辑是：首先，该生态环境和自然资源有使用价值；其次，该环境和资源有一定的稀缺性；最后，有适当的市场机制将对环境和资源的需求通过交易方式实现为居民收入或地方财政收入。

第四，在上述逻辑链条中，目前最大的困难有两点：一是迫切需要供给侧改革。大多数绿色经济的供给方都在使用比较传统的生产方式和经营方式，缺少技术创新、模式创新、制度创新，激发不起有效需求。**二是缺乏有效的转化机制。**优质的生态环境和自然资源的价值，很难通过市场来直接兑现。由于缺少具体的技术路线和制度保障，市场条件下也难以将这些价值可持续地、成规模地变现并转化为居民收入和地方财政增长。

第五，除了上述两大困难之外，在实践中还有两大工作亟待推进。具体而言，一方面要打造良好的营商环境，避免某些地区坐拥绿水青山却因为营商环境问题被拖累为恶水穷山。这实际上是政府应当承担的工作。另一方面，要相信群众的智慧是无穷的，要积极推动“大众创业、万众创新”投向绿色经济领域，激发企业家精神和活力。

最后也是最重要的一点，**金山银山恐怕不能狭义地理解为真金白银，人民大众的幸福感才是最宝贵的财富。**我们在积极推进市场化改革的进程中，也必须要清楚，绿水青山可以通过市场机制转化为私人和地方财富，然而在大多数情形下它还保持着公共产品的特性。正如习近平总书记所说：“良好生态环境是最公平的公共产品，是最普惠的民生福祉。”

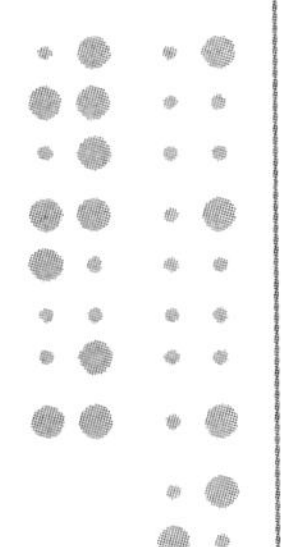

东北经济困局：现状、原因与建议

吕随启

一直被比喻为"共和国长子"的东北地区，近些年经济遇到了难以克服的瓶颈。为了振兴东北经济，政府出台了一系列的扶持政策，各界人士也纷纷踊跃出谋献策，对于东北经济的前景充满了焦虑和期待。也正是由于这样一种原因，每年"两会"，东北地区的发展问题都备受瞩目，营商环境、乡村振兴，所面临的困局值得思考。

目前，东北经济面临的问题主要集中在以下几个方面：(1) 经济增长乏力。事实上近年来东北三省经济增速在全国排名一直比较靠后，其中辽宁 2016 年 GDP 甚至负增长。(2) 人口危机。东北三省现在面临着严重的人口老龄化问题，东北地区生育率极低，人口增长趋于停滞。老龄化的一个后果就是严重的养老负担，另一个后果就是青壮年劳动力的匮乏。(3) 人才流失。近年来东北地区人才流失严重，高学历、能力强的年轻人，从东北流向了关内地区。(4) 官僚主义横行与腐败问题。辽宁人大贿选案震惊全国，反映了东北三省的腐败问题。(5) 营商环境恶化。"雪乡宰客事件""毛振华事件"以及"投资不过山海关"等使东北经济环境的口碑更加雪上加霜。

造成当前东北经济困局的原因，我认为主要有如下几个方面。

第一，计划经济后遗症。中华人民共和国成立之初，面临百废待兴、工业基础薄弱的局面，计划经济可以集中优势资源，快速建立完备的工业体系，加速国民经济的恢复以及工业化的进程。这一时期，东北地区由于具有雄厚的工业基础，扮演了非常重要的角色。随着改革开放的不断深入，政策向东南沿海倾斜，东北地区效率底下、激励不足等计划经济的问题日益突出，东北三省转型速度相对滞后，市场经济发育不足。其没能发挥市场经济体制的优势，大国企居多，失去了政策上的优势却政策依赖严重，民营企业数量本来就少，又缺乏成长空间。再加上官僚主义思想腐败等问题的存在，使东北经济陷入恶性循环。

第二，计划生育后遗症。作为大型的重工业基地，东北拥有大量的矿产、石油等资源，这是许多垄断性大国企比较集中的重要原因。在这样一个国企主导的体制内，那个时代超生的代价就是失去稳定的工作，家庭生活有可能遭到毁灭性打击。正是由于这一原因，相对而言，计划生育在东北地区执行得更加彻底。这不仅导致了劳动力的缺失，而且产生了严重的人口危机和老龄化问题，成为东北经济发展的一大制约因素。

第三，地理气候原因。从地理上来看，东三省周边毗邻俄罗斯、朝鲜、蒙古，没有一个可以相互依托、相互促进的经济发达地区。在有限的对外贸易中，黑龙江、吉林周边没有出海口，产品运输成本相对较高。尤其是苏联解体之后俄罗斯经济衰落不止，俄罗斯远东地区经济更是一片萧条，中俄贸易往来凋零。就气候而言，山海关分割了关内关外，出了山海关气温明显下降，越往北气温越低。每年冬天气温低的时候土地都是冻住的，土木建筑活动无法进行，太冷了人的生产积极性会下降，每年的取暖费用也是很大一笔开支。

第四，政商环境恶化。由于中国改革开放战略取舍，政策向东南沿海倾斜，东北成为政策阳光照不到的角落，东北经济发展相对落伍。在这样的大背景下，东北三省政商环境持续恶化，陷入了恶性循环。在东北三省，常常没有关系办不成事，吃、拿、卡、要现象非常普遍，腐败导致寻租行为和监管套利行为严重。这扼杀了一大批踏实经营的民营企业家的积极性。如果按规矩做事、按市场化的规则运营不能获利，许多企业家只能选择出走。招商引资又常常采取“关门打狗、堵门抓鸡”的做法，以至于留下了“投资不过山海关”的口碑，沸沸扬扬的毛振华事件就是典型。区域内好企业逃离，外省企业对东北敬而远之，使东北经济更加举步维艰。

对于东北经济的困局危机，大家众说纷纭，莫衷一是，如何才能挽狂澜于既倒，扶大厦之将倾？至少要注意以下几点。

第一，从平衡区域发展、提升东北亚地缘地位的战略高度，党中央、国务院应当进一步明确振兴东北经济的重要性，出台更加具体的政策措施，解决东北的历史遗留问题，克服制约东北经济发展的障碍，为东北经济的振兴拓展空间。

第二，彻底治理腐败问题，优化政商环境。无论是近年来党中央的大力反腐，还是最近的扫黑除恶专项行动都让我们看到曙光。辽宁人大贿选案涉事官员早已落马，2018年2月十九届中央第一轮巡视全面启动，15个中央巡视组分别进驻了30个地方、单位，其中就有辽宁省和黑龙江省。党中央敢于触动利益阶层推进反腐和改革，一心一意为人民群众，功在当代，利在千秋。东北的政治生态一旦得到净化，营商环境持续优化，市场机制进一步完善，依托现有工业基础配套设施，吸引更多资金到东北投资设厂，东北经济就有可能走出困境。

第三，加大力度吸引人才。由于经济不景气，东北人才流失严重，很多大学生毕业后往往选择离开东北。要想振兴东北经济，必须制定相关政策留住本地人才，吸引外地人才。比如提供大学生外地住房安置补贴、工资津贴、透明公平晋升机制允诺等。

第四，加大力度推进东北国企改革，如混合所有制改革和企业并购重组等，提升东北国企效率。在东北国企股东中引入民间资本，这样既可以发挥国企集中力量办大事的优势，又能够调动生产积极性，提高东北企业体系的活力。而且可以推动产业整合，如推进企业并购重组，从而解决人员冗余效率低下问题。

第五，加大政策扶持和资金扶持力度，减税让利，鼓励创新。采取措施鼓励高端制造业、高科技产业入驻东北，比如政府让利提供税收优惠。在东北布局多元化的产业，比如互联网、金融、传媒、高端制造业等，这些产业一定程度上会缓解人才外流的压力，进而吸引更多优秀人才，为东北振兴奠定良好的基础。

第六，因地制宜，发展东北经济。一方面，东北具有很好的重工业基础，可以依托这一体系布局军工产业，其优势得天独厚。另一方面，东北幅员辽阔、地广人稀、资源丰富、自然条件好，我们既要减少对资源的过度依赖，避免破坏环境，又要利用这一优势发展生态旅游业、机械化农业、绿色食品加工业等。

党中央的一系列改革已经让我们看到了东北经济复苏的希望。2018 年 3 月 5 日，国务院总理李克强在十三届全国人大一次会议上做了《政府工作报告》。李克强总理在总结过去 5 年成就的基础上又阐述了新的工作重点。其中就有再压减钢铁产能 3 000 万吨左右，退出煤炭产能 1.5 亿吨左右；再为企业和个人减税 8 000 多亿元；加强新一代人工智能研发应用；健全地方税体系，推进中央与地方财政事权和支出责任划分改革，防范化解地方政府债务风险；探索宅基地所有权、资格权、使用权分置改革；探索建设自由贸易港；完成铁路投资 7 320 亿元、公路水运投资 1.8 万亿元左右等。相信党中央新的工作重点将继续为宏观经济稳定发展保驾护航，这必将有助于东北企业的产业整合、产业升级、经济新增长动力的激发。东北经济振兴，虽然任重而道远，路漫漫其修远兮，但是，只要有党中央国务院的战略扶持和政策激励，只要我们团结一心、共同努力，东北经济的未来一定会让人充满信心和期待。

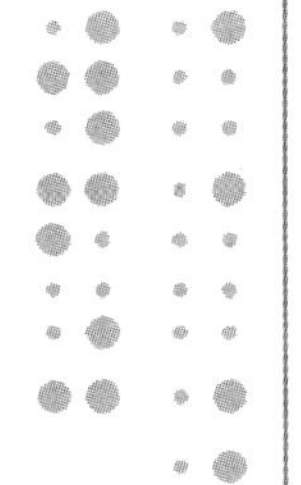

加快建设创新型国家，为实现民族科技振兴而努力

周新发

2018年李克强总理在做《政府工作报告》时说，加快建设创新型国家，把握世界新一轮科技革命和产业变革大势，深入实施创新驱动发展战略，不断增强经济创新力和竞争力。这是继十九大以来国家对加快建设创新型国家的又一次掷地有声的宣誓，也是中国政府高度重视创新对国家发展和民族进步的作用的体现。

一、创新对国家和民族发展的重大意义

当今世界，创新已经成为推动经济社会发展的核心驱动力。1912年，哈佛大学著名经济学家约瑟夫·熊彼特在其《经济发展理论》一书中提出“经济发展是创新的结果”的理论。如果缺乏创新，经济增长只是数量的增加，难以实现社会经济发展“质”的突破。纵观人类文明的发展历程，创新是经济发展和社会进步的不竭动力，创新推动了人类文明的历史进程，创新开辟了人类社会发展的美好未来。中华民族在历史上曾经一直是创新的引领者，从四大发明对人类进步的贡献，到今天中国高铁发展成果引领世界，中华民族创新的脚步，从来都不曾止步。

改革开放40年来，党和国家领导人高度重视创新，不断将创新提升到国家战略层面。邓小平同志提出，我们要掌握新技术，要善于学习，更要善于创新。江泽民同志反复强调，创新是一个民族进步的灵魂，是一个国家兴旺发达的不竭动力。胡锦涛同志明确提出了建设创新型国家的战略，将增强自主创

新能力上升到国家战略的层次。党的十八大报告正式提出“实施创新驱动发展战略”,建设创新型国家并做出战略部署。党的十九大明确提出“加快建设创新型国家”的发展战略,要瞄准世界科技前沿,强化基础研究,实现前瞻性基础研究、引领性原创成果重大突破。创新已经成为引领发展的第一动力,是建设我国现代经济社会重要的战略支撑。

二、改革开放以来尤其是这五年来建设创新型国家取得的成就

改革开放40年以来,中国特色社会主义取得重大历史性成就,我国在深空、深海、深地、深蓝等战略必争领域,取得载人航天、探月工程、载人深潜、深地钻探、超级计算等一批具有国际影响的标志性重大科技创新成果。尤其是党的十八大以来,我国创新驱动发展战略大力实施,科技自主创新能力取得了长足的发展,创新型国家建设成果丰硕。根据2018年李克强总理所做的政府工作报告介绍,近年来我国天宫、蛟龙、天眼、悟空、墨子、大飞机等重大科技成果相继问世,高铁网络、电子商务、移动支付、共享经济等“新四大发明”引领世界潮流。“互联网+”广泛融入各行各业。“大众创业、万众创新”蓬勃发展,日均新设企业由5000多户增加到1.6万多户。快速崛起的新动能,正在重塑经济增长格局、深刻改变生产生活方式,成为中国创新发展的新标志。

三、居安思危,直面国际科技创新的激烈竞争

改革开放40年来,中国经济有了长足的发展,科技投入也不断加大。据国家统计局统计数据显示,2017年中国研发经费总投入1.75万亿元,全社会研发投入较上年增长11.6%,规模跃居世界第二位。与欧美发达国家相比,科研投入近年来增长较快,但是我国在引领时代发展的尖端科技方面与发达国家相比还存在较大差距,在创新机制和环境方面还存在很多困扰科技发展的桎梏,需要着力推进制度创新、科技创新,加快完善有利于创新的体制机制和政策环境。

当今时代,科技竞争是综合国力竞争的焦点,谁在知识和科技创新方面占

据优势，谁就能够在发展上掌握主动。我们既要为改革开放以来取得的科技创新成就而自豪，更要清醒地看到国际社会新的动向。从国际上看，新一轮科技革命和产业变革正在孕育兴起。信息网络、生物科技、清洁能源、新材料与先进制造、纳米科技和量子点技术、石墨烯材料等科技的发展，正孕育一批具有重大产业变革前景的颠覆性技术，已展现出诱人的应用前景，成为创新驱动发展和国家竞争力的关键所在。

四、加快建设创新型国家，实现民族科技振兴的三个层面策略

中华民族的伟大复兴承载着亿万中国人的梦想，实现"中国梦"伟大构想离不开科技的创新。建设创新型国家，是解决我国当前社会主要矛盾的关键一招。党的十九大报告指出，中国特色社会主义进入新时代，我国社会主要矛盾已经转化为人民日益增长的美好生活需要和不平衡不充分的发展之间的矛盾。只有通过增强自主创新能力，才能实现长期可持续发展。落实提高自主创新能力、建设创新型国家这一战略目标，可以从政府、科研院所和企业三个层面着力：

政府建立激励机制和塑造创新环境。首先，政府要加强国家创新体系建设，强化战略科技力量引导作用。要加强引领和实施国家重大科技项目，突出关键共性技术、前沿交叉技术、现代工程技术、颠覆性技术创新，为建设科技强国提供有力支撑。其次，政府要倡导创新文化，强化知识产权创造、保护、运用，培养造就一大批具有国际水平的战略科技人才、科技领军人才、青年科技人才和高水平创新团队。政府要营造良好的创新氛围，要着力通过制度机制的完善，保证各种创新活动的开展，为推进自主创新提供制度机制上的保障。再次，要加强知识产权制度建设，完善知识产权法律法规体系，依法严厉打击和有效遏制侵犯知识产权的违法犯罪行为，为鼓励自主创新和维护权利人合法权益提供有力的法制保障。

科研院所要加强创新型人才的培养和使用。人才资源是一种战略资源，围绕着科学技术知识、创新型科技人才展开的争夺，日益成为国际竞争的焦点。全球化的人才争夺，要求我们大力实施科教兴国战略和人才强国战略。从增强国家创新能力出发，深化科技体制改革，充分发挥各种科技资源的作用，全面落实自主创新、重点跨越、支撑发展、引领未来的科技发展方针。加强科技队伍建设，健全人才激励机制，努力形成一支德才兼备、结构合理、素质优良的科技人才队伍，使优秀人才能够脱颖而出、施展才干，充分发挥人才在自主创新中的关键作用。

企业要成为我国科技自主创新的主体。当今世界，凡创新型国家都拥有核心技术知识产权和知名品牌的跨国公司或企业集团，拥有一批具有自主核心技术和创新活力的中小企业。因此，着力提高我国企业自主创新能力，形成以企业为主体、以市场为导向的产学研紧密结合的技术创新体系，培育和造就一批具有强大自主创新能力、拥有重要核心技术知识产权和著名品牌的跨国企业，以及一大批拥有创新活力的中小企业集群，是建设创新型国家的根本所在和关键之一。为此，我们要进一步深化科技体制改革，建立以企业为主体、市场为导向、产学研深度融合的技术创新体系，加强对中小企业创新的支持，促进科技成果转化。要使企业真正成为自主创新的主体，就必须妥善处理好产学研的衔接联合，充分发挥科研院所及高等院校的科研能力，破除科研与生产“两层皮”的现象，实现产学研紧密结合。

著名作家雨果曾说，相比有待创造的东西，已经创造出来的东西是微不足道的。虽然相比西方发达国家，我国先进科技的发展还有一定的差距，但只要全党全社会都积极投身创新、鼓励创新、支持创新，使创新成为中华民族的精神和灵魂，我们就一定能够不断超越西方发达国家，实现科技发展的“弯道超车”，实现中华民族的科技振兴。

推动国企混合所有制改革需要解决三个层面的问题

江　元

十九大报告将我国的改革提到了新高度，在十九大吹响改革冲锋号后，财税、金融、环保、楼市、科创等领域的改革将成为“两会”讨论的热点话题。很多改革都是完成两个“一百年”奋斗目标、实现中华民族伟大复兴道路中必须突破的障碍，其中国企混改是这些改革中的“硬骨头”。从2018年1月地方“两会”期间的政府报告看，国企混改已经成为热点词汇。国企是中国特色社会主义市场经济体系中重要的微观主体，建设具有优质高效资产、良好经营管理能力和完善内部治理制度的国企，是完善社会主义市场经济体制微观基础的重要之举，对我国经济、民生的贡献也是巨大的。

纵观国企改革历程，无不涉及产权问题，国企混改同样也在这个范畴之中。本文从产权的三个层面谈谈“两会”后国企混改主要需要解决的问题。

首先是产权构成层面。按照制度经济学的基本原理，产权是由一系列专用性资产构成的，而市场中进行交易的经济主体所拥有要素的比较优势决定了专用性资产的投入内容和程度。如果将企业（组织）视为一组专用性资产集合的话，拥有更高边际收益的要素（资产）就成为投入者的比较优势。于是在要素所有者之间就形成了一种通过契约规定的分工投入关系，每个投入者都投入自身具有比较优势的要素，以最终实现组织内要素整体投入边际收益的提高。这是国企混改产权构成的基本逻辑。回归现实，国有企业的资金要素来源于具有国家强制力的财政收入，比民营企业更为稳定，是更具有比较优势的专用性资产;相比之下,民营企业(尤其是技术型民营企业)技术创新与演化的制度环境比国企更为灵活、更有弹性,从而民营企业的技术、管理要素是边际收益更高的专用性资产。要想取得混改企业绩效的真实提高,必须引入民营企业的技术、管理要素,以此提高企业整体要素的边际收益。我们通过联通混改的案例就可以看出,联通集团引进的战略投资者包括了BATJ(百度、阿里、腾讯、京东)四大互联网巨头,其目的就是通过股权合作方式利用四巨头的技术优势提高经营绩效。在资金要素和科技要素的"联姻"中,如何选择合适的合作伙伴非常关键,市场化股权转让是一种有效途径,通过市场转让机制和科学、合理的投资者评价体系,可以筛选出符合条件并具有"伙伴精神"的意向受让方。另外,在民资股权比重较小条件下提高其股权收益,是提高民资参与度必要的激励机制,未来科技型公司的知识产权资本化应当会发展成为一种趋势,为股权比重较小的科技型企业获得更多的资本收益创造条件。

其次是产权运行层面。当国企的产权重新组合后,产权的运行就显得极其重要,在现代企业内部治理结构中,所有者和经营管理层分离是一个内在要求,经理层利用资本形成的资产真实提高边际绩效是国企产权运行有效的关键。发达国家已经形成了较为完善的职业经理人市场,可以为企业提供更多合适的经营者人选。但是目前我国职业经理人市场是一个不完全市场,信息不对称造成具有较高管理和信用水平、适合岗位要求的职业经理人信号无法被甄别出来,同时职业经理人市场的竞争不完全性也很难为错误选择职业经理人后提供"纠错机制"。这种情况导致混改国企的职业经理人选拔并没有脱离"行政指派"的老路,国企更倾向于选择更"知根知底"的体制内人士成为经理人,而民营企业家很难成为混改国企的实际经营者。改变这种局面要从内部和外部两个层面健全符合混改要求的职业经理人市场。从外部看,要改变国资监督管理机构对国企高管的单一任免职制,采取内外部共同参与的市场化选拔制度。在职业经理人的选拔过程中,要控制"内部人士"的参评比例,扩大民营企业家的数量,本着民主、公平的原则由混改重组后的董事会共同决策选拔，最后择优录取。从内部看，要形成经理人的内部竞争和激励机制。要建立“可退出、可流动”的内部职业经理人竞争机制，根据国有资产保值增值和股东权益最大化的可量化指标对职业经理人进行考核，不合格者实现退出，而内部表现较好的经理人可以替代晋升。在激励机制方面要合理设计混改国企高管的薪酬考核体系。可以采取虚拟股票、期权等市场化薪酬激励机制突破国企高管限薪带来的“懒政”问题。

再次是产权关系的稳定层面。国企混改后，民资和国资之间可以实现长期合作，这对于稳定国企的战略目标和实现长期收益有着重要意义。但是现阶段缺乏资本“话语权”是混改中民营企业担心投资稳定性的主要原因，专用性资产的剩余控制权分配直接和资产专用性相关。在产权的构成中剩余控制权分配往往存在非均衡状况，当具有较强剩余控制权的一方出现“敲竹杠”行为时，如果缺乏剩余控制权的一方进行了专用性资产投入，就难以通过市场再交易获得补偿，最终削弱缺乏剩余控制权一方的投资热情和合作意愿，从而对产权的长期绩效产生负面影响。保障民资“话语权”需要在短期和长期两个时间维度设计出足以保障国资和民资之间剩余控制权合理分配的制度。从短期看需要中央政府的行政手段。集权制下中央政府作为一国的制度设计者和管理者，对契约和产权具有巨大威权，对专用性资产的使用情况和剩余分配起决定性作用，于是对缺乏实际控制权的民资进行有效激励就需要来自中央政府的顶层支持，只有中央政府通过行政手段规范国企和地方政府行为才能保障民资在企业内部具有足够的“发言权”。从长期看要通过立法保障。现阶段混改的政策虽然提出保护作为中小股东的民营资本的权益，但是针对如何保护并没有出台具体细则，这就产生了政策的不稳定性。所以要加快相关立法，出台具体保护中小股东的强制性分红、强制性累积计票、集体诉讼、强制退出等法律细则以稳定民营资本预期及其投资积极性。另外值得注意的是，保护民资的一个立法难点是如何形成合理的股权结构和董事会席位分布。除只作为财务投资者的民营资本外要合理分配国有资本、民营资本之间的持股比例，民营资本份额既不能太多，以免改变所有制性质，也不能过少，以减少民营资本存在难以获得控制权的担忧。要保障民营资本进入董事会的席位，根据联通混改的经验，在民营资本持股份额相对有限情况下，可以适当增加民营资本的董事会席位以提升其话语权。

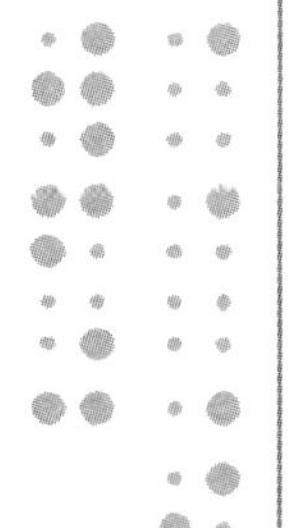

以混合所有制为突破口推动国企改革

——基于金融资产管理公司的视角

陈　瑞

国有企业是国民经济的核心要素，在国家绝大多数行业和重要领域中起到支柱作用，在我国社会主义经济基础中占据支配地位。财政部统计信息显示，2018 年第一季度的国有企业[①]资产总规模高达 166.8 万亿元，同比增长幅度超过 9.9%；营业总收入高达 17.5 万亿元，同比增长幅度近 9.7%；营业利润接近 1.0 万亿元，同比增长幅度近 18.4%，可以看出，国有企业资产规模、营业收入和利润均有较大幅度的增长，对我国的经济总量具有重要贡献。同时也应清醒地认识到，国有企业仍存在较多问题，特别是企业效率不高、主营业务不突出、人员冗余较严重、产能过剩比重高，再加上经济不景气、行业竞争加剧等因素，产生了较多效益低下的"僵尸企业"。因此，以混合所有制为突破口推进国有企业改革，对于厘清国有企业问题、弄清未来改革走向具有重要的理论和实践意义，也是推进供给侧结构性改革、处置"僵尸企业"、发展实体经济、改善民生的重要举措。

混合所有制最早在 20 世纪 80 年代就已提出，在不同时期都有丰富内涵，如表 1 所示。2015 年 9 月，国务院明确了国有企业混合所有制改革的战略部署和总体要求，鼓励各类资本参与进来，建立混合所有制企业的治理机制，营造良好的改革环境。第一，确定混合所有制的合法地位。十八届三中全会通

① 指国有及国有控股企业，包括央企及下属单位企业，还有地方国有及控股企业。但此处统计不包括国有金融类企业。

过的《中共中央关于全面深化改革若干重大问题的决定》，从法律意义上明确了混合所有制经济是基本经济制度，允许多种所有制经济资本参股、入股国有企业，建立现代企业制度，融入社会主义市场经济大环境中。第二，发挥国有资本的主导作用。相对于单一所有制的企业，混合所有制企业用部分的国有资本引导其他非国有资本进入，不仅能扩大原有企业的生产经营规模，而且能放大国有资本的功能和力量。第三，改善国有企业的公司治理水平。混合所有制企业严格按照《公司法》的要求，规范公司治理结构，健全信息披露机制，有助于改善公司治理水平。第四，进一步推进其他所有制经济的发展。国有经济在基础设施建设、国防军事安全等战略性领域，应掌握绝对控制的地位，但在其他竞争性领域，则没有必要控股。引入其他所有制经济资本参股，可以提高企业经营灵活性、市场适应性、资源配置效率，也维护了其他所有制经济在生产要素投入等方面的公平性，同时推动其他所有制经济的发展。

表 1　我国混合所有制改革历程回顾

时间	主要内容	重点举措	突破点
1993—1998 年	提出了公有制为主、多种所有制经济共同发展，“混合所有制”处于萌芽阶段	推行承包经营、公私兼顾等经济政策	混合所有制概念的雏形
1999—2002 年	将部分央企、国企进行股份制改造，发展国有资本、集体资本和非公有资本共同参股	央企、国企股份制改革	股份制改造初步实施
2003—2012 年	实现投资主体多元化，以现代产权制度为基础，使股份制成为公有制的主要实现形式	打破央企、国企垄断地位，多种资本交叉持股、融合	基本完成股权分置改革
2013 年至今	允许更多国有经济和其他所有制经济发展混合所有制经济	混合所有制全面发展	健全现代企业制度

注：作者根据公开资料整理所得。

WIND 数据显示，截止到 2018 年 6 月，沪深上市公司超过 3 500 家，总市值超过 50 万亿元，大多为国有控股、参股的混合所有制企业，无论从数量还是资产规模来看，混合所有制企业在中国经济中都发挥着重要的作用，具有不可替代的地位，需多方面多方位给予支持。

其一，推动企业上市。产权结构多元化的公司，是发展混合所有制经济的首要选择。实践证明，推进企业上市是国有企业发展混合所有制的主要实现形式和现实选择。利用全球各种类型的资本市场实现国有资产资本化，通过IPO首发上市、定向增发、借壳上市等方式，推动更多的国有企业成为混合所有制企业，畅通国有资本流通渠道，形成融资发展、创新机制、提升管理、创造价值、回馈社会、增强竞争力的良性发展机制。

其二，强化项目合作。大量实践表明，项目合作是混合所有制经济发展的重要抓手。应当从新组建的项目入手，在项目建设的前道工序，譬如，项目论证、立项、申报、落地等，就要有意识、有目的、有针对性地选择民营资本或外资进行沟通合作，以加快培植混合所有制经济企业。

其三，推进国有企业混合所有制的配套改革。尤其是在人事、薪酬、劳动的配套措施方面，要善用职业经理人市场，增加市场化聘任管理人员的比例，减少非市场化的高管任用，改变国有企业经营管理的行政作风。

金融资产管理公司自成立以来，为国家和社会分忧，积极支持相关企业混改。金融资产管理公司拥有多种金融牌照，建立之初是为了剥离国有银行的不良资产，随着后续的商业化转型，其逐步承担了化解金融风险、维护金融稳定的作用，兼具推动国企改革发展和服务社会的功能。金融资产管理公司一方面是处置不良资产，经营收购类业务，包括债权、股权、动产、不动产以及其他形式的资产；另一方面更是肩负社会责任，从多个方面着手支持国企改革，推进国有企业混合所有制改革，促进经济和社会等方面的发展。

金融资产管理公司应充分发挥综合服务商的作用，凭借其拥有的证券、基金、信托、租赁、保险等全功能的金融服务平台，满足国有企业混合所有制改革的个性化金融需求，提供全方位、高品质的金融支持。

第一，支持国有企业“走出去”。

国有企业通过有序吸收外资进行合作、海外并购等方式，发展混合所有制经济。金融资产管理公司应加大对国有企业走出去的支持力度。一是支持国家“一带一路”的开放性战略。“一带一路”战略旨在打破原有点状、块状的区域发展模式，从纵向到横向，贯通我国东中西部和主要沿海港口城市，进而连接起亚太和欧洲两大经济圈，实现沿线国家和地区全方位、立体化、网络状的大联通。“一带一路”战略的实施，为我国企业“走出去”创造了难得的历史机遇，“看着世界地图做企业，沿着‘一带一路’走出去”将是中国企业未来发展的新常态。二是助力国有企业海外经营。随着国家“走出去”战略的实施以及国内外经济形势的发展，中国企业开展海外投资已经成为提升国际竞争力的必然趋势。企业海外经营通常涉及两个甚至更多国家，而不同国家在政治体制、文化背景、商业操作、法律制度等方面都存在差异。因此，海外经营的实际操作过程往往错综复杂，面临来自多方面的挑战。国有企业境外投资风险比国内要大，因而更有必要建立境外投资保险机构，完善境外投资保险制度，将战争险、外汇险、征用险、违约险纳入保险范围。金融资产管理公司可为国企积极搭建海外投资保险平台，为国企走出去提供全面服务，全力支持其开展海外投资、境外收购及兼并重组。

第二，支持 PPP 合作项目。

推进政府和社会资本合作是支持混合所有制改革的一种手段，金融资产管理公司应探索 PPP 项目的金融服务新模式。在 PPP 项目前期，金融资产管理公司可利用多牌照功能平台提供投资咨询、顾问等金融服务；在中期，可加大多元化项目融资渠道，丰富理财融资模式；在后期，可积极推进 PPP 项目资产证券化，而这也是金融资产管理公司需要着重发力的地方。

通过资本运作推动资产证券化，用好市值管理手段盘活上市公司资源，从而实现内部资源优化整合，实现国有资产价值最大化是国企改革的一项重要内容。推进国有资产证券化，把更多优势资产装进上市公司，盘活存量国有资产，提高资产的流动性，并使资产易变现、易交易，对于实现做大做强国有企业的目标，无疑大有裨益。同时，国有资产证券化也是发展混合所有制经济最有效的方式，能够有效解决国企发展过程中公众缺位的问题，让更多公众走向市场、走向资本化。国有资产证券化率的提升，主要是从产业整合、价值创造、资本运作等三个方面，通过资产注入、资产置换、资产购买以及吸收合并等方式，利用上市公司平台，实现与资本市场的对接，优化重组资产和产业链整合。同时，借力于资本市场，形成国有资本价值的市场化计价能力，形成科学的资产保值增值的考核依据，由此建立起不断再融资的体制条件，为兼并收购提供运作平台。

第三，支持国有企业以多种方式参股入股非国有企业。

金融资产管理公司可以利用丰富的客户资源，在有混合所有制改革需求的企业和社会闲置资金中牵线搭桥。支持国有企业与创业投资基金、产业投资基金、政府引导基金等各类资本共同设立股权投资基金，积极参与企业改制上市、重组整合、资产并购。金融资产管理公司主动介入基金管理，协助做好项目筛选和退出安排，为混合所有制改革企业的产业基金提供募集、投放、管理、退出[①]等全流程服务。

① 只有制度化的退出机制才能保障投资人的权益，该机制的建立需要对各方权益分配及实现进行制度安排。

4 Part

三农篇：君子务本，本立道生

农业一直以来是一个国家发展的根本。长期以来，我国对于“三农”问题高度重视。“三农”问题的解决与否也将从根本上影响我国实现共同富裕的进程。本篇将立足“三农”问题的方方面面，从多重维度探讨“三农”问题的解决之道。

中国多维扶贫的成就及展望

夏庆杰

一、经济增长、贫困与多维贫困

世界银行和诺贝尔经济学奖获得者阿马蒂亚·森(Sen, 1999)一致认为:贫困的表象是收入或消费贫困,其本质是绝大多数贫困人口以教育和健康为代表的人力资本的缺乏。导致这种状况的根本原因是一个国家或社会教育和医疗等公共设施供给的不足与缺失。Alkire 和 Foster(2007,2011)两位学者进一步把阿马蒂亚·森关于个人能力的理论发展为多维贫困,其主要指标有健康、教育、饮用水、厕所、用电、交通等多维指标。据此,笔者认为:多维贫困与收入贫困不同,主要指教育医疗及其他公共设施的缺失。

早在红色瑞金时期我党就开始关注根据地人民的教育和卫生建设;在晋察冀抗日根据地,我党大规模开展了根据地广大人民的教育、医疗及妇女解放工作。从中华人民共和国成立到改革开放前,中国政府在教育、医疗、水、电、交通、通信等人类发展基础设施建设方面取得了令人瞩目的成就。然而,由于重工业发展战略以及计划经济体制的缺陷,改革开放前绝大多数城乡人民处于贫困状态。尽管如此,从中华人民共和国成立到改革开放前的中国政治经济社会发展为改革开放后的中国经济奇迹奠定了坚实的政治经济社会基础。阿马蒂亚·森说,改革开放前中华人民共和国在人力资本上的积累,为改革开放后的中国经济奇迹进行了充分的社会准备(Sen, 1999)。由此可以看出,一个国家或社会的社会基础设施的发展本身并不能保证收入贫困的消除,但是可以成为该国经济起飞的必要条件之一。

改革开放就是把中华人民共和国成立后储备的巨大能量发挥出来。引爆中国巨大能量库的魔法,就是在中国经济体系中引入市场因素。中国改革开放政策的实质,是在中国计划经济和国有企业为主的经济体系中不断引入市场因素,农村集体企业、个体企业和城镇非国有企业在20世纪80年代初期选择从事纺织服装等轻工业,完全是自然而然的市场化自主行为,因而80年代中国初始工业化的成功更多是当时中国情况下市场化的结果。另外,只有广大基层民众能够大规模参与的工业化才能实现大规模快速减贫,除此之外别无他法。

二、中华人民共和国成立以来多维扶贫实践和成就

中华人民共和国成立以来,政府通过教育、医疗、性别平等、妇幼健康、碘缺乏防治等人力资本的投资,提高农民创造财富的能力;通过电力、交通、通信等基础设施的建设,提高农村居民生活便捷程度;通过异地扶贫搬迁、改炉改灶、安全饮用水等帮助农村居民改善人居环境;通过五保、低保、农保等兜底政策,保障弱势群体的生活质量。

从教育扶贫发展历程来看,教育扶贫的内涵随着经济社会的发展而发展。教育扶贫政策已经从初期的文化扫盲和义务教育,逐步拓展到涵盖学前教育、基础教育、职业教育、继续教育等多层次、多类型教育在内的政策体系;教育扶贫项目计划也细化到各个领域,如学前教育三年行动计划、农村义务教育学生营养改善计划、国家农村贫困地区定向招生专项计划、乡村教师支持计划等(钟秉林,2016)。然而,在教育扶贫过程中也出现一些问题值得反思,比如“大跃进”时期的冒进主义、“撤点并校”的盲目主义。此外,随着工业化、城镇化的推进,农民工进城带来的留守儿童、随迁子女的义务教育也引起政府和受教育者的注意。针对新时期出现的新问题,政策制定者需要及时出台相关的政策,以保障这些特殊群体平等的受教育机会。

从医疗扶贫发展历程来看,经历了改革开放前农村合作医疗全民保障的

幸福时期，也经历了合作医疗解体、农村居民因病致贫的阶段，再到以大病统筹为主的新型农村医疗合作制度的重构。与改革开放前的农村合作医疗保险相比，新农合是以大病统筹为主的农民医疗互助共济制度，在防止农民因病致贫、因病返贫上发挥了一定的积极作用。然而，新农合在基本卫生服务提供、门诊医疗报销、异地结算方面还存在不尽如人意的地方，未来需要根据现实中存在的问题，不断健全和完善相关制度，以保障农村居民、外出打工者参与保险的积极性。

从基础设施发展历程来看，我国在电力、交通、通信、安全饮用水等方面都取得了显著的成效。其中，电力方面，经过几轮升级改造后，农村用电从“点灯看电视”升级到了电力化生产，用电从消费层面进步到生产层面（栾含，2017）。但是由于历史和自身建设的问题，农村的电网基础设施建设差、电网负荷低，经常出现一些运转故障，因此仍有必要对农村电网进行合理规划及改造，以满足农村居民日益增加的用电需求（胡风强等，2017）。交通方面，尽管我国贫困地区交通建设取得了一定成效，但总体上交通基础设施供给无论是路网通达深度还是通畅水平都无法满足农村经济的发展需要。另外，大部分贫困地区公共客运服务基本解决了“开得通”问题，如何“留得住”却是共同难点（向爱兵、李名良，2016）。安全饮用水方面，目前我国基本解决了人畜饮水的问题，不过如何解决水污染造成的健康问题，依然任重道远。信息化方面，农村信息化是解决贫困问题的突破口和重要驱动力。不过，在农村贫困地区信息化建设中，不仅要搞好实现信息化的基础设施建设，更重要的是培养能熟练使用农业科技信息的人，即要让农民成为有较高信息素质的社会主义新型农民。

从人居环境发展历程来看，经过近40年的发展，我国在改炉改灶、厕所卫生、易地扶贫搬迁等方面取得了一定的成就，但是在垃圾分类处理、厕所卫生等影响居民身心健康的人居环境方面仍然有待进一步提升。此外，搬迁移民是非常脆弱的群体，不仅生产、生活上存在困难，文化精髓也存在困惑，有故土难离的恋乡情结。因此，在搬迁工作中不仅要重视安置区的基础设施建设，更要重视其教育、医疗、卫生、文化等公共服务配套的健全，才能让他们“搬得出、留得住”(杨正学,2016)。

从农村社会保障发展历程来看,经过近40年的发展,我国已经初步建立了与市场经济相适应的社会保障制度框架。然而,我国现行的社会保障制度仍然存在诸如保障水平低、覆盖面小、养老保障的社会互济性低、城乡差距明显等问题。如何缩小城乡社会保障在立法、管理体制、资金筹集、待遇方面的差距,政策制定者依然面临较大的考验与挑战。

三、党的十八大以来的扶贫攻坚战

十八大以来党中央提出要在2020年彻底根除贫困。让省、市、县、乡四级第一书记以及大批干部下乡扶贫是十八大以来党的领导集体具体践行党的群众路线的重要举措,也是中国社会主义制度优越性和中国国家能力的具体体现。

郑永年(2017)认为,中国农村的贫困问题可能产生于乡村基层治理的失败;让省、市、县、乡四级第一书记以及大批干部下乡扶贫将大幅度提高乡村治理水平。具体而言,现在的几千万贫困人口是扶贫过程中最难啃的硬骨头。科学研究发现,贫困导致贫困人口的判断能力、企划能力下降(Mani等,2013),贫困户的社会关系网络更为薄弱、借贷能力低下(向仁康,2011)。贫困人口在社会上没有声音(voiceless),经济上极为脆弱(vulnerable),经受不起任何打击。省、市、县、乡四级书记及大批干部驻村一对一精准扶贫就是给贫困户提供智力、财力、社会网络关系扶贫,并通过产业项目推动贫困户在经济上脱离贫困,真正做到“弱农户、强推动”。

在中国成为世界第二大经济体和第一大制造国之后,减少对出口的依赖和有效增加内需构成了中国经济稳步增长的关键。快速根除贫困和逐步减少收入差距,一方面可以改善中低收入群体的生活质量,另一方面还可以提高整个经济的有效需求。中低收入群体的消费边际倾向最高。因而,根除贫困和减少收入差距是中国经济稳步增长的物质基础。

四、2020年根除贫困后的挑战及对策

在继续保持我国在教育、医疗、水电、交通运输、男女平等、改炉改灶、改造厕所、低保五保救助、自然灾害救助等方面的多维扶贫之外，还应该关注以下问题：

（1）实施农村农牧业保险，避免脱贫户返贫。2020年根除贫困后面临的首要问题，是如何保证那些脱离贫困但是其收入水平徘徊在贫困线附近的农户如何不再陷入贫困。农牧业生产受气候变化和自然灾害的影响较大，因而从事农牧业生产的农户在经济上是极为脆弱的，一场天灾就会导致这些农户再次陷入贫困。购买农牧业生产保险就成为2020年脱贫农户不再陷入贫困的重要制度保障了。

（2）建立大医院专家教授乡村定期巡诊制度，解决偏远地区人民就医难问题。对于远离大城市的广大农村居民而言，求医看病恐怕是最困难的事情了。不仅路途遥远、旅行住宿费用昂贵，而且常常很难得到好医生的治疗。在十八大以来的扶贫攻坚战中，陕西省建立了省城大医院的专家教授乡村巡回医疗制度，到县城、乡镇甚至农民家里为农民诊治，大大缓解了农民就医难问题。如果建立全国大医院的专家教授常年乡村巡回医疗制度，将有效缓解农民的就医难问题。

（3）对农村常见病前置医疗预防干预，降低因常见病导致的因病致贫。因病致贫依然是农村脱贫群体返贫的一个主要危险，尽管农村医保制度在很大程度上可以帮助患病家庭报销绝大部分医疗费用，但是患病家庭的陪护病人任务也是一项沉重的负担。实际上，因病致贫的多是农村中老年居民的常见病如心脑血管疾病、胃病等。对这些疾病如果早期进行医学干预，可以避免大部分常见病的大面积发生，从而不仅可以节约农村医保基金的开支，而且可以在很大程度上避免因病致贫现象的发生。

（4）在贫困地区重新设置小学，解决贫困家庭儿童上学难问题。农村撤校并校在一定程度上导致了贫困地区农村儿童上学距离远、辍学率提高；上学

距离远加重了农村居民上学、陪护、住宿、伙食等方面的成本，把教育成本转嫁给了贫困农村居民（史耀波、赵欣欣，2016）。在贫困地区和山区恢复小学将改善贫困地区儿童的受教育状况，减轻贫困家庭的教育负担。

(5) 增加对农村离异女性的救助，避免离异女性的返贫。难以脱贫的农村妇女及其家庭，通常是由于其陷于多重困境，或面临两种以上的贫困因素威胁——子女教育费用居高不下、家庭成员患病（尤其是患慢性病）、家庭劳动力缺乏尤其是可以外出务工的劳动力缺乏等问题常常是交叉并存。与此同时，婚姻风险正在成为农村留守妇女面临的另一大致贫因素。留守妇女家庭收入主要依赖丈夫的务工收入，因此一旦离婚，妇女的生活往往容易陷入贫困状态（吴惠芳，2016）。

(6) 调整国家户口居住政策，从根本上解决留守儿童问题。据民政部网站消息，2016 年农村留守儿童人数为 902 万，留守儿童得不到父母的日常关爱，身心健康、教育、安全等受到严重影响（段成荣，2016）。调整整个国家的城镇户口居住政策，提高城市对城市农民工的全方位接纳，允许农民工子女入托入学将有效解决农村留守儿童问题。

(7) 移风易俗，减少农村因大操大办婚丧嫁娶导致的贫困。近年来农村大操大办婚丧嫁娶、升学满月酒等，导致农户经济负担沉重。这是一个死循环，只能靠政府的外部干预才能解决。县乡政府应该对大操大办婚丧嫁娶升学满月酒等进行禁止和处罚，并倡导清新节俭的社会风尚。

(8) 消除乡村环境污染，建设美丽乡村。随着农村富裕程度的提高和农村消费工业品的大幅度增加，农村各类工业消费品垃圾的污染也越来越严重。集中科学处理农村工业消费品垃圾，将有助于美丽乡村的建设。

(9) 让城市接纳农民工，减少农民工贫困。目前我国约有 2.5 亿农村人口在城市生活和工作（段成荣，2016）。由于城市户口居住政策上的问题，在城市的农村人口很难享受城市的医疗、教育、养老等社会保障政策。此外，由于在城市的农村人口多居住拥挤、不敢消费，因而生活在相对贫困的状况之下。实现城乡一致的户口居住、社会保障、上学就医等政策将有效缓解城市农民工家庭的贫困问题。

（10）加强党对农村的领导，下派大学生村官，增加县乡干部下村，强化政府乡村治理。郑永年(2017)认为，中国农村的很多问题(如宗族黑社会势力、非法宗教等)是改革开放以来政府乡村治理薄弱造成的。十八大以来的扶贫攻坚战、省市县乡四级书记下乡扶贫是践行党的群众路线和加强乡村治理的重要举措。2020年根除贫困后，加强乡村党建、乡村治理的任务依然严重，强化大学生村官和县乡干部下村，将有助于乡村治理。

参考文献

[1] Alkire, S., and J. E. Foster. Counting and Multidimensional Poverty Measurement [J]. Oxford Poverty and Human Development Initiative, 2007, OPHI Working Paper.

[2] Alkire, S., and J. E. Foster. Counting and Multidimensional Poverty Measurement [J]. Journal of Public Economics, 2011, 95:476—487.

[3] Mani, A., S. Mullainathan, E. Shafir, J. Zhao. Poverty Impedes Cognitive Function [J]. Science, 2013, 341, 976—980.

[4] Sen, A. Development as Freedom[M]. New York: Oxford University Press, 1999.

[5] 段成荣. 解决留守儿童问题的根本在于止住源头[J]. 武汉大学学报，2016, 62(2): 15—18.

[6] 胡风强，崔宾，铉令明. 关于农村电网改造中存在的问题及改造措施[N]. 新晨报，2017-1-5.

[7] 史耀波，赵欣欣. 农户视角的撤点并校政策认可度影响因素识别研究——基于陕西、宁夏与青海农村调研数据[J]. 中国农业大学学报，2016，21(7)：171—180.

[8] 吴惠芳. 农村妇女扶贫面临的新挑战[J]. 妇女研究论丛，2016(6)：12—14.

向爱兵，李名良. 贫困地区交通发展问题及交通扶贫政策效果分析[J]. 中国交通观察，2016(11).

[9] 向仁康. 社会资本理论视角下我国城市贫困及反贫困研究[J]. 文史博览，2011(9)：42—44.

[10] 杨正学. 关于易地扶贫搬迁工作的几点建议[C]. 中国人民政治协商会议邢台市委

员会，2016-4-28.

[11] 奕含. 千亿扶贫大工程提前竣工，1.56亿农民用上动力电[EB/OL]. 观察者网，2017-9-30.

[12] 郑永年. 中国农村的贫困与治理[EB/OL]. 凤凰评论，2017-12-8.

[13] 钟秉林. 教育扶贫是最有效、最直接的精准扶贫[J]. 中国民族教育，2016-5-10.

保险扶贫，任重道远

郑 伟

2018年《政府工作报告》对“脱贫攻坚”着墨甚多。回顾过去五年，脱贫攻坚取得决定性进展，贫困人口减少6 800多万，贫困发生率由10.2%下降到3.1%；展望2018年，强调打好三大攻坚战，并专门阐述“加大精准脱贫力度”的工作思路。在实践中，许多地方政府运用保险机制为脱贫攻坚提供支撑，那么保险在助推脱贫攻坚方面究竟能够发挥怎样的作用？通过河北阜平县和云南大理州的实地调研，笔者梳理了几点关于保险扶贫的观察与思考。

第一，保险在助推脱贫攻坚方面可以发挥重要作用，但是业内外远未形成基本共识。

河北阜平县的保险扶贫是借助农业保险走产业扶贫的路线，保险扶贫通过“产业”这个载体得以落地实现。在阜平，保险在降低农业产业风险、降低银行贷款风险等方面作用显著，可以直击农村“贷款难、贷款贵”的痛点，打通脱贫“血脉”，发挥政府、保险、银行的扶贫协同效应，同时激发贫困人口的内生发展动力，增强发展可持续性。其实这几年阜平县由于灾害情况严重，农业保险是亏损的，当地政府与人保财险联办共保，所以政府在农险上也是亏损的。问题是值不值呢？阜平县算了一个大账，认为非常值得。原来没有保险保障机制，银行不愿意把钱放给阜平，现在有了这个机制，再配套相关措施，可以撬动十几亿的资金。虽然搞农业保险政府财政亏了几百万，但是从全局看，由于撬动了十几亿的资金，对于整个县的经济发展和脱贫攻坚还是非常有利的。

云南大理白族自治州的保险扶贫是走健康扶贫的路线。云南省出台了健康扶贫三十条，大理州也出台了健康扶贫的实施方案，他们针对40万建档立卡贫困人口，由州县财政共同出资每人每年58元，从人保健康统一购买补充医疗保险，对经基本医保、大病保险报销后，剩余的政策范围内的医疗费用由补充医疗保险全额兜底保障。可见保险在整个健康脱贫攻坚中可以发挥独特的精准保障的作用。

但是在保险能不能扶贫这个问题上，在业内外远未形成基本共识。一提起保险扶贫，很多人仍旧将所有的希望都寄托在社会保障的身上。当然社会保障在脱贫攻坚方面可以发挥非常重要的作用，但同时也有局限性，比如对于农业产业风险，社会保障是不涵盖的；此外，对于能够涵盖的风险，社会保障也有局限性，下面我们分别从社会保险和社会救助两个方面来看一下。

社会保险方面，以基本医疗保险为例。参保人住院费用按比例赔付，余下部分需要自己负担，基本医保政策对所有人都一样，不管是贫是富，住院报70%就是70%，余下30%就需要自己承担，因此基本医保更侧重普惠性而不是精准性。这一点同时也正是其局限性，因为对于贫困人口来说，那30%可能就难以承受了。如果地方政府能够在社保之上更好地运用商业保险对贫困人口做一个更精准的保障（比如，用财政资金为贫困户购买补充医保），将更有利于达成精准扶贫、精准脱贫的目标。

社会救助方面，以民政医疗救助为例。社会救助确实非常重要，但是也有局限性。比如说，大理州全年有一笔预算资金可用于医疗救助，用完就没有了，当地贫困人口上半年生病了可以有医疗救助报销，下半年可能就没有了，所以他们开玩笑说生病还得上半年生，下半年可能报不了。而现在为建档立卡贫困人口购买补充医疗保险，就没有这个问题了，年初生病和年底生病是一样的，因为有保险契约在支撑，不存在下半年资金用完不能报销的问题。

因此，保险对于脱贫攻坚可以发挥重要且独特的作用，但是对于保险扶贫的这些作用，在业内外远未形成基本共识。

第二，实践探索成功的案例具有一定共性，但成功案例的复制仍十分困难。

这些年不少地方都在探索保险扶贫的路子，有些地方还做得比较成功。大致总结一下这些地方的成功经验，有一些共性特点。第一个方面是需求。保险的风险保障本质与扶贫需求是天然契合的，可以成为地方政府脱贫攻坚的一个有效工具，但是用不用保险这个工具来助推脱贫攻坚，与地方政府的思想观念、治理理念和治理能力都是相关的。因为贫困人口的预算约束限制，地方政府必须为扶贫保险提供全额或部分的财政补贴，因此地方政府是保险扶贫最重要的需求方，有没有这个需求，决定了保险扶贫能否启动。第二个方面是供给。如果地方政府有保险扶贫的需求，相关保险机构能不能去及时地响应这种需求，能不能通过产品创新和服务创新去提供应对地方扶贫痛点的解决方案，去对接和服务这种需求，这是从供给方来说非常重要的一点。第三个方面是合作模式的创新。在保险助推脱贫攻坚相对成功的地方，政府和市场的合作模式一定要有所创新，不管是联办共保、合署办公还是其他模式，总要有一些创新，创新的公私合作模式是保险扶贫成功的重要制度保障。

一个地方的保险扶贫要取得成功，以上三点缺一不可。没有需求什么都不用说；有需求但供给匹配不上也不行；有需求有供给但没有一个好的合作模式的创新，也很难做成。

但是，成功案例的复制从目前来看还非常困难。比如河北阜平的模式是人保财险来操作的，先不谈复制到全国，仅在河北其他十几个县复制都非常困难。同样都在河北省，不同县的地方政府官员的思想观念、治理理念和治理能力，各地的具体情况，都存在巨大差异。人保财险河北省分公司也尝试进行推广，把其他十几个县请到阜平县学习，看能不能复制和推广。其他县一听说可能要往里贴钱就打了退堂鼓。阜平县也是往里贴钱，但是从算大账的角度他们认为可以做，而且应当去做。

从目前阶段来看，保险助推脱贫攻坚的实践探索不乏成功案例，成功案例有它们的共性，但要把成功案例去做复制和推广，仍存在很大的困难。

第三，对于“边缘贫困户”和“后脱贫时代”的保障问题，亟需顶层设计，保险业应当进行前瞻性的探索。

所谓“边缘贫困户”就是那些目前没有建档立卡，但是实际上处于贫困线边缘的民众。边缘贫困户原本比建档立卡户境况相对更好，但是因为这些年针对建档立卡户有许多专项倾斜政策，比如发放畜禽、改造房屋、免除教育医疗费用等，所有福利加在一起可能能有十几万，而边缘贫困户无法享受这些福利，所以导致扶贫前后形成“境况倒置”，即原本比建档立卡户境况相对更好的边缘贫困户，在扶贫攻坚之后，境况不如建档立卡户了。因为是否建档立卡导致可享受的福利结果差异巨大，因此许多县乡村领导每天要面对和处理这样的棘手问题。从学理上讲，脱贫攻坚不应当改变原本贫富境况的排序，一旦这种排序被大幅度改变，就很可能引发尖锐的矛盾。所以，对于在脱贫攻坚中没有被建档立卡的边缘贫困户，如何为他们提供保障支持，保证他们在脱贫攻坚中不被甩在后面，是一个亟需考虑的问题。

另外一个就是“后脱贫时代”的问题。现有针对贫困人口的各项保障政策很好，但是脱贫摘帽之后这些保障怎么办？目前看，在 2020 年之前政策是明确的，即“脱贫不脱保”，保障政策可以延续。但是 2020 年之后怎么办，在调研中没有人知道。所以，后脱贫时代怎么办？怎么守住来之不易的脱贫成果？回答这些问题，亟需顶层设计。

对于以上边缘贫困户和后脱贫时代的保障问题，保险业可以有所作为，应当进行前瞻性探索。社保相对是普惠的，在不需要改变社保基本政策框架的前提下，如果地方政府在社保之上能够更好地运用商业保险，将更有利于达成精准保障和守住脱贫成果的目标。因此，保险业可以针对各地区脱贫攻坚中遇到的痛点问题（比如边缘贫困户与建档立卡户的境况倒置问题、不同贫困程度人口的动态精准保障问题），以及后脱贫时代守住脱贫成果的分层次保障需求问题，开发具有不同财政补贴比例的保险产品，形成梯度式扶贫保险系列产品，供地方政府和群众根据实际情况选用，以更好地助推脱贫攻坚和助力守住脱贫成果。

因此，脱贫攻坚时期需要保险助推脱贫，后脱贫时代也需要保险助力守住脱贫成果，对于后脱贫时代的新需求，保险业大有可为，应当进行前瞻性的探索。

总体来看，近年来保险扶贫工作取得了显著的成绩，但同时，与国家和人民的需要相比，仍然任重道远。

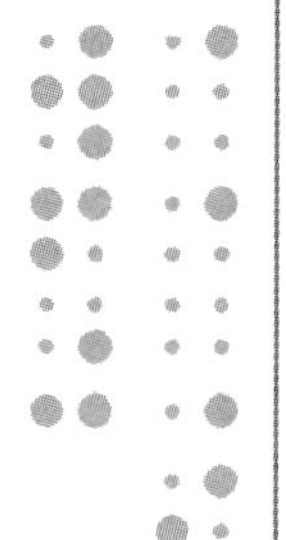

社会保险、商业保险在精准扶贫中的作用

贾　若

精准脱贫是中国决胜全面小康社会的三大攻坚战之一。2018年《政府工作报告》显示，精准扶贫、精准脱贫在过去五年中取得显著成绩；同时，也再一次强调“加大精准脱贫力度”是未来一年的重要工作。

在从开发式扶贫过渡到开发式扶贫和保障式扶贫并重的过程中，保险可以发挥重要的保障功能。谈及保险扶贫，人们通常首先会想到社会保险对年老、疾病等贫困诱因提供的基础性保障。从社会属性角度，社会保险的公共品属性与政府作为扶贫最终责任人和财政作为扶贫资金主要来源的扶贫工作特点相契合。从实践效果角度，社会保险在扶贫攻坚中确实起到了基础性的、不可替代的兜底保障作用。例如，新农合加大病保险的社会医疗保险，能够补偿50％甚至更高的医疗支出，这对于因病致贫这一我国最主要（40％左右）的贫困诱因，起到了极大的缓解作用。如果没有社会保险，我国农村因年老丧失劳动能力而收入降低，因疾病产生大额医疗支出或丧失劳动能力而引发的陷贫、返贫现象，会比现状严重得多，实现全面小康也就无从谈起。

然而，我国超过90％的社会养老、医疗保险覆盖率，并未能完全消灭因年老、疾病而致贫、返贫的现象。究其原因，很重要的一部分是由于社会保险“广覆盖、保基本”的制度设计目标所致。社会保险的初衷是让全体人民获得最基本的老有所养、病有所医的保障，基于这个目标，社会保险在设计时需要根据我国仍然处于发展中国家的经济现状，确定一个较低的保障水平，从而实现广覆盖。因此，仅仅依靠社会保险，保障必然是不充分的，即不能实现100％的损失补偿或者100%的收入替代。另一方面，社会保险的筹资压力和保险精算公平属性，必然要求保障水平与缴费水平挂钩，多缴多得，少缴少得，不缴不得。因此，虽然我国社会保险制度中设计了向中低收入者再分配的机制，但最终的结果并不会（也不应当）使中低收入群体（也是缴费低的群体）获得比高收入群体（也是缴费高的群体）更高水平的保障。所以，仅仅依靠社会保险，也很难解决保障不平衡的问题。通俗地讲，社会保险对于富裕人群和贫困人群，其目标都是提供最基本的保障。因此，难以帮助精准扶贫对象实现更高水平、更为全面的保障，而这恰恰是精准扶贫对象迫切需要的：因为他们的收入低、资产少，抵抗风险的能力弱，对于社会保险基本保障以上的风险仍然难以承受。

笔者认为以政府为精准扶贫对象购买商业保险服务这种方式，可以一定程度上解决社会保险保障不平衡不充分的问题，可以更精准地提高贫困户的保障水平。商业保险的以下特点使得其能够作为实现精准扶贫的有效手段：

首先，商业保险的保障对象可以是"精准"的。商业保险没有广覆盖的目标，可以只针对某一特定群体，比如精准扶贫对象，同时商业保险的保障对象还可以根据精准扶贫对象的变化做到动态调整。

其次，商业保险的保障内容和保障水平可以是"精准"的，相比于传统的社会保险、民政救助等基于社保基金或财政预算的保障，商业保险可以承受更大的赔付波动，做到基于"精准"的商业保险合同对于所有保障对象实现自始至终稳定一致的保障。社会医疗保险、民政救助等基于预算的保障，可能面临年底收不抵支，保障水平下降的现实情况。商业保险机制可以通过收取与财政预算相适应的固定保费的方式，精准确定保障内容和保障水平，并承担年度之间损失波动的风险。

再次，商业保险的风险管理和理赔服务可以更为标准化、更有效率。相比于贫困地区的各县乡村地方政府，商业保险公司可以实现更高水平的理赔标准化、服务标准化，从而有效避免了扶贫过程中可能出现的村与村、乡与乡、县与县之间因落实政策差异所产生的新的不公平现象，从而实现更为公平的既不过度扶贫，也不让真正的贫困户未获得充分的扶贫保障的目标。

目前，在云南省推广的利用地方财政资金或者民政救助资金购买商业保险补充医疗保险的做法，即一定程度上发挥了商业保险对象精准、保障内容和保障水平精准、理赔服务标准高效的特点，是对社会保险健康扶贫的有效补充，可以实现精准扶贫对象在医保目录内药品更高比例的报销，更有效地缓解因病致贫、返贫现象。当然，商业保险发挥优势必须建立在保费可持续的基础上：一方面，政府购买商业保险服务的资金来源需要有预算和制度保障；另一方面，保险公司在产品定价方面也需要实现跨年度的精算平衡。笔者认为，在扶贫攻坚及之后的一个阶段，将政府购买商业保险服务的运作，制度化地列入年度政府采购事项，有助于保障预算，也有助于鼓励商业保险公司竞争性地进入这个市场，从而形成可持续的价格水平和更高质量的服务水平。

乡村振兴战略是解决“不平衡不充分的发展”问题的关键

王曙光

十九大报告当中，最核心的一句话是关于基本矛盾的重新阐述。这实际上是为中国现阶段乃至以后较长一段时间定调。基本矛盾就是关键毛病，找到了关键的病灶才能下药，所以对基本矛盾的重新阐述是为中国的经济、社会、政治重新把脉，重新开药方子。这当中有两个关键词："不平衡""不充分"，今天我就此谈谈一孔之见。

我认为"不平衡"有三个方面：

第一，人与自然之间的不平衡。多年来，中国经济超常规快速发展，在全世界一枝独秀，是全世界增长的火车头。成绩毫无疑问要肯定，别人也很羡慕。另一方面，快速增长也带来了人和自然关系的高度紧张，中国消耗了全世界大概一半以上的铁矿石、一半以上的煤炭，中国所污染的土壤和水的程度也是世界罕见的。我们这一代人很幸运，从出生开始就感受到中国的高速增长，已经习惯了。可"习惯"背后的代价高到不可想象。在代际透支了中国非常大的能量，导致以后的数代人要在代际传承当中忍受不公平。换句话说，我们这代人占得太多了，把子孙后代的很多东西提前透支了，造成人和自然的关系极大的不平衡。中国的生态危机是非常严重的，整个生态环境、食品安全、空气和饮水等日常生存质量要素等都堪忧。因此，人和自然关系的不平衡是追求高速度增长模式所带来的，是长期以来粗放型的发展形态所带来的。我们一方面享受了这种高速的粗放型增长带来的好处，另一方面也受到了负面的影响。现在要转变增长方式，解决人和自然的不平衡，去过剩产能，降低能源和资源消耗。目前的农业污染、农业生态问题是人和自然关系不平衡的突出表现之一。

第二，人与人之间的不平衡。人与人之间的不平衡是改革开放以来的重要特征。小平同志说，允许一部分人、一部分地区先富起来，先富帮后富，最终实现共同富裕。要全面完整理解小平同志的话。“允许”背后的潜台词就是要暂时适应人与人之间的不平衡，地区之间要拉开差距，人与人之间要拉开差距，这是搞活经济、提高激励的一个必要条件。改革开放以来搞的是非均衡区域发展战略，也就是梯度推移战略，先发展东部，尤其是14个沿海开放城市，然后发展中部，最后再发展西部，中国的区域差距在这几十年中有所拉大。当然人与人之间的差距还包含着城乡差距，城市和乡村的二元结构一直是我国最核心的经济特征之一，城乡居民之间的收入差距和社会福利差距很大，在一定程度上导致我国的基尼系数一直很高。要解决人与人之间的不平衡，就要着重解决城乡收入差距和城乡社会保障非均衡的问题，尤其要加大扶贫开发的力度，大力消除贫困，重点要扶持那些欠发达地区、边远民族贫困地区。这几年我到中国边疆民族地区走了很多地方，这些地区有几个特点：第一，少数民族居多；第二，人均收入严重低于平均水平，贫困发生率也非常高；第三，一般都是生态脆弱区。

第三，人与自我的不平衡。一个社会的平稳发展，既有赖于人与自然、人与人之间的平衡，更有赖于人与自己的平衡。人与自己的平衡是什么概念呢？就是一个人能建立非常稳定的内心秩序，拥有比较完善的心灵世界，从而在他的事业、家庭当中保持非常稳定的状态，为社会做出正面的贡献，而不扰乱社会秩序。中国现在出现的很多问题，既有可能是出在人与人之间的不平衡上，也有可能是出在人与自己的不平衡上。今天的中国人能不能有一个稳定的心灵世界，能不能有一个比较稳定的信仰，能不能把自己的行为放在整个社会的平台上去衡量，能不能保持伦理和道德秩序，对于中国的未来都是非常重要的。但是这往往被大家所忽略。在传统的小农社会，在古代农业文明中，一个人不管贫贱还是富裕，都有一颗比较平和的心态，为什么？因为传统社会中

“仁义礼智信”“温良恭俭让”的传统和信仰导致他的心理结构比较健康，可是当今社会结构和文化的巨大变迁已经打破了这个均衡的心灵和文化结构，导致自我的心灵世界出现了不平衡。我们以前老说“衣食足而知荣辱”，但是很多人富了反而出现很多问题，甚至崩溃。这就涉及信仰建设、社会的心理构建等问题。在农村，经济发展固然重要，但是伦理建设、道德建设更加重要，这是其他一切乡村建设的基础。

什么叫“不充分”？“不充分”三个字，无论是在学术界还是在政府部门讨论得都很不充分。为什么？因为这涉及对中国经济社会更为深刻的洞察。我讲“五个不充分”，是为了抛砖引玉，希望得到补充和教正。

第一，城乡社会福利和公共品的供给不充分。城和乡，尤其是乡村，公共品的供给比较不充分。所谓公共品，就是一般由国家来提供，而私人提供一般缺乏效率的东西，比如说基础教育、公共卫生、医疗等。现在看到的不平衡，比如说城乡不平衡、人与人之间的不平衡，实际上跟公共品供给的不充分是有关系的。现在农村的公共品供给有了很大的改善，但是仍然有很多乡村地区的公共品供给比较糟糕，很多地方没有条件很好的小学、医疗条件很差，农村卫生条件差，很多村庄的垃圾处理令人揪心。公共品供给不充分，尤其是农村供给不充分，是影响我国城乡协调发展的大问题。

第二，一些地区的法治环境建设和依法治理的不充分。中国是一个法治国家，这个观念已经深入人心，而法治环境和依法治理尽管有了改善，但还是不充分，需要进一步改进和完善，尤其是农村。其中首当其冲的就是政府要依法办事，要在营造法治环境方面做好表率，要警惕某些行政管理人员的胡乱作为。依法办事、依法治国，才能让公民有安全感，有归属感。

第三，社会信任体系与社会伦理的建设还不充分。这使得中国成了一个低信任度国家，成了一个人与人之间交易成本比较高的国家。人与人之间不够信任，担心对方有道德风险，吃油条担心对方用地沟油，签合同担心对方不履约。在商品交换和市场交易中产生的契约问题、产品质量问题、社会治理问题等，都跟社会信任、道德伦理供给不充分有关，这已经影响到每个人的生活，每个人都要为此付出大量的成本，成本高到不可想象。农村的社会信任、道德伦理问题很突出，现在有些地方村风混乱，乡村治理混乱，村庄道德水平下降，这些问题不解决，对乡村的未来发展和社会稳定影响极大。

第四，社会公平机制的建构尚不充分。目前城乡身份造成的差距还比较大。改革开放以来，经济快速发展，但社会公平和公正问题仍有待解决。每个人根据身份有不同的福利待遇和权利，身份不同就有不同的医疗条件、社会保障和教育水平，这些现象，直接导致人与人之间的关系不平衡。不充分和不平衡是有因果关系的。当然这个不充分，在农村体现得比较突出。现在倡导城乡一体化和城乡社会保障均等化，就是出于这个原因。

第五，文化建设尚不充分。我国已经是一个经济大国，但是文化影响力与我们的经济影响力还不相称。文化传统挖掘得还很不够，具有竞争力和感召力的文化符号还没有被充分认知，文化软实力与发达国家比还有差距。未来一定是中国文化大发展的时期，中国的文化品格将大大彰显，这必将有助于我们经济社会的良性发展，因为文化建设就是社会共识不断形成的过程，是社会凝聚力不断加强的过程，是民族的文化自信和文化自觉不断加强的过程；同时中国文化的大发展也有助于中国在全球政治和全球社会中扮演更积极的角色，有助于全球社会对中国的正确认知，有助于中国"走出去"战略。农村文化建设是我国文化建设的重要组成部分，农村和农业是中国传统文化的载体，农村文化的复兴，必将带来整个农村发展的复兴，这里面大有文章可做。

以上讲的三个"不平衡"和五个"不充分"，是发展中的问题，需要从发展的眼光来看，而不是从静止的、指责的角度看。未来中国必将从不平衡和不充分的发展，走向平衡和充分的发展，即实现三个均衡和五个充分：通过转变增长方式实现人与自然之间的平衡，通过协调区域发展战略和城乡一体化发展实现人与人之间的平衡，通过心理和信仰建设来实现人与自身的平衡；要实现城乡公共品的充分供给，实现法治和安全的充分供给，实现社会信任和伦理水平的提升，实现中国的社会建设和文化建设的充分发展。这就是未来的目标，这个大目标一确定，整个十九大精神就搞清楚了。

在这“三大平衡”和“五大充分”里面，最核心的是乡村的发展，所以乡村振兴战略是未来中国经济增长和社会发展的“牛鼻子”。乡村是所有这些问题的纠结之地，是矛盾的总焦点，无论是三个“不平衡”还是五个“不充分”，在农村都表现得比较突出。2015年，中央农村工作会议，习主席谈了八个字：“重农固本，安民之基”。我们在2010年创办《农本》杂志，倡导新重农主义，也是这个意思。很多人也许有疑问，现代农业产值占GDP都在10%以下了，农业和农村问题还有这么重要吗？我想可以有五个理由来回答这个疑问：

第一，中国农业关乎中国粮食安全。中国是世界上最大的粮食进口国，不断进口大豆和主粮等战略性粮食产品。2017年粮食播种面积第一次出现了下滑，中国粮价很高，中国的粮食安全问题不像很多人想的那么乐观，要有粮食安全和粮食危机这个概念，不能掉以轻心。

第二，中国的农业人口是巨量的人口。农业人口按照城镇化率42%计算的话，还有58%的农业人口，将近七八个亿，难道不应该关心这个庞大的农民群体吗？这个群体的稳定和富裕，就是中国的稳定和富裕。

第三，中国有巨量的农民工促进了中国的高速城市化。农民工有两个亿，这是非常特殊的、值得特别关照的群体。农民工带来了城市的繁荣，但也带来了农村社会的撕裂，带来了留守儿童的问题，带来了下一代的伦理道德问题，带来了孝道缺失的问题，这对中国的影响无穷之大，关心农民工人群，就是关心整个农村乃至整个中国的发展。

第四，中国农村和农业发展涉及国家的生态安全。大面积农村地区是中国的生态安全的最大保障，尤其东北、西北、西南地区，是中国生态安全最重要的地方。

第五，中国农业涉及传统农业文明跟传统文化。春节、端午等都跟农业文明有关系。我们小时候那么多丰富的节庆活动，现在大多都没有了。传统农业文明下的一些节庆没有了，西方的万圣节等节日来了。传统节庆渐渐少了，跟这些节庆相关的祭祀、庆祝、敬拜那些仪式也渐渐少了，你的文明不受影响吗？

出于以上理由，现在仍旧要极其重视农业和农村，“乡村振兴战略”就是要从农业产业化和粮食安全、农民组织化、乡村治理、乡村生态环境、农村扶贫开发、乡村文化建设和伦理建设等方面，全方位地构建一个新的乡村，如此国家才有希望。

立足长远和基础，切忌形式主义扶贫

王曙光

最近“两会”热议的焦点话题之一就是扶贫攻坚问题。十八大、十九大报告都高度重视扶贫问题，我们要在 2020 年实现全面建成小康社会，彻底消除贫困，就要在这三年中打好扶贫攻坚战。扶贫要立足于夯实基础、着眼长远，要有高瞻远瞩的眼光，不要急功近利。既要有时不我待的紧迫感，又要从长远出发，不做形式主义的扶贫。习近平同志 2014 年在中央民族工作会议上说：“确保民族地区如期全面建成小康社会，要实事求是、因地制宜，既坚持一定标准，又防止好高骛远，既考虑到二〇二〇年这个时间节点，又立足于打基础、谋长远、见成效。”“打基础”就是要搞好制度建设，搞好农村的基础设施建设与社会公共服务，为扶贫构建一个坚实的基础。基础不牢，搞短平快的花架子，即使贫困人群一时脱贫，也会很快返贫，因为根本问题没有解决。我国的贫困，最常见的还是制度供给不足型贫困，因此基础设施的完善极为重要。基础设施（包括物质的基础设施和制度的基础设施）的提供，就是为扶贫“托底”。习近平同志强调指出：“基础设施落后是边疆建设要突破的‘瓶颈’。要面向边疆农村牧区，打通‘毛细血管’，解决‘最后一公里’问题，全面推进与群众生产生活密切的通水、通路、通电等建设，为兴边富民打好基础。要继续加快铁路、公路、民航、水运建设，形成对长期发展起支撑作用的区域性大动脉。要抓紧推动与有关国家和地区的交通、通信等基础设施的互联互通，建设国际大通道，推动区域经济合作。”有些地区，在扶贫工作中搞形象工程，对此，习近平同志指出：“对口支援的项目和资金，不能用钱砸形象，而是要着力提供基本公共服务和改善民生。”

扶贫工作既要有很高的要求，又要量力而行、实事求是，不要好高骛远，要杜绝口号式扶贫、形式主义扶贫。习近平同志在十八届二中全会上说：“为群众办好事、办实事，要从实际出发，尊重群众意愿，量力而行，尽力而为，不要搞那些脱离实际、脱离群众、劳民伤财、吃力不讨好的东西。”现在各地政府均把扶贫攻坚作为重要工作目标，层层定量考核，层层落实，这本来是很好的做法，但是个别地区搞形式主义的扶贫、口号式扶贫，目标不切实际，随意将脱贫时间提前，虽然从表面上看显示了地方政府的决心和意志，但是实际上却损害了扶贫的效果，使一些地方政府不是搞扎扎实实的扶贫，不是着眼于打基础，而是搞扶贫的政绩工程，对此，习近平同志指出：“贫困地区要把提高扶贫对象生活水平作为衡量政绩的主要考核指标。扶贫工作要科学规划、因地制宜、抓住重点，不断提高精准性、有效性、持续性，切忌空喊口号，不要提好高骛远的目标。发展生产要实事求是，结合当地实际发展特色经济，注重提高基本公共服务水平。”“要正确引导舆论，既要大力减少贫困人口，也要从实际出发，胃口不能吊得太高。”他还说：“要坚持实事求是、因地制宜，持之以恒、久久为功，建立精准扶贫工作机制，集中力量解决突出问题，不喊脱离实际的口号，不定好高骛远的目标，在打基础、谋长远、见成效上下功夫，让民族地区群众不断得到实实在在的实惠。”这些告诫都是非常及时的，对于在扶贫工作中纠正急于求成、急功近利、好高骛远、形式主义的偏向具有重要的意义。

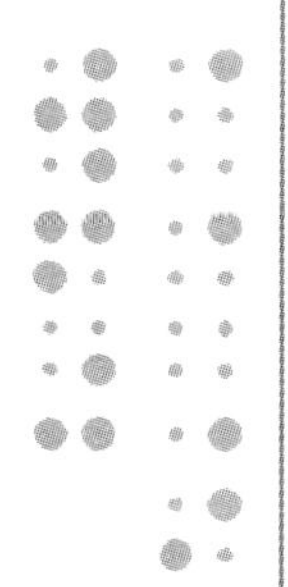

农村集体经济发展及其金融支持

王曙光　兰永海

农业和农村的发展，是每年全国“两会”代表、委员关注的热点问题之一。近些年来，我国农村经济与社会发展步伐明显加快，亮点很多，而其中最引人注目的现象之一就是农村集体经济的发展。农村集体经济的发展是乡村振兴战略的一个重要组成部分，也是农村扶贫工作的重要组成部分，应该得到应有的重视。

中华人民共和国成立以来，我们以“组织起来”为宗旨，大力倡导农村的合作化与农民的组织化。20世纪50年代末全面建设了人民公社制度，为我国农业生产的现代化、整个国家的工业化做出了巨大的贡献。但是，由于人民公社存在着若干体制上的缺陷，尤其是存在着激励不足、监督不力、产权结构不合理等问题，从而导致在20世纪50年代末期到70年代末期我国农业生产面临了巨大困难，付出了比较大的历史代价。对人民公社体制正反两方面的经验和反思贯穿着改革开放后几十年的农村发展历程。早在80年代初，邓小平同志就提出“两个飞跃”的重要思想，即从人民公社体制向联产承包责任制是第一个飞跃，这一个飞跃解决的主要是激励问题，农民的生产积极性大幅提高；然而这还不够，还要实现第二个飞跃，即从农村个体经济向农村集体经济之飞跃，从而使中国农业与农村真正走向现代化。小平同志的这一思想非常具有战略智慧：既要从“旧体制”的僵化教条中摆脱出来，从而使农村焕发活力，又要不满足于“新体制”的既有成就，促使农村经营体制不断走上新的高度，也就是要汲取“旧体制”中合理的成分，实现“统分结合，双层经营”。

然而，一个时期以来，我们在农村经营体制方面，对"分"的强调比较多，对"统"的强调不够，而这种认识上的片面所造成的后果，在"分"的能量释放到一定程度之后，在进入21世纪农村发展面临巨大瓶颈之后，我们看得更清楚了。90年代末至21世纪初，随着农村经济社会结构的深刻变化，我国农村集体经济发展明显出现滞后，从而严重影响了村集体自我发展和自我保障的能力，严重影响了农业现代化、产业化、集体化水平的提高，严重影响了社会的公平平等，严重影响了乡村治理的有效性。中央审时度势，在十八大之后扭转了这一局面，采取综合措施，从顶层设计的高度，大力扶持农村集体经济发展。通过强有力的财政支持与市场机制建设的有效结合，极大地促进了我国农村集体经济的发展，对于城乡同步实现小康、农村实现共同富裕、乡村公共服务能力提升与乡村治理机制的完善都具有极其重要的意义。

如何界定农村集体经济，是理论上的一大难点。现实中，农村集体经济在各地的发育程度参差不齐，组织形式复杂多样，运营主体呈现多元特征，因此要给出一个广泛适用的统一定义是非常困难的。从各地发展农村集体经济的经验模式来看，大的类别主要是两类：第一类是由"村级集体"所举办的集体经济组织，这里既包括"村级集体"举办的企业实体，也包括"村级集体"利用本村集体资源所兴办的具有集体性质的各类产业，还包括村集体领办的土地股份合作社以及其他类型的合作经济形式。这一类的关键特征是由"村级集体"举办或领办，因此在层级上是一种比较高级别的农村集体经济形势。财政部在2015年10月19日印发的《扶持村级集体经济发展试点的指导意见》就是强调这一层级的农村集体经济，而只有这一层级的农村集体经济才关乎整个村庄的治理、共同富裕问题，才关乎社会主义公有制经济在农村基层的载体问题，才关乎巩固党在农村的执政基础的问题。第二类农村集体经济是具有集体合作性质的其他合作经济组织，这类农村集体经济主要是指农民自愿兴办、领办的各类农民产业合作社。第一类村级农村集体经济的所有者涵盖了"所有村集体组织成员"，而第二类农村集体经济的所有者则是"部分村集体成员"（按我国目前农民专业合作社法，一些非村集体成员也可参与农民专业合作社），这是两者最重要的区别。由于第二类农村集体经济组织主要是农民专业合作社，而当前农民专业合作社的领办主体呈现多元化、复杂化的特点，因此国家在支持农村集体经济发展时对这两类农村集体经济应有所区分，实行差异化的支持策略。从总体来看，两类农村集体经济都具有“共有”“共治”“共享”的特点。所谓“共有”，即村集体成员或部分村集体成员在产权意义上共同所有；所谓“共治”，即村集体成员或部分村集体成员以一定的民主形式，根据相应的法律要求，实现对农村集体经济的共同治理，共同管理；所谓“共享”，是指农村集体成员或部分村集体成员根据法律规定的分配形式，对农村集体经济的收益实现共同分享。“共有”强调的是产权形式，“共治”强调的是民主治理，“共享”强调的是公平分配，而这两类农村集体经济组织所体现的是不同层次的共有、共治、共享。在我国现阶段，要支持农村集体发展，既要统筹兼顾，又要保障重点。“统筹兼顾”的意思是既要扶持村级农村集体经济发展，又要扶持具有一定集体性质的各类农民专业合作社；“保障重点”的意思是在财政支持层面，主要应支持村级集体经济发展，而不要使国家财政力量过于分散。这几年的国家行动实际上就是基于这一思想展开的。

近年来，各地在发展农村集体经济方面创造了很多值得借鉴与推广的模式。概括起来，其运作模式可分为三类：第一类是经营性农村集体经济，指的是以村集体为主体，建立经营实体（村办企业或农业生产经营性合作社），从事生产经营与相关农业服务；第二类是资源性农村集体经济，指村集体利用本村自然生态资源和其他集体资源（如村集体闲置的不动产），开发旅游、文化、物业服务等产业，增加本村集体经济收入；第三类是公益性的农村集体经济，如养老院、托儿所、图书馆等，此类农村集体经济以公益而非营利为目的。从我们在浙江、福建调研的情况来看，经营性农村集体经济比重较低，村集体兴办的村级企业比较少，在浙江虽然有很多村股份经济合作社，但是虚体较多，开展实际的生产经营或农业服务的较少。现实中，资源性农业集体经济所占比重较大，比如利用本村山水生态优势搞休闲农业和乡村旅游，或者利用本村闲置的房产、集体建设用地出租搞物业，获得比较稳定的租金收入。浙江的村级物业经济比较发达，农贸市场、专业化市场（如义务方林村的二手车市场）、仓储物流业等发展很快，为村集体经济带来丰厚收入。浙江桐庐县富春江镇芦茨村，通过芦茨老街区块房屋36户28幢房回收改建项目，由村集体统一建设集购物、休闲、民宿为一体的地方特色街区，既改善了农村环境，又为村级集体经济带来了很好的收益。由于第一类实体企业的经营困难较大，因此目前较有可操作性的是第二类资源性农村集体经济模式，其发展空间较大，经营管理难度相对较低。

最后谈谈金融如何扶持农村集体经济发展。农村集体经济的发展形成了具有一定规模的资产池和资金池，其资金需求多样化，但针对农村集体经济的金融供给却明显不足。结合调研，本文认为金融机构应从以下几个方面增加农村集体经济的金融服务力度：

第一，提供差异化的金融服务。经营性农村集体经济的金融需求主要源自资产保值增值和扩大再生产，商业化金融机构应制定以资金托管、理财、授信、抵押贷款等为内容的一揽子金融服务方案。物业型农村集体经济的金融需求以资产保值增值为主要目标，金融机构可以提供以资金托管、投资理财为主要内容的金融服务。资源开发型集体经济尚处于集体资源开发的重要时期，短期内以开发性资金需求为主，金融机构应以开发性基金、财政资金质押贷款等方式提供配套金融服务。多种形式合作经济的金融需求往往是周期性周转和扩大经营规模，金融机构可以发展基于“企业＋合作社＋大户”的供应链融资、资产抵押贷款等金融服务。

第二，应注重金融服务的综合性。对村级集体经济发展较好的村庄，应建立完善的村庄和个人信用档案，进而对集体经济组织和村民提供综合性的金融服务。一方面，金融机构可以依托村集体经济组织对村内信息了解充分的特点，弱化信息获取成本；另一方面，金融机构还可以通过集体经济的股权约束增加村民的信贷合约违约成本；再者，金融机构服务农村集体经济的前期成本高、边际成本低，因此，金融机构提供综合性服务的边际收益也高。

第三，充分借助多种增信措施。随着政策支农力度加大和农村金融体系不断完善，金融机构服务农村集体经济应积极借助政策性担保基金、商业性担保公司、农业保险公司、信托公司等采取多种增信措施。

第四，积极探索多种形式的金融创新。针对农村集体经济的特点，金融机构应积极创新针对集体经济组织的授信、基于集体资产的抵押贷款、基于集体资产收益的质押贷款、基于集体股权的质押贷款等；同时，探索农村资产信托、粮食信托、开发性债券等多种直接融资方式。

农村集体经济发展正在迎来一个黄金时代，它必将给农业产业转型、农村经营模式升级和乡村社会结构带来一场深刻的变革。

5 Part

金融篇：轻重平准，枢集权衡

随着我国经济的迅猛发展，如何建立一个更为高效的金融市场体系已经越来越成为社会关注的重点。近年来中国金融市场经历了诸多重大变化，这也将进一步倒逼中国金融制度发生深刻的变革。同时，随着我国实体经济金融创新的深化，金融风险与金融安全问题也成为近期国家关注的焦点。本篇将着重探讨国内金融市场的种种问题，以期与读者分享专家学者的观察和思考。

长期护理保险制度建设需高度关注协调发展问题

锁凌燕

根据人民网2018年“两会热点调查”近425万网民的投票结果,“社会保障”再次蝉联社会热点前三名,大家对于养老问题的关注热度居高不减。当前,60年代前期大量的新生人口逐渐变为老年人口,“十三五”期间,我国60岁以上老年人口比例将从15.6%增至17.7%;进入“十四五”中后期和21世纪30年代,计划生育政策严格执行后出生的人口开始进入退休阶段,急速老龄化带来的经济压力和护理压力已经十分紧迫。

一方面,老龄人口比例在快速增加。由于经济社会进步,预期寿命延长,“顶部”老年人口的绝对量增多,目前,60年代前期的大量新生人口正逐渐变为老年人口;同时,因为社会发展和计划生育政策共同作用,导致独子化、少子化,进入“十四五”中后期和21世纪30年代,计划生育政策严格执行后出生的人口开始进入退休阶段,会进一步加大老年人口的相对比例,放大老龄化带来的经济压力和护理压力。第六次全国人口普查数据显示,全国60岁以上人口中,完全失能者约占3%,按这一比例估算,“十三五”期末,仅完全失能老人就将超过700万;再加上其他年龄段的失能人口,长期护理需求高涨。

另一方面,养老服务的社会化需求不断高涨。因为城镇化和工业化的趋势,导致年轻人口外流、父母空巢,形成“腰部老龄化”,家庭的照料、赡养职能严重弱化,长期护理服务越来越需要社会化的服务体系予以满足。国际经验显示,在老龄化社会,劳动力稀缺性会相对提高,作为劳动密集型产业的护理行业,价格水平会呈现显著的增长趋势。美国在2010—2016年间,护理院平均花费的上涨速度，是同期CPI增速的两倍。而在中国，伴随人口红利的消失，劳动力成本还会加速上涨。如果没有恰当的制度安排，大量的失能人员，特别是低财富净值的失能空巢老人，很可能沦入老无所依，甚至老无善终的境地。

复杂的老龄化趋势，对于养老、医疗保障及长期护理和养老医疗护理产业的协同发展，提出了很高的要求，但必须承认，我国的长期护理产业及护理保障发展还非常不充分。2016年，人社部印发《关于开展长期护理保险制度试点的指导意见》，在上海、山东青岛、江苏南通等15地开展长期护理保险制度试点，已经取得了一些宝贵的经验，但同时也进一步揭示出，当前我国社会经济发展中的一些问题和趋势，为长期护理保险发展带来了严峻的挑战。

第一，可持续性问题。基金是长期护理保险的物质基础，其来源和可持续性问题是长期护理保险发展的核心问题。目前的制度设计是希望在不增加社保缴费的前提下，通过优化医保统账结构、划转医保统筹基金结余等方法筹集所需资源，但在不同保障项目之间调配资源，本身就是一项严峻的挑战。而伴随人口老龄化的进一步加深，社保基金支出扩张速度超过经济发展速度，资金不足就将是整个社保体系面临的系统性风险。

第二，长期护理负担分布不均衡。从各地试点来看，长期护理保险率先在城镇职工群体展开，部分有经济实力的省市也惠及了城乡居民。这种做法可行性比较高，但不能忽视的是，制度性收入（离退休养老金）水平更低、财产性收入更低的群体和更低收入的“体制外”群体，其家庭长期护理负担相对更重；另外，目前各级政府会对护理机构进行不同形式的资金补助，但这些相对弱势群体，却因为“游离于”制度体系之外而更难以从公共补贴中获益，这反而有可能加剧长期护理负担在人群之间的不均衡。另外，由于复杂的历史原因和自然禀赋等原因，长期护理负担也表现出明显的区域不均衡性。第六次全国人口普查数据显示，西部12个省、自治区、直辖市，除广西外，60岁以上人口中失能老人占比均超过全国平均水平；而这些地区也大多是人口净流出地区，不仅长期护理负担更重、资金筹集能力更差，而且护理服务社会化的需求也更迫切。如果未来全国层面长期护理保险制度的设计和运行没有顾及区域间的不平衡，中西部地区的社会风险累积会更严重。

第三，缺乏一个完善的护理服务产业。长期护理保险的根本价值是帮助失能群体用保险金购买到恰当的护理服务，其发展归根结底还是需要依托于一个价格水平与居民支付能力相适应、运行有序且有效的护理服务产业。虽然我国政府高度重视护理服务事业，近年来先后出台了《关于加快发展养老服务业的意见》《中国护理事业发展规划纲要》等政府文件，但护理服务产业仍然面临从业人员短缺、专业素养和服务质量良莠不齐等问题。2015 年年末，全国护理人员数量不足 100 万，经过专业训练、持证上岗的护理人员更是不足 10%；由于护理工作工资偏低、工作强度大，再加上受传统观念的影响，很多人认为护理员是“伺候人”的工作，导致护理人员队伍平均年龄偏高（近 80%的从业者年龄在 40 岁以上），学历层次偏低（有大学及以上学历的仅为 6.8%），难以留住年轻人、形成人才梯队。另外，服务标准尚不统一，对于如何界定服务需求的等级、如何界定服务的强度和质量，都缺乏全国规范，进一步限制了行业的发展。

总体来看，长期护理保险的未来发展，可以依赖的资源相对十分有限，所以这个体系不能是“自我封闭”“自我循环”式的，必须秉持“开放协调”的发展观。

首先，从制度链条横向的角度看，长期护理保险要与医疗保险、养老保险实现制度层面的协调与链接。在制度责任上，这三大险种有交叠之处，因此在资金来源上，可以将这三大险种统筹考虑，从现有养老保险和医疗保险的缴费中划拨一定的比例，用以支撑长期护理保险发展；同时，其给付水平也可以根据“人本位”的价值取向，以合理的个人整体保障水平为标准进行协同调整。要特别注意长期护理保险给付标准与待遇的设计，通过恰当的经济激励，引导护理服务向更低成本的护理机构或社区、家庭转移，解决“占床住院”等社会性住院问题，释放出被低效占用的医疗资源，从而改进社保资源的有效配置，减轻社保基金的财务压力。需要强调的是，如果只是把失能老人，乃至失能人群摆在被动接受服务的位置上，那么，长期护理负担的持续增加就是系统性问题；主动调整健康理念，激发老人主动参与，通过调整生活方式、自主运动等改善失能状况，在人生命全周期的各个阶段都形成促进健康的优良环境，也应该是长期护理保险以及其他社会保险制度的核心取向。

其次，从制度链条纵向的角度看，需要与养老、医疗、护理产业构建良性的互动关系。一方面，要整合与结合养老和医疗服务资源，如在养老机构、社区养老及居家养老服务体系中嵌入护理服务模块，在推进分级医疗服务和家庭医生契约服务的同时，理顺医疗服务体系，抓紧研究并制定全国统一的失能等级标准，明确相关的申请遴选和服务供给的规范等制度要素，将护理与医疗服务有序链接起来；探索第三方服务模式，发展专业化的长期护理服务公司，甚至积极探索人工智能的应用。另一方面，要理顺价格调控机制和服务监督机制，尊重市场在价格确定中的基础性作用，也要认真研究社保购买服务的价格形成机制，要让社保购买成为服务价格和质量的指针；构建政府部门、公众和行业共同参与的服务监督体系，促进养老、医疗和护理行业规范发展。

最后，从长期护理保险制度链条垂向的角度看，要与社会救助、慈善、商业保险等平行制度互相衔接起来。民众的护理需求是多层次的，需要一个多元制度协调发展的保障体系予以支撑。社会保险和社会救助层次要致力于解决“底线”问题，实现制度上的更广覆盖，提供基本水平的保障；对于高收入群体，则要鼓励其通过市场化手段安排人身保障，分流公共资源压力。面对广泛的区域差异和人群差异，长期护理保险的发展很难实现“齐步走”，当前政策设计是希望先从城镇职工的保障做起，之后逐步扩大覆盖面，先从失能老人做起，之后逐步探索其他失能群体乃至失智群体。这种“分段走”的做法可行性高，但也可能会使人群间的差异趋向固化。所以，在分段走的过程中，首要的就是加快完善家计调查式的社会救助制度，加大向中西部地区的转移支付力度，履行政府不可推卸的责任。

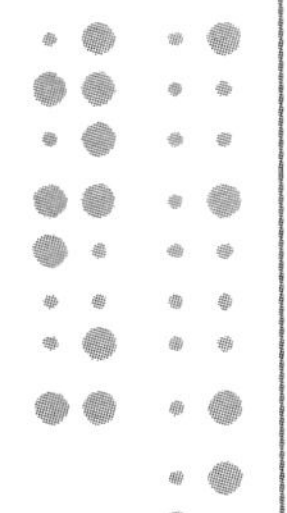

金融去杠杆的治本之策是继续深化我国的经济和金融体制改革

宋芳秀

防范和化解金融风险是当前我国金融工作的重中之重。2018 年 3 月 5 日，李克强总理在《政府工作报告》中指出："当前我国经济金融风险总体可控，要标本兼治，有效消除风险隐患。" 这意味着 2018 年仍然是防控金融风险的关键年。金融风险的源头是金融杠杆，近几年来监管层陆续出台了多项治理金融杠杆的政策措施，去杠杆工作已取得了重要进展，并进入了稳杠杆和逐步调降杠杆阶段，标本兼治成为下一阶段去杠杆工作的重要目标。

要寻求金融去杠杆的标本兼治之策，首先应对我国金融杠杆的成因追根溯源。从金融行业自身的特点来看，金融企业本质上是以利润最大化作为首要目标的营利机构，增大杠杆、扩充资产规模以实现更高的盈利是它们的天然冲动，宽松的货币和金融环境、相对滞后的监管又从外部为金融杠杆的增大提供了温床。在这样的背景下，债券代持、委外投资、多层嵌套等"创新"业务层出不穷，隔夜质押式回购、同业存单和同业理财的规模飙升，不仅导致信用规模迅速扩张，还形成了冗长交错的同业链条，增大了金融业的系统性风险。以上描述的是一般的金融杠杆形成过程，一行三会已联手采取了多项措施，如通过控制基础货币紧缩货币环境，通过宏观审慎监管（MPA）直接控制金融机构的规模扩张，通过收窄利差、抬高负债成本从负债端倒逼市场去杠杆，通过完善风险准备金制度与规范杠杆率从资产端去杠杆等措施，目前去杠杆工作已经初见成效。

但是，值得我们注意的是，我国的金融杠杆和其他发达国家有很大差异，其深层次成因远在金融行业之外。**首先,从金融加杠杆的底层资产的性质来看,资金主要集中在房地产和地方融资平台。**这从一个侧面说明金融杠杆的背后隐藏着财政体制和实体经济失衡的问题。过去十余年,我国的制造业投资持续低迷,房地产业却在土地财政和高利润率的推动下迅猛发展,相对制造业而言,房地产业更容易吸引银行资金,这一方面直接和间接影响了制造业的生存环境及获取资金的能力,另一方面加大了房地产业自身的杠杆和风险。在房地产投资迅速增加的同时,地方基建投资高歌猛进,地方政府债务猛增。近年来的地方债务置换、三四线房地产去库存等措施成功化解了部分风险。

其次,从金融加杠杆的实体经济对象——微观企业的所有制性质来看,国有性质企业的负债占据绝大部分。这说明了我国经济运行中的一个痼疾——国有企业的预算软约束问题并没有从根本上得以解决。政府在资金配置领域通过财政和政策性银行直接提供补贴,或通过资本市场、不良资产救助、债转股等方式间接补贴企业。政府的隐性担保降低了企业面临困境时的成本,是导致企业预算软约束和负债冲动的主要原因。部分获得资金的企业将部分资金投入金融市场以赚取利润,这在一定程度上加重了实体经济领域的资金缺血状况,加剧了制造业和房地产业之间的失衡,也为银行业的金融空转提供了资金供给,为金融杠杆的增大提供了便利。

由以上分析可以看出,我国金融杠杆的增大不仅有金融层面的原因,还有财税体制、货币制度、实体经济等层面的原因,各层面的因素叠加在一起,有时还会互相强化,形成一个复杂难解的连环。因此,只在金融领域采取措施不足以解决我国的高杠杆难题,去金融杠杆的治本之策是深化经济和金融领域的改革,具体而言,应致力于在以下几个层面采取措施:

一是加强中央银行的独立性和透明性。一方面,中央银行的货币政策应该保持独立性,确保货币政策的目标着眼于物价水平的稳定,并尽可能淡化经济增长目标,防止为了促增长或保增长而形成过度宽松的、可以滋生金融杠杆的货币环境;另一方面,中央银行应加强和金融市场的沟通,提高货币政策的透明度,使金融机构和个人形成对货币政策的稳定预期,从而降低政策的实施带来的市场冲击，有助于平稳降杠杆目标的实现。

二是进一步推动财税体制改革，理顺中央与地方的财税关系，改变目前依靠土地出让金和房地产交易环节税收作为主要收入的地方财政现状，从根本上解决土地财政难题。2018年"两会"公布了国税地税机构合并的改革方案，这一举措为下一步的财税改革奠定了基础，将有助于降低地方政府的债务和地方财政对房地产业的依赖。

三是提高实体经济回报率，大力发展创新型经济，发展高端制造业和服务业，防止房地产价格的过快增长和房地产业的过度繁荣，理顺房地产业和制造业之间的关系。实体经济效率的提高不仅有助于将金融业内空转的资金吸引到实体经济领域，实现经济和金融的良性循环，也可以有效防范金融风险的发生，为金融降杠杆提供更大的腾挪空间。

四是进一步转变政府职能，推动资金配置领域的市场化改革，这也是深化经济和金融改革的关键之举。一方面，政府应尽量减少对资金配置的行政性干预，使资金流向最有效率的地方，并营造不同所有制企业公平竞争的环境；另一方面，政府应尽量减少隐性担保，提高企业面对财务困境时的成本，降低企业的预算软约束程度和负债冲动。

综上所述，仅关注或过度关注金融领域自身的调整无异于"头疼医头，脚疼医脚"的权宜之计，无法从根本上解决我国的高杠杆问题。从长期来看，唯有协调推进经济领域和金融领域的各项改革，才能使金融回归服务实体经济的本源，降低金融空转程度，实现平稳降杠杆的目标。

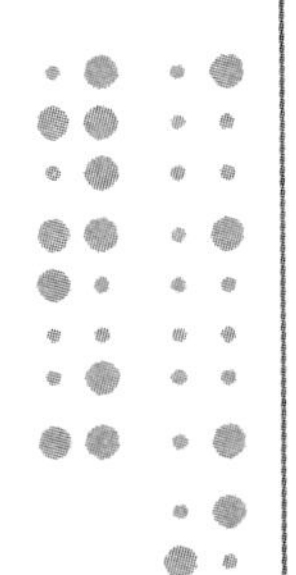

比特币是货币吗？

钱　立

中央提出今后三年要重点抓好决胜全面建成小康社会的防范化解重大风险、精准脱贫、污染防治三大攻坚战。而打好防范化解重大风险攻坚战，重点是防控金融风险。

近来比特币的交易价格再次发生大幅波动，成为金融热点问题之一。围绕着比特币的货币属性问题存在很大争议。本文试图从货币理论的视角对这一问题做一探讨。

人类早期经历了漫长的以物易物的历史阶段。货币的使用是人类经济史上划时代的伟大发明。一方面，它大大提高了交易的可行性；另一方面，它为市场的专业化和分工的发展提供了必要的、可进行经济核算的条件。在市场经济中，货币是来自市场的选择，正如历史上长期以金银为主要货币的实际所显示的那样。伟大的经济学家米塞斯在一百年前就发展了关于货币的回归理论，即当下专职交易媒介功能的物品。人们之所以对其有需求，就是因为它在购买任何财货和服务时都会为卖者所接受，卖者售出财货就是为了换取货币，我们持有作为货币的金银，不是因为它可以作为金银器皿和装饰品的使用价值，而是因为它能够购买财货和服务的购买力。今天人们之所以相信它的购买力是因为看到它昨天能够购买任何财货的购买力；那么昨天人们之所以持有它，是因为看到了它前天所具有的购买力。以此类推，直至很久以前的某一天，这时候正好是金银还是作为非货币的财货与其他财货进行物物交换的最后一天，这时候金银的价值不是作为货币的购买力价值而存在，而是以它们作为普通财货的使用价值和交换价值而存在。因此，这个回归定理就把作为货币而存在的财货（比如这里所说的金银）的充当交易媒介的价值与之前它作为普通财货所具有的价值紧紧联系在一起了。或者可以概括地这样理解，我们专用于交易的媒介的财货，它现在既不是因为消费价值也不是因为资本价值而具有价值，但它深深植根于它曾经具有这样的消费或者资本价值，才使得它今天作为货币而拥有价值，即购买力。

在确立了金银作为货币本身的地位后，为了交易更方便，就有企业家，后来是官府，将其铸成硬币，上面标志出其重量或金银含量。再后来，又发展出了银行，用表示金银重量的票据代替金银本身交客户持有和流通，并承诺客户随时可以持该票据来兑回相应的金银。这就出现了银行纸钞和支票账户转账等银行服务，大大便利了人们的交易行为。但与此同时，这种对货币替代品的创新发展也为各种各样的造假，实质上是偷窃行为人开方便之门。我们所知道的在铸币中减轻成色，特别是银行超出储户的实际真实货币创造的"伪仓单"——这也是至今依然盛行的部分准备金制度所做的，都是凭空创造货币的做法，侵犯了客户的利益，制造了通货膨胀，进而导致经济周期的问题，给大多数人造成经济损害。在世界各国政府垄断货币发行权后，实际上由市场选择所确定的真正的货币金银被否定了其货币的地位，而各国政府所发行的货币完全不以有真实价值的财货为基础，发行出来的每一单位实际上都是对民众的征税，即所谓的铸币税，并且发行量完全由政府人为决定，通货膨胀成为常态，经济周期也不可能被根除。通货膨胀导致的货币贬值给无数民众造成损害。

正是在政府垄断的法定货币信誉不佳的背景下，信息技术和互联网发展成熟的时代为所谓的数字货币的诞生提供了条件和契机。

2009 年比特币诞生，它是基于某种计算机算法而产生，任何人只要参加"挖矿"都可以获得。但根据其设计，大约到 100 年后，比特币即会被挖尽，总量上限在 2 100 万个，是无法再增加的。现在"挖矿"已经要付出很大的成本，该成本还取决于参与"挖矿"的竞争者的多少。因为没有任何组织和机构能对它的产生、安全和流通进行控制，它的匿名性好，又解决了重复使用问题，即你的一个比特币不可能同时既支付给张三又支付给李四，它能在全世界流通，所有这些特点使得它自诞生之日起就受到了足够的欢迎，因而立即被赋予了购买力价值，成为不断壮大的、在越来越大范围内被接受的交易媒介。

至今短短十年时间不到，比特币数量不断增加，交易范围日益扩大，并且兑换美元、人民币等世界各主要货币的价格惊人攀升，当然这期间也发生过这些价格的剧烈波动，比特币自称为“币”，但它到底是否具备货币的所有属性？现在我们就从理论层面上简要考察一下。

比特币由计算机程序的算法产生，它的总量有限性不可改变，同时又不可能在此基础上制造“假仓单”来凭空创造货币，这就杜绝了通货膨胀的可能性，这是它作为货币最优良的品质。货币和其他普通财货不同，并不是越多越好，因为货币不是用于直接消费和生产过程中的资本，其数量的增加并不能给全社会增加效用，只会导致其单位购买力的下降。因此，任何数量的货币都是最优数量的货币。并且由于它的单位很容易细分，比特币的基本单位是1 bitcoin（简称为 BTC），现在就已经有了一个小的单位叫 satoshi（简称为 sat），1 sat 等于 BTC，即 1 亿分之一。因此它容易做到满足任何规模的交易需要。同时，它解决了交易不会被重复的问题。这也是作为货币必须满足的条件。

它的问题是似乎不满足米塞斯回归定理中往前追溯到以物易物时本身应该具有如同普通财货的价值，正如金银那样。比特币从一开始就是一个计算机程序，它本身并不能给人带来效用。它完全建立在一诞生就被人们作为交易媒介使用的价值上。一旦其在某一天建立起了价值，即购买力，第二天、第三天以至未来的任何时候都具有货币价值就可以回归到这第一天，从这个意义上说，它是符合米塞斯回归定理的。当然，只是在这一点上，我们还需要深入思考比特币是否满足货币定义的问题。

现在产生新的比特币，需要购置设备，占用场地，特别是要耗费很大的电力，这倒很像获得金银的采矿、提炼过程。人们会说，对金银的采矿、提炼最终获得了金银这样的实物放在那里，你对比特币的“挖矿”，耗费了成本但并没有得到像金银那样的实物啊。其实，从经济学的观点看，我们所关注的能够给我们带来满足的不是物本身，而是它给我们提供的服务所带来的效用。金银作为装饰品或者器皿给我们带来满足感，重要的是它所提供的服务；我们观看一部电影给我们带来满足感，其物质形态是一系列的电子信号，重要的是它以音像的形式带来了令我们有满足感的内容。生成比特币虽然不像金银那样保留着如此的物质形态，因为它生成的是一系列技术含量极高的有序电子符号，但它却能够发挥如上所述的充当交易媒介的服务功能。从物理学的角度看，这种有序的特殊电子信息是熵的减少，这种熵的减少的信息就如同触手可感的物质一样，都是物质的存在方式。

对于像比特币这种计算机程序的信息存在，其系统的可靠性、稳定性是否万无一失是人们敢不敢于将其作为货币的致命问题之一，如金银的物理化学性质是令人放心的。此外，当前比特币显示了其价格的剧烈波动性。因为毕竟现在是一个各主权国家政府垄断货币发行的时代，比特币的价值也要与这些法定货币相交易，其币值也必然要通过诸如美元、人民币等的价格反映出来。尽管市场经济中的货币作为价值尺度并不具有像米、千克等物理度量尺度那样的绝对不变性，但若价值波动过于剧烈必然会削弱其充当交易媒介的功能。当然，我们要理解这只是因为比特币目前并不是主流货币，假如它真的成了主流货币，它就成了计价单位，也就不会表现出这种波动性了。最后，比特币是当代高技术应用的产物，对使用者的能力的要求也甚高，这必然也会大大限制其应用范围。当然，随着实践的进行，必定会有越来越多的人理解和学会如何使用它。当然，目前使它难以成为真正的货币的最根本因素还在于各国政府的态度，因为这毕竟构成了对政府垄断货币发行的挑战。

然而，比特币自诞生之日起就是跨国界流通的。对于新技术迅猛发展和各国经济日益紧密联系的现实和未来趋势，简单地对其否定了事是有风险的。我们必须从理论层面上深刻认识其本质属性，采取正确对策，以免我们在未来激烈的国际竞争中处于被动不利的地位。

多方面拓展保险市场的风险保障功能

刘新立

2018 年全国“两会”的《政府工作报告》中，在谈到 2018 年政府工作的建议、深化基础性关键领域改革时，提出要“拓展保险市场的风险保障功能”。风险保障功能为保险市场所特有，构成了保险产品最重要的内含价值，也成为保险公司核心竞争力的最主要内容。拓展保险市场的风险保障功能这一建议的提出，明确了近来监管部门一直强调的“保险姓保”的原则，也进一步为未来保险市场的发展明确了方向，即不仅要坚守风险保障的基石，还要积极拓展。实际上，只有这一功能的发挥越来越强大，保险市场才能得以走上良性循环之路，保险为经济社会可持续发展的保驾护航作用才会越来越得以体现。

保险市场的风险保障功能可以从产品种类、保障范围、保障额度、产品创新等多方面进行拓展。

首先，在传统风险领域里，由于风险承担个体的特征多种多样，产品种类的多样化可以更有效地满足差异化的需求。在人身险市场上，目前一个主要的问题，仍然是消费者对保险的认知更多地侧重在储蓄投资功能上，这在一定程度上抑制了保险功能的拓展。很多消费者都把保险视作一种投资品，认为购买保险是一种投资手段，希望以此获得较高的投资收益率。在考虑是否买保险的过程中，即便是先从其风险保障功能进行考虑，出险的概率也毕竟较小，尤其是一些寿险产品，最后都会落脚到自己能够“确定地”得到多少返还这个问题上。而同时，在我国当前的保险营销过程中，为了顺应消费者的心理，也普遍存在着过分强调保险的储蓄投资功能而忽视其保障功能的现象。这就使得相当多的消费者重视保险的投资功能，而忽视其保障作用。对于非投资性寿险产品的消费者来说，这种心理在费率市场化尚不完善的情况下就会变得非常脆弱。因此，一方面，需要引导消费者正确看待保险的属性，激发其风险意识，理解人身风险转移的重要性；另一方面，可以通过更贴近需求的多样化产品，引导消费者认识其潜在的风险暴露，体会保险保障的重要性。从保险发展历史的角度来看，保险的储蓄投资功能是保障功能得到一定发展后衍生出来的，它不能脱离保障功能而单独存在，更不能超越和代替保障功能。如果保险失去了保障的功能，失去了对风险的专业化经营，只是单纯地强调资金储蓄投资和资产增值，这无疑是舍本逐末，保险业将失去核心竞争力。保险产品应当以保障为基础和核心，真正发挥其家庭避风港和社会稳定器的作用。在非寿险领域，产品多样化的意义则源于风险种类的多样化，保险是风险管理的一种融资型措施，应更多地从风险管理的角度，与企业的生产经营相融合。当前企业风险管理的趋势便是有机嵌入经营的各个环节，保险也是如此，无论是针对企业的风险，还是其他类型主体所面临的风险，只有加强对特定风险的识别与理解，才能设计出适应不同行业不同风险承担人的产品，使得产品的种类和层次更加丰富，进一步加大非寿险领域的渗透率。

其次，保险市场保障功能的拓展可以通过扩大保障范围来实现。随着社会经济的发展，风险的复杂性发生了重大变化，而新环境、新技术的不断演变也使得新的风险层出不穷，从环境风险、食品安全、恐怖主义，到网络风险、区块链风险等，经济领域的发展越蓬勃、越快速，带来的新风险可能就越复杂、越推陈出新，保险作为经济社会发展的稳定器，对新技术所带来的新风险的管理责无旁贷。

再次，保险市场风险保障功能的拓展还体现在保障额度的提高上。在人身险领域，由于人口老龄化、预期寿命延长、医疗支出占 GDP 比例上升、居民健康保障意识增强等因素的影响，消费者对健康险等产品的保障额度有较高需求，而在非人身险领域，随着财富的积累以及企业规模的增大，对相关风险的保障额度也随之增加，保险市场在这方面还有很大潜力。例如农业保险，实施多年来积累了一定经验，农户对提高保障额度的呼声很高，如何能够有序提高农险保险金额，由目前单纯保成本的产品拓展到保产量、保价格，对保险市场来说，是挑战，也是责任，可喜的是，现在已经有越来越多的公司在这方面进行了尝试。

最后，创新是适应这个日新月异时代的根基，对于保险产品来说，产品创新的意义之一是使其保障功能得到更好地拓展。随着科技进步和社会行为习惯的演变，客户的消费需要将发生本质的变化，这些变化在很多行业、很多领域已经出现，保险也是如此，客户不仅需要保险公司提供销售服务，更需要其根据消费的新习惯及新变化提供综合的风险管理服务，例如线上化的服务等，尤其在理赔环节，更是重视体验。对任何一种产品的感知与体验都是在使用过程中获得的，对于保险这种无形的产品，索赔与理赔这个环节尤为重要，这是被保障对象感受这种产品的时刻。由于损失勘定的需要，传统的索赔理赔环节势必需要一定的手续和时间，而对于很多风险刚刚发生后的短暂几天，是否能快速得到损失补偿，还关系到间接损失的减少，理赔的手续不应为风险保障功能的发挥拖后腿。在这方面，天气指数保险就是一个有效的创新，受灾后的快速理赔，不仅为农户清理现场、恢复生产赢得了时间，也因大大降低道德风险与逆选择而减少了保费，即风险保障成本。

此外，风险保障功能的发挥，不应狭义理解为单纯指经济损失的补偿，还应包括对降低风险的激励。当前，我们面临的各类风险呈几何级增长，近五十年的风险累积已远超过去数百年。只有将经济损失的补偿和降低风险损失的激励这两个内涵有机结合在一起，保险才是有生命力的。例如，对洪水风险进行风险管理的一个常用方案就是洪水保险，但是单纯地讨论洪水保险应该怎样运作，是由商业保险公司来做还是成立政策性保险公司，保费是完全来自投保人还是由政府补贴一部分，保额的上下限应该定为多少，这些问题即使解决得再好，保险的角色也没有得到很好的演绎。因为可保风险导致的损失是社会财富的净损失，而上面这些问题都是围绕赔偿来展开的，无论是谁出这笔钱，从全社会的角度来看，损失仍然是那样，没有减少。不去研究怎样在风险成本最低的条件下减少损失，而是热心于巨灾风险证券化，这就有点本末倒置。更何况，单纯看保险经济补偿功能，实际上也是有限的，人的生命、健康、心理等的打击在经济上无法补偿，灾害导致的企业停产、商誉、股价、市场竞争力等负面影响也难以通过经济补偿化解。被保险人本质上的风险管理需求是防范减少风险事故的发生。因此，将保险本来就固有的两方面的特色有机结合在一起，保险市场的风险保障功能才能更有效地拓展与发挥。

多方面共同治理，防范系统性金融风险

韩　晗

2017年全国金融工作会议中，习近平总书记指出“防止发生系统性金融风险是金融工作的永恒主题。要把主动防范化解系统性金融风险放在更加重要的位置”。在2018年的政府工作中，李克强总理在《政府工作报告》中也把重大风险防控当作攻坚战来抓。就像总理所讲的，我国经济基本面好，政策工具多，完全能够守住不发生系统性风险的底线。但我国金融系统中，仍有某些部门存在杠杆过高、风险过大的问题。下面具体从银行与保险、证券市场和地方政府债务这三方面入手，探讨如何防范系统性风险。

首先是银行与保险部门。这次“两会”中，银行和保险的监管部门进行了合并，成立了新的银行保险监督管理委员会。银行和保险在资本充足率、偿付能力及风险匹配等业务上有很多共同性，因此监管部门合并是事权统一、政出一门，顺理成章。党和国家对银行和保险部门的最重要要求是保证资产安全，用通俗的话讲，就是有多少钱办多少事。因为银行是我国金融体系的核心，保险也和人民生产生活息息相关。只要银行保险不乱，其他金融部门也很难乱起来。为了保证这两个部门的安全性，要对它们展开切实的风险排查，降低杠杆率。对银行，要坚决弄清贷款流向，监督表外业务，防范影子银行，保证人民群众在银行资金的绝对安全。对保险，要禁止盲目扩张，回归本业，切实提供风险保障。也就是做到保险姓保。管好银行和保险部门，人民群众才能安心，金融才能支持实体经济，而非进行泡沫的炒作。

其次是证券市场。股票证券和银行保险有着本质不同。银行保险要稳，而股票证券的波动在所难免。股民对股票证券的要求不是绝对安全，而是信息披露的完全彻底。因此，证监会的监督职能也和银保监会有所区别。证监会的职能应该是保证信息披露的完整性，而非进行股市喊话或稳定股指。中国的股票证券市场发展迅速，但仍存在着一系列问题，如优质股票过少，信息披露混乱等。证监会下一步应奖优罚劣。奖优就是要破除陈规，让一大批中国的优质企业尤其是高科技企业回归 A 股市场，比如阿里巴巴和腾讯。可悲的是，中国最赚钱的两家互联网企业由于历史原因，分别在纽约和香港上市。中国内地股民无法分享互联网经济的资本红利。这种现象已有所纠正，如富士康的光速上市。但证监会的步伐可以更大一点，快一点。而罚劣则是要对信息披露不完全不充分的上市公司施以重罚，建立劣质企业的退市机制。让股市优胜劣汰，体质逐步增强。

最后是地方政府债务问题。习近平总书记在 2017 年金融工作会议中指出："各级地方党委和政府要树立正确政绩观，严控地方政府债务增量，终身问责，倒查责任。"习总书记的表态为地方政府债务问题的解决指明了方向。李克强总理也在《政府工作报告》中说："防范化解地方政府债务风险""严禁各类违法违规举债融资行为"。解决地方政府债务问题，要避免刚性兑付。不能任凭地方政府无限加杠杆，最后由中央政府买单。要查清现有地方政府债务存量，建立规范健全公开透明的地方政府融资机制。地方政府发展要以人民为中心，发挥自己的主观能动性和信息优势；切实的发展经济，改善民生，保护生态环境。把有限的地方财政资源用到刀刃上。

总之，防范系统性金融风险是一项复杂工程，需要多级政府多部门的合力。确保多部门合力的关键是坚持党对金融工作的集中统一领导，从而回归本源、优化结构、强化监管、坚持市场导向，切实做好新形势下的金融工作。

深化“穿透式”监管，防范发生系统性金融风险

谭人友

2018年《政府工作报告》中提出:“当前我国经济金融风险总体可控,要标本兼治,有效消除风险隐患”“严厉打击非法集资、金融诈骗等违法活动。加强金融机构风险内控。强化金融监管统筹协调,健全对影子银行、互联网金融、金融控股公司等的监管,进一步完善金融监管”。近年来,各类金融机构的业务合作、交叉投资、渠道互享日益频繁,产品结构、业务范围和风险敞口跨越了分业经营界限,显著加大了金融体系的脆弱性。为防范发生系统性金融风险,防止金融风险向实体经济传导,国家相关部门出台了一系列监管政策,充分融合了“穿透式”监管理念。本文通过梳理近年发布的相关政策法规,阐述了“穿透式”监管的原则、内涵及目的,并提出深化“穿透式”监管的相关建议。

一、遵循“实质重于形式”的原则,穿透“资产端”和“资金端”

《国际会计准则》第三十五条指出“实质不总与其业务形式、形态相一致,需要看到业务本质”。“穿透式”监管理念契合并遵循“实质重于形式”的原则。首先通过穿透金融产品的表面形态识别金融业务和行为的实质,再根据行为和业务实质认定其属性,根据行为和业务属性及功能作用制定监管规则,进而将资金来源、中间环节与最终投向“穿透”相联,随后综合全流程信息来判断金融行为和业务实质,根据产品功能、业务性质和法律属性明确监管主体和适用规则,最后再执行相应的监管规定。

“穿透式”监管以“资产端”和“资金端”为切入点,穿透金融产品的表面形

态识别业务实质，找准监管实施的着力点。一是在资产端的“穿透”，意味着穿透嵌套的交易结构和通道安排，指向投资的底层资产、明确资金流向；进而穿透识别底层资产是否符合特定资产管理的监管规定，诸如信用风险、流动性风险等是否经过适当评估，资金流向是否符合国家产业政策和监管政策（即政策风险）。二是在资金端的“穿透”，意味着穿透识别实际投资人资质和数量是否符合相关监管规定，穿透识别最终风险收益承担者，防止风险承担和资产类别错配，明确区分公募和私募，防止私（公）募产品公募（私募）化。

由此可见，“穿透式”监管作为新的金融监管机制，实现了金融产业链环节的全监管，不再局限于从事活动的金融机构本身，而是涵盖金融市场中各项金融活动。显然，“穿透式”监管的思路从“机构监管为主”转向“市场监管为主”，从“行为监管”转向现代金融的“行为监管”和“功能监管”相结合的模式。

二、多维度防范系统性金融风险

（一）降低信息不对称，防范发生投资者破产风险

金融产品的销售应符合适用性原则，要防止将高（低）风险产品误售给低（高）风险承受能力的客户，保证金融产品的“风险-收益”特征与客户收益预期和风险承受能力相匹配，确保金融产品信息在出售方与消费方之间“双向”透明，使风险主要来自经济金融市场的波动性和不确定性，而不是主要来自信息不对称导致的逆向选择和道德风险问题，防止投资者因误购而发生破产风险。

（二）规避监管盲区，防范发生违规和欺诈风险

通过“穿透式”监管避免金融机构利用资管计划作为通道和工具，通过结构化设计规避监管规定，尤其避免以嵌套和混业为特点的业务（产品和交易）发生挪用、误导、违规或关联交易等行为。在“穿透式”监管下，金融机构的名称、标签、业务模式不再至关重要，监管细化到机构的行为细节，机构行为也可以找到相应的监管条例约束。通过“穿透式”监管，大量监管盲区将会被覆盖，有效强化产品信息在出售方与监管方之间的透明度，防范产生违规和欺诈风险。

（三）防范统计失真，防止误导监管部门决策

市场化改革推动的金融产品和业务规模通过交叉投资、金融创新等方式快速扩张。金融产品的多重嵌套隐藏了真实的底层资产类别，掩盖了资金的真实流向，可能导致大量资金实质上集中在少数优质资产，导致了风险累积，增加了系统性风险。此时，监管部门的统计数据往往也会失真，甚至可能误导监管部门的调控政策。因此，“穿透式”监管的重要现实意义之一就是增强宏观调控有效性。

三、深化“穿透式”监管的相关建议

梳理现有相关政策法规发现，“穿透式”监管以风险控制为核心，主要针对各类理财、投资类资金的来源、杠杆情况、投向等各个环节实施全过程管控。但这些法规主要涉及银行理财、券商资管、信托产品、保险资管、私募基金等主流金融行业的金融产品，未来应加强资本市场、金融科技等金融领域的“穿透式”监管力度等。

（一）实施金融领域的“穿透式”监管

“穿透式”监管涉及领域应从目前主要的资管行业向各金融领域扩展。比如，我国资本市场散户投资者较多，“羊群效应”显著，恶意炒作投机行为较多，未来应在交易所层面强化穿透中介机构，穿透投资者账户，直至追踪大额单个客户资金流向；并且要尽快在沪港通、深港通等领域推广，即时监控外部做空资金。同时，可借鉴美国在2008年次贷危机后推广的全球法人机构识别码(LEI)，将同一行为人持有的多种产品（股票、信托、理财、私募等）纳入即时、统一的综合统计与监测系统，实现金融全领域的“穿透式”监管。

（二）实施首次代币出售(ICOs)“穿透式”监管

科技创新日新月异，催生金融属性尚未达成共识的首次代币出售(ICOs)纷纷涌现，受到恶意炒作，扭曲了金融稳定和货币政策的传导机制与传导效果。相关部门已经发文禁止企业在虚拟货币交易所进行ICOs交易，但虚拟货币交易开始转入“地下”，滋生新的违规违法风险。针对虚拟货币跨境、跨领域

流动的新特点，监管部门有必要实施“穿透式”监管，加强账户监管和外汇监管。

（三）加强金融基础设施建设

主流金融机构已开始大量运用大数据、人工智能、云计算等技术来获取客户、提升客户体验以及再造内控和风险管理系统。监管部门更需要采用先进的科技来丰富金融监管手段。一方面要着力构建跨业务、跨行业、跨市场的信息关联科技体系，实现跨机构、跨境、跨账户的交易运行监控；另一方面，积极推进金融机构和监管机构的平台对接，获得交易层面的实时全面数据，而不是传统的局部和延迟数据，以便适时甄别业务属性和交易行为。数据的融合也有利于预判金融市场走势和市场主体行为，提升风险预测和防控能力。

金融监管新时代“新”在何处?

张　瑾

系统性金融风险的负外部性,决定了金融监管的必要性。2018 年“两会”中关于金融改革的议题引起广泛关注。我们认为此次金融改革将开启金融监管新时代,未来的金融监管格局必将大为不同。现从根源、任务、手段三点展开,对该问题进行浅述。

一、“新”在根源——主要矛盾已经发生变化

2017 年 10 月 18 日,习近平同志在十九大报告中强调,中国特色社会主义进入新时代,我国社会主要矛盾已经转化为人民日益增长的美好生活需要和不平衡不充分的发展之间的矛盾。社会主要矛盾的转化,实际上是社会各个领域的主要矛盾转化之后的综合结果。我们认为,过往我国金融领域的主要矛盾是社会日益增长的资金资产需要与有限的配置能力之间的矛盾;而当前我国金融领域的主要矛盾是市场日益增长的有效资金需求和不均衡不匹配的价格之间的矛盾。

在过去,我国金融市场的发展处于起步阶段,存在较大的欠缺,不能充分支持实体经济的发展。社会上一方面存在不少资金苦于发现不了标的而闲置,另一方面也存在许多项目囿于寻找不到资金而搁浅。资金资产的金风玉露一相逢,很大程度上需要行政指令的钦点,或者要以极大的交易费用为代价在市场上实现。显然这种配置能力是有限的,但却足以适应那个时代的需求。

现如今,我国金融市场经过近几年的快速发展,形成了相对完善的体系,

资本市场、货币市场、大宗商品市场和其他衍生品市场都已逐步建立与完善，社会资金和资产跨空间与跨时间的配置能力得到明显增强。金融市场脱离幼稚，渐趋成熟。但是由于很多原因，市场价格却是不均衡和不匹配的。价格的不均衡体现在需求与供给并没有出清。现实中的各种壁垒，仍然会限制资金与资产的自由流通。价格的不匹配体现在资产价格与潜在风险的不匹配，信息不对称是其根本原因，预期非理性则是其主要推手。所以，尽管目前的金融市场配置能力相对以往得到了明显增强，但是市场价格仍然不是很有效。市场价格的有效性不足又构成其他诸多问题的根源，例如来自实体经济的有效资金需求未能得到满足，同时又有很多资金在金融体系内部反复循环。

可见，以前金融领域的主要问题在于配置手段稀缺，资金资产际会无缘。现在金融领域的主要问题在于配置结果错乱，资金资产价格无效。以前的矛盾可以通过加强行政手段直接发挥配置功能得以缓解，高的资本收益率足以补偿所有效率偏低和风险承担的问题，从而与当时的经济增长目标相适宜；现在的矛盾则只能通过提高金融市场的有效性来解决，否则在资本边际收益降低的背景下，资本脱实向虚的问题就会始终存在。

金融领域主要矛盾的变化，使得金融监管的重要性愈发凸显。2018年《政府工作报告》依然强调对金融风险的防控，正是题中应有之义。

二、“新”在任务——“从无到有”与“从有到好”

在市场建设阶段，我们更加强调市场撮合交易的功能得到体现，而对交易本身的正确程度，会有更大的错误包容性。但是现在处于市场维护阶段，市场的配置功能已经可以发挥，我们则要重视使其有效发挥，才能维护金融系统的长期稳定、促进实体经济的长期发展。

通俗地说，中国金融领域过去的目标主要是“从无到有”，而今后则要面向“从有到好”。无论是市场还是监管，都是如此。

在“从无到有”的过程中，任何一种融资或交易方式，都是新事物。期间的金融监管主要目标有三个层次：一是防止新事物初生对市场造成负面冲击，这种负面冲击的例子在早年的国债期货市场上曾有表现；二是从试错的过程中吸取经验教训，从而完善监管办法，股票市场上的许多法规更迭就是试错后修正的结果；三是市场培育，使得新的交易方式、交易工具得到推广和认可。显然，这种多层次的目标必定是兼备了监管与发展的职能。职能的叠加自然会在一定程度上带来监管乱象。然而特定的历史条件要求监管与发展之间高度协同，并以发展为主、监管为辅，于是监管机构兼具发展目标就成为能够最快培育金融市场和监管能力的选择。也是基于同样的原因，历史选择在"从无到有"的阶段使用分权、分业的监管模式。因为在对如何监管的问题没有清晰认识的时候，贸然进行集权和统一监管，更可能制造出另一个乱局，而谨慎使用分权、分业监管，虽然难免乱象，却不会影响大局。但是，分权、分业监管只是一个过渡。如今，历史需要再次做出选择。

阶段的转换、目标的迁移，要求金融监管也要从各方面进行配套改革。当新事物变成旧事物、小市场变成大市场，当监管思路逐渐清晰、监管办法逐步完善，继续使用分权、分业监管，不仅会产生更多监管套利的空间，造成市场的不公平，影响资源配置的效率；而且不同监管机构之间的协调难度会随着市场的扩大而提高，市场主体要么投机取巧，要么无所适从。因此，在"从有到好"的时候，金融监管更适宜集权、混业监管，由一个中央机构统筹规划。"一行三会"向"一行两会"的转变，就是这种新时代要求下的产物。未来还有更进一步整合监管资源的可能。

三、"新"在手段——宏观审慎与微观自觉

在社会主要矛盾和金融领域主要矛盾发生变化的新时期，监管手段的重新调整也需顺时而动。这就不得不提及微观自觉和宏观审慎，以及二者的有机结合。

传统观点认为如果每个金融机构安分守己，那么金融系统就会稳健运行。这种观点忽视了金融机构关联性可能带来的隐患。在金融网络中，金融机构的紧密关联性兼有利弊：在常态下它能够迅速分散风险，促进金融稳定；在危

机中它将加剧风险传染和放大，破坏金融系统的功能，并影响实体经济。2008年金融危机表明，仅仅对微观个体的监管，并不能实现宏观整体的稳定。此后，宏观审慎的监管思路渐成主流，受到各国监管当局的重视，我国亦不例外。

在我们强调宏观审慎监管的重要性时，不妨回头再思考一下，为何微观自觉的作用会不及预期？如果市场对风险的揭示是充分的，更进一步说，如果风险溢价是合理的，那么许多会引发系统性风险的交易可能一开始就不会发生。例如，对于稳健经营上百年的雷曼兄弟而言，可能就不会持有那么多与次级债相关的资产，从而也不会有后来的破产和次贷危机。但无论试图做多少假设，也不能改变已发生的历史悲剧。问题是，这种悲剧是否还会重现？宏观审慎是否能够真的及时防止这种危机的酝酿？我们对此保持怀疑。毕竟监管似乎永远都是滞后于金融创新。除非阻止任何形式的金融创新，否则新的金融工具和交易方式就会酝酿新的风险类型。而监管必然是在识别出风险后才采取行动，而不可能也没能力在新的风险还没出现之前就做到未雨绸缪。所以，我们认为无论怎么夸大宏观审慎的作用，它只是治标，不能治本。治本的关键在于市场对风险的揭示和定价要足够有效，从而使得微观主体自身做到自觉自律，自动规避风险太大的交易，从而在源头上控制住催生系统性风险。而金融监管的作用，则是促进微观个体的自觉性发挥作用。

综上，金融系统的稳定性既依赖于监管机构的宏观审慎，也取决于金融机构的微观自觉。在过去，金融业的同质化严重，而未来不同的金融机构在竞争中将会发挥出各自的优势，金融业的异质性将会逐渐出现。异质化的业务将带来异质化的风险。如果继续采用同质化的监管办法，就会出现监管缺位和监管错位的情形。故而从更为具体的监管手段上说，监管机构要把握全局，在具体环境下识别具备系统重要性的金融机构、业务类型、交易模式、政策冲击，从而对异质性的风险采取异质性的监管措施。

四、结语

知人者智，自知者明。监管机构要做出明智的选择，前提是既能了解金融机构和金融市场的特性，又能认识到自身的能力边界。既不要违背市场规律，为正常的交易添加不必要的额外摩擦；也不要强自己所难，做超出自身“能力圈”的事儿。要发挥好的监管功能，监管机构应该比金融机构更了解市场。否则难以实现在面上的宏观审慎，也不足以引导市场主体在点上做到微观自觉自律。显然，新时代的到来对监管机构和监管队伍提出了更高的要求。

构建与经济高质量发展相适应的现代金融体系

肖利平

党的十九大报告提出，中国经济已由高速增长转向高质量发展阶段，正处在转变发展方式、优化经济结构、转换增长动力的攻关期。2017 年，中央经济工作会议指出："中国经济发展进入了新时代，其基本特征就是经济由高速增长转向高质量发展阶段。"2018 年，李克强总理在《政府工作报告》中进一步要求大力推动高质量发展，发展壮大新动能，提升经济发展质量。从经济发展的一般规律来看，在经济发展处于低水平的情况下，追求经济高速度增长，形成赶超性的经济模式，有一定的历史合理性。当经济发展到一定程度，结构性和体制性的问题和矛盾不断凸显，必须推动由高速度向高质量发展转变，才能保持经济持续健康发展。

怎样的发展才是经济高质量发展？以下要素不可或缺：第一，在发展方式上，必须由追求数量、速度向追求质量和效率转变，使全社会共享经济发展所带来的生活质量的提升；第二，在经济结构上，劳动密集型的传统产业的比重逐步降低，现代服务业、先进制造业等资本、技术密集型的新兴产业占据主导地位；第三，在增长动力上，必须由资源驱动型的旧动能向科技驱动型的新动能转换；第四，在资源配置上，必须真正发挥市场的决定性作用，提高资源利用效率，防止资源错配，特别是金融资源使用的低效和无序。基于这些基本要素，高质量发展阶段应该牵住两个牛鼻子：一是坚持创新驱动发展战略，以新业态、新技术、新模式重塑经济格局，改变生产和生活方式；二是打造现代金融体系，以支持实体经济创新为基本导向。问题的关键在于，如何建立相应的金融体系，进而推动经济高质量发展？

在传统的金融体系中，金融业主要是围绕传统产业展开服务的。传统产业以劳动密集型为主要特征，在发展过程中形成大量的有形固定资产，以银行为主的债权融资方式在很大程度上是与之相适应的。与传统产业不同，新技术、新业态、新模式等催生的新兴产业是知识、技术和资本密集型的，生产输出大多是以知识产权等无形资产呈现，且生产周期长、风险大等，与以债权融资方式为主的金融体系格格不入。随着技术迭代速度的加快，传统产业中的固定资产的贬值速度加快，银行等金融机构以固定资产为定价依据的金融体系风险日增。因此，建立与经济高质量发展相适应的现代金融体系，发挥金融在现代经济体系中的核心作用尤为关键。概括起来，现代金融体系应该围绕以下五大方向。

一、现代金融应当以服务实体经济为导向

金融是实体经济的血脉，现代金融应当在经济高质量发展过程中发挥关键作用。当前阶段，金融与实体经济在一定程度上相背离，实体经济发展受到较大的制约，金融市场风险隐患也在不断积累与暴露。金融服务实体经济不到位，金融业“脱实向虚”现象明显，金融资本在金融体系内部自我循环。在实体经济层面，资金从金融体系流向实体经济的中间环节增多，资金在金融体系内流转套利，资金流通链条被拉长，实体经济融资成本抬升，中小微企业融资难、融资贵，制约企业高质量发展。在金融层面，金融杠杆和流动性风险高，金融杠杆结构性失衡，期限错配风险加剧，流动性风险提高。金融机构通过表外理财、同业业务以及交叉性金融业务扩张，交易不透明，产品层层嵌套，规避金融监管进行套利，对实体经济和金融体系都形成风险隐患。因此，现代金融必须回归本源，真正服务于实体经济发展，提升服务的效率和水平。

二、现代金融应当发挥市场配置作用

十八届三中全会指出，使市场在资源配置中起决定性作用。金融资本作

为一种重要的生产要素，必须依靠市场提供有效的信号和激励机制，引导资源向经济效益和社会效益最大化的领域配置。目前，在供给侧结构性改革和金融"去杠杆"的大背景下，大量资源仍然源源不断流入"两高一剩"行业以及僵尸企业、地方政府融资平台等限制性领域。根源在于，金融资源并非完全是通过市场进行配置的，而是受到政府等非市场因素的影响，存在一定程度的资源错配。实现市场化配置应具备两个前提条件：一是产权问题，在产权不完备的情况下，很难有真正意义上的市场交易，完善产权制度是推进市场化配置的重中之重。二是价格问题，利率、汇率等金融的基本要素渗透到金融体系的各个环节，价格扭曲的市场不可能健康、持续发展，必须深化利率汇率市场化改革。现代金融体系应该充分发挥市场的力量，防止资源错配，提高资源配置效率。

三、现代金融应当优化社会融资结构

不同经济发展阶段需要不同的金融结构以确保经济运行的效率。在发展初期，金融体系的定位是为传统产业发展提供资金，间接融资偏好有抵押物的重工业，以银行为主导的间接融资占据绝对上风。与传统产业不同，高质量发展阶段以高科技企业和新兴产业为主，产出形态以技术、专利、知识产权等无形资产的形式呈现，获得的信贷资源相对有限，间接融资主导体系与经济高质量发展的矛盾日益凸显。2018 年《政府工作报告》指出要提高直接融资特别是股权融资比重。股权融资能够分散风险，无须提供足额的抵押物，没有定期还本付息的财务压力，比债权融资更加适合新经济。

四、现代金融应当扩大金融对外开放

中国金融是全球金融体系的重要组成部分，开放的金融市场是构建现代金融体系的题中应有之义。金融改革开放可以增强金融机构的市场竞争力，竞争力的提升又有助于金融市场的风险防范。具体来说，一方面，引进国外优秀的金融机构可以优化国内金融机构的公司治理，提高其风险管理和风险承受的能力；另一方面，外国竞争者进入可以发挥"鲶鱼效应"，竞争将迫使中国

金融机构改善服务，促使市场形成良好的竞争秩序，更好地为实体经济和公众服务。随着人民币国际化的加速、国际金融中心的形成以及金融支持“一带一路”的需求扩大，中国应该大幅度地放宽金融业的市场准入，允许外国资本在遵守中国法律法规的前提下进入中国资本市场，构建一个更加开放的现代金融体系。

五、现代金融应当健全金融监管体系

2017 年全国金融工作会议以来，“守住不发生系统性风险的底线”已经成为各界的共识。但是，必须清醒地认识到，现代金融体系的监管是为金融行业的发展提供一个规范的框架，以确保金融市场、金融机构等市场主体有法可依、有章可循。有效的金融监管并不意味着无所不至的“强监管”，甚至成为掣肘金融与实体经济发展的“坏的监管”，而是为实体经济高质量发展所需的“好的监管”，促使参与主体在监管体系内有效地发挥作用。不难发现，银监会和保监会合并组建“国务院金融委＋央行＋两会”的新格局，正是顺应监管需要的制度设计。在遵循金融发展规律的前提下，应该着力创新和完善金融调控，健全现代金融企业制度，完善现代金融体系，构建现代金融监管框架，促进金融与实体经济良性循环、健康发展。

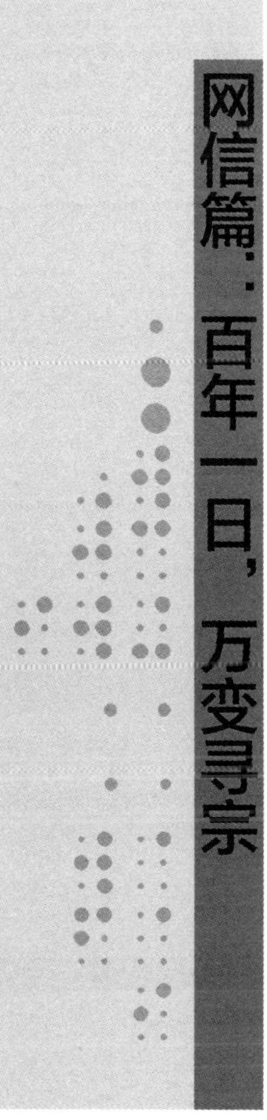

6 Part

网信篇：百年一日，万变寻宗

近期,“新经济”这一名词已经越来越多地出现在人们的视野当中,随着中国互联网经济的快速发展,与传统经济相对应的“新经济”已经展现出了越来越多的特质。为此,本书也专设网信篇一篇,以期通过更为深入的研究,探讨“新经济”所带来的变化,讨论如何应对“新经济”所带来的挑战,从而为当下“新经济”的更好发展提出有针对性的见解。

“新经济”与新机遇

吕随启

2018年3月3日，全国“两会”拉开帷幕。在《政府工作报告》中，过去5年，各项事业都取得了历史性成就。国内生产总值年均增长7.1%，经济实力迈上新台阶。中国经济已由高速增长阶段转向高质量发展阶段，“新经济”发展也是2018年全国“两会”的一大看点。那么究竟何为“新经济”，为何“新经济”会在当前的背景下兴起，关于“新经济”又有哪些投资机会呢？

一、“新经济”的概念

“新经济”的提法最早出现在1996年年底美国《商业周刊》的一篇文章里，主要是指在经济全球化背景下，信息技术革命以及由信息技术革命带动的、以高新科技产业为龙头的经济。众所周知，最近几年的技术创新主要来自信息技术的创新，以至于过去人们常常把与信息技术有关的新兴行业笼统地视为“新经济”。而在今天，技术进步的内涵已经大大扩展，除了信息技术，类似人工智能等其他技术有了更大的进步，从而“新经济”的内涵也更加丰富。

2016年“两会”首次将“新经济”写入《政府工作报告》，李克强总理公开阐述了“新经济”的内涵。市场普遍所理解的“新经济”，基本上围绕第三产业，主要集中在节能与环保、信息技术与信息服务、生物医药、新能源汽车、高新技术服务与研发、金融服务与法律服务等。其实“新经济”不仅限于第三产业，同时涉及第一、第二产业。比如第三产业的互联网、物联网、云计算、电子商务这些新兴产业与业态，以及工业制造中的智能制造、定制化生产，第一产业中有利于推进适度规模经营的家庭农场、股份合作制、农村三产融合发展等都属于“新经济”范畴。

因此,“新经济”的“新”体现在了诸多方面,如新的技术、新的行业、新的业态、新的驱动力、新的盈利模式等各方面,要发展“新经济”就要培育新的动能来促进经济转型,转变经济增长模式,实现产业升级。将“新经济”与产业结构的升级相结合具有更为重大的意义。

二、“新经济”的特点

对于“新经济”所呈现的特点,有“三低一高”的提法,即低失业、低通胀、低财政赤字、高增长。我认为这样的说法过于理想化,需要具体问题具体看待。比如低失业,从就业角度来说人工智能的出现,将会大大优化劳动力结构,提高劳动效率,降低劳动力的密集程度,被解放的劳动力如果不能顺利转型反而有可能造成新的失业。这要求我们在享受“新经济”的同时,也要注重“新经济”所带来的负面影响。而低财政赤字,只有在发展“新经济”的同时减少财政支出,或者“新经济”的发展创造更多财政收入的情况下才能达成。

除此之外,“新经济”的发展对企业也有重要的意义。“新经济”促使无形资产在价值创造中的作用不断变大,企业越来越注重将有形资产转移为无形资产,注重对无形资产的控制。这迫切要求企业提高核心竞争力,大幅度降低企业经营管理成本。“新经济”也增加了企业之间的关联度,因此只有拥抱新时代、拥抱新技术、拥抱新业态的企业才能跟上时代的步伐。

三、“新经济”带来的新机遇

“新经济”的发展势必带来新机遇,近年来呈现出了更加明显的趋势。2月28日,360完成借壳登陆A股,成为A股互联网巨头。A股也向“新经济”敞开怀抱,与“新经济”相关的一些领域出现投资机遇。

(一)消费升级

2018年,消费升级的趋势已经成为共识。消费升级反映到具体产业链上，集中体现在对衣食住行整体要求的提高与完善上，人们对于基础消费有了更高的追求。消费升级的另一个体现是高层次消费的涌现。2018 年我们可以继续重点关注零售、医疗、教育文化娱乐服务行业等。

（二）产业升级

在产业结构调整的基础上推进产业升级的步伐，升级能否完成与是否利用好“新经济”带来的机遇有至关重要的联系。其实“新经济”并非第三产业专属，同时也迅速渗透在第一、第二产业之中。行业内进行了新一轮的格局整合，龙头企业的效益得到了明显提高。新的一年产业升级配合国企改革的进一步推进，有望在电力、石油、天然气、铁路、民航、电信、军工等关键领域迈出实质性步伐。同样随着信息化不断完善的“智能制造”，及在互联网的带动下重塑传统模式的金融行业也值得关注。特别值得一提的是区块链的兴起与迅速扩张，通过将区块链技术运用到传统商业银行，金融业也以更加高效的方式创造更加快捷的服务。2017 年是区块链野蛮生长的一年。2018 年随着区块链技术的进一步推广与完善，围绕该项技术进行布局的应用场景中，都存在较大的投资机会，但是我们需要注意避免盲目扩张带来的影响。

（三）科技驱动

随着新技术的进一步推动，科技驱动下的相关产业有可能引发信息技术产业的新一轮变革。目前，围绕人工智能的核心硬件、芯片制造、网络基础通信制造以及相关的配套基础设施等产业，都有可能推动“新经济”更加快速地发展。

具体说来，“新经济”未来的发展方向如下：以机器人、3D 打印为核心的数字化技术；IT 革命涉及的物联网、IT 设备的变革；生物经济（医疗技术的进步、新医药、生物技术）；新材料的革命；体验经济（消费、娱乐、服务）等方面。总之，“新经济”所带来的机会非常多，发展速度非常快，但是万变不离其宗，我们应该加强研究，加大投入力量，抓住机遇拥抱新时代的新变化。

优化创新环境，建设高质量创新强国

刘　冲

2018年《政府工作报告》提出“加快建设创新型国家”，进一步明确了创新在经济发展与国家战略中的重要地位。近年来，中国政府积极推动创新事业，提供了人才、税收、金融政策等多方面的支持，科技创新能力显著增强。就创新活动本身来看，一方面创新资源投入不断增加，R&D（研发）人员总量为世界第一，R&D经费总额为世界第二；另一方面创新活动产出也逐步增长。截至2015年，中国发表的SCI论文被引证次数为60万次，占全球比重达到19.9%，国内发明专利授权量位居世界第一。

然而，在辉煌的数量优势背后，我国创新质量不尽人意。我国国际科技论文数量居世界第二位，但在高精尖领域（如先进材料、信息通信技术与高端医疗仪器上）自主创新成果仍然很少，如具有较高含金量的PCT认可专利，仅占到中国专利申请总量的4%。科技成果转化率远远低于发达国家，专利技术交易率只有5%。在企业层面，创新本应是采取新技术与新工艺，带来生产效率提升的一种实质性活动，但我国企业自主研发的激励较弱，即使是在上榜世界500强的中国企业中，平均研发强度也只有1.24%，远低于世界500强公司3%—5%的范围。此外，基础研究领域投入不足也成为我国一块明显的短板，近年来我国基础研究方面投入占研究总投入的比例仅为4%，远远低于OECD国家17%的整体水平。

中国创新质量不足的现状，不仅具有发展中国家的普遍性，还有着自身的特殊性。笔者认为这需要我们从制度设计、创新氛围、融资环境等角度来寻找深层问题与根本解决办法。

一、改革科技管理体制，激励高质量创新

为了提高企业科技创新力，近十年来，很多地方政府出台了旨在促进企业多申请专利的政策，对专利的申请与维持给予补贴，对拥有专利的企业实行税收优惠。但这种片面强调专利数量的政策可能会导致部分企业为了税收优惠而去购买没有实际产出的专利，个人为了得到奖励而频繁申请技术含量不高的专利。2015年，中国国内专利授权数量世界第一，但其中超过60％的专利是含金量较低的实用新型与外观设计专利。在更能反映专利质量水平的三边专利的申请中，美国和日本企业的申请数量是中国的10倍以上。

笔者认为，我国应从注重数量逐步转向注重科研成果的质量，进一步提高对高质量成果的奖励。在科技投入上，对人才的重视应强于对先进设备的重视。在评价考核上，高校应改变单一的评价指标，准确评价多种形式的研究活动。政府在对企业进行政策支持时，也要注意避免对市场的过度干预，更多鼓励对知识产权的保护，同时加强对创新文化的培养。正如《政府工作报告》中提出的“改革科技管理体制”一样，力求创造公平、健康、有活力的创新环境，把握好多方面的平衡。

二、产学研协同，培育创新氛围

在知识经济时代，能创造知识的不仅是传统的大学与研究所，企业同样是知识产出的重镇；同时，能带来经济产出的不仅是企业的产品技术，还有高校的研发成果。因此，由洞悉市场需求的企业与长于原理技术的高校、院所合作，可以在现代科技成果转化这一复杂的链条中，实现各个环节的优化分工。

在产学研协同领域走在前列的发达国家已经建立起了企业、非营利机构、大学、政府共同合作的社会创新生态体系。例如美国，在大学内部已经建立起技术转化办公室、概念证明中心、科技园等多样化的孵化机构，甚至是大学衍生企业——它们既熟悉科技转化的流程，又能有效确定研究的市场潜力，在大

学成果应用过程中发挥显著作用。

自1992年国家经贸委、教育部、中国科学院共同组织实施“产学研联合工程”以来，我国建设了一批产业化基地，毗邻高校建设国家科技园，推动80%以上的国有大中型企业与大学合作开发，产学研取得了一定成绩。但由于不同体制的分隔，社会创新文化氛围不浓，我国院所、高校、企业各自作战的局面尚未被真正扭转。《政府工作报告》中提出“鼓励大企业、高校和科研院所开放创新资源，发展平台经济、共享经济，形成线上线下结合、产学研用协同”。三者的合作将推动基础研究、应用研究与成果转化这同一链条上的各个环节相互促进，未来还可从高校、企业、科研院所之间个别单向的联合走向三者多向的联合，这对于我国企业创新活力的增强、大学体制的转型都有关键意义。

三、强化金融支持，优化创新环境

科技企业前期高风险、高投入的特点决定了其非常需要金融支持。我国金融体系以商业银行为主，而商业银行需要抵押资产与稳定回报，与科技型企业在风险、流动性方面不能较好适应。很多具有成长潜力的科技企业都是中小企业，这一批企业得不到资金支持，是我国经济创造力的一个长期阻碍因素。针对我国以商业银行为主的金融现状，我们应该鼓励商业银行创造适应不同需求的科技信贷产品，减少期限错配，搞活融资渠道。

科学技术的创新从产出看有正外部性，从投入看有风险性，由政府提供担保，信用等级更强，可以使科技企业更容易在资本市场获得更加低成本的资金。笔者认为可以尝试设立国家融资担保基金，进一步优化科技企业、中小企业的融资环境。

多元化的创新发展离不开多层次的资本市场。针对我国风险投资、天使投资发展不足的现状，可将创业投资、天使投资税收优惠政策试点范围扩大到全国。同时适度放松对风险资本来源的限制，增强其组织的灵活性。还可不断丰富信用债市场，丰富适合中小企业的高收益债券、项目收益债等融资产品种类。强化升级本土金融市场，有助于我国把握世界新一轮科技革命与产业转型的大势。

四、结语

世界正进入一个科技格局与产业结构迅速变化的时期，但我国在核心领域关键技术上落后于发达国家的格局还没有从根本上改变。我国创新环境建设仍然需要完善：用数量衡量成果，导致创新高数量、低质量；学术、科技转化难，创新氛围薄；知识产权保护力度不足，创新优势小；银行信贷、政府补贴有限，创新成本较大；更重要的是在高端人才资源上受到严重制约。

当前我国的科技创新迫切需要由数量到质量的转变，从科技大国转变为科技强国的任务也非常艰巨。除了广大科技人员要志存高远、勇攀高峰外，尤其需要政府部门锐意改革，为自主创新提供科学的机制保障和良好的创新环境：去除制度障碍，实现院所、高校和企业的协同创新，减少重复劳动、提高创新效率；改变单一的论文导向，让各类研发活动得到合理的评价。我国提出要在 2030 年“跻身创新型国家前列”，在 2050 年“建成世界科技创新强国，成为世界主要科学中心和创新高地”，要实现这一目标，设计出合理有效的创新创业政策，推动创新事业取得实质性的发展，仍然需要智慧与决心。

加快发展数字文化创意产业，深度融入全球价值链

申海成

一、数字文化创意产业发展促进产业融合，催生了新业态

2018年《政府工作报告》指出："紧紧依靠改革破解经济发展和结构失衡难题，大力发展新兴产业，改造提升传统产业，提高供给体系质量和效率；做大做强新兴产业集群；加强新兴产业统计；服务新业态新模式异军突起，促进了各行业融合升级。"

2017年1月国家发展改革委1号文发布《战略性新兴产业重点产品和服务指导目录》(2016版)，将数字创意产业列入八大战略性新兴产业，并细分为数字文化创意、设计服务、数字创意与相关产业融合应用服务三个重点方向，八个细分产品和服务。

数字文化创意以其易传播、有创意和讲故事的特点成为新兴产业，同时和其他产业融合催生了新业态。一些著名音乐人将古筝、唢呐、大鼓等民族音乐和民族元素放到音乐中进行融合创新；2013年，故宫博物院将历史文化中典型的图文融合到现代软件中，陆续推出一系列具有独特文化特色内涵的APP；2016年《我在故宫修文物》在央视播出，并在网络视频网站获得超高点击率，使大众更深入地了解了"工匠精神"，上述一系列举措将文化产品创意转化为数字产品，不但加速了文化产品的传播速度，充分发掘其价值，还能促进"文化+"产业的融合，特别是促进"文化、科技、金融"等产业的高度融合。

二、衡量数字文化创意产业融入全球价值链的三大指标

近年来，中国数字文化创意产业作为战略性新兴产业发展取得了长足进步，中国数字文化创意产业增加值已经从2002年的789亿元增加到2014年的2 890亿元，占世界数字文化创意产业增加值的比重也已经从2.6%上升到9.5%。

由于投入产出表中很好地显示了中间品的投入和产出，所以对数字文化创意产品增加值分解，理清中国数字文化创意产业增加值的真正来源、规模以及行业关联度对其深度融入全球价值链非常有意义。利用世界投入产出数据，可将融入全球价值链程度细分为中间品关联、增加值关联和投入产出关联三个指标。从2002年到2014年，中国数字文化创意产业中间品关联指数总体呈上升趋势，但上升幅度较小，关联水平较低，参与全球价值链程度有微弱增强，相对全行业参与全球价值链程度，数字文化创意产业参与全球价值链水平较低；增加值关联2009年以来波动明显，在样本周期内波动幅度大于3%，并且总体呈增长态势，说明中国数字文化创意产业参与全球价值链有增强趋势；投入产出关联指数关联程度很弱，说明中国数字文化创意产业参与全球价值链的水平较低。总之，中国数字文化创意产业实际增加值在全球的比重不断上升，2002年至2014年其融入全球价值链的程度更加深化了，但与其他产业的关联程度很弱，融合较强的产业依次为电信、电子产品和房地产。

三、加快发展数字文化创意产业的因应之策

（一）增加数字文化创意中间产品的进口和海外投资

由于中国数字文化创意产业整体水平发展不高，增加值率较低，增加数字文化创意中间产品的进口，不但能使中国数字文化创意产业更深入地融入数字文化创意产业全球价值链，而且对提升中国数字文化创意产业水平至关重要，尤其要重点增加与数字文化创意产业相关联行业的高技术中间品进口。

政府应通过降低所得税和补贴等各种优惠措施，鼓励企业增加数字文化

创意中间品的进口，特别要鼓励有条件的企业积极参股、控股和并购海外数字文化创意企业，引进更先进的数字文化创意技术和人才，借鉴先进的管理经验。

企业应该更注重文化创意的原创性，将中华传统文化中更多的“好故事”融合到数字文化创意产品中；同时，由于文化产品的传播既传递产品的价值，也传播价值观，所以企业比政府更有优势在海外搭建中华文化的传播平台。讲故事是信息传播的最佳形式，讲故事既要讲事实、讲道理，更要讲形象、讲情感，讲形象能打动人，讲情感能感染人。企业应该提供更多优质的内容产品，讲好新时代中国故事，为人民过上美好生活提供丰富精神食粮。

（二）强化数字文化创意产业与其他产业的融合

从发达国家数字文化创意产业近十几年来的发展轨迹和经验来看，数字文化创意产业融合较强的产业为电信、其他服务、计算机电子产品制造、房地产、法律会计咨询、金融服务。而中国数字文化创意产业中计算机电子产品制造、法律会计咨询、工艺建筑和金融服务投入比重极少。中国相关部门不但要鼓励文化创意产业优先融合什么产业，更要制定相应的配套政策，既鼓励大型文化创意企业原创作品数字化，也要鼓励科技、金融支持中小文化创意企业的发展。一方面，数字文化创意产业融合其他文化创意产业，比如与传统民俗文化融合，这既有利于加快传统民俗文化传播的速度，也有利于传统文化的活化和传承；另一方面，数字文化创意产业与电信、计算机电子产品制造、工艺建筑和法律会计咨询的融合也至关重要。数字文化创意产业的发展既需要文化制造业和其他相关制造业的支撑，也需要融合度较高的服务业的高度融入。

数字经济，中国未来

潘水洋

2018年3月5日上午，国务院总理李克强在第十三届全国人民代表大会第一次会议上的《政府工作报告》中提出："快速崛起的新动能，正在重塑经济增长格局、深刻改变生产生活方式，成为中国创新发展的新标志。"报告中提到的新动能即以"互联网+"为核心，以大数据、云计算、物联网技术为载体的数字经济。数字经济，亦可称为信息经济，是农业经济、工业经济之后的一种新的经济社会发展形态。国家从战略高度再提数字经济，有着其现实的意义和背景。

第一，数字经济时代下，信息高速公路建设将成为国家基础设施投资新方向。自2008年金融危机以来，国家为振兴经济，大力投资建设基础设施，中国的交通运输网络日益完善，高铁、高速公路、市政道路乃至村村通公路的大力建设，已经形成从主干到毛细的闭环，未来交通基础设施投资会逐渐降低。在客观世界，除了物质和能量，还有另一个极其重要的存在，即信息。信息对经济活动的意义，到了数字经济时代，变得跟物质和能量同样重要。20世纪90年代，美国新建了信息高速公路，对克林顿时期美国经济的繁荣起到了至关重要的作用，也帮助美国将其世界第一的竞争力延续到现在。而我国由于社会主义初级阶段的基本国情，国家有大量其他国计民生的重大事务要解决，因此，我国的信息基础设施相对发达国家是落后的。因此，在这个领域的基础建设，还大有可为。并且，随着人类社会进入移动互联网时代，无论是企业还是个人，对信息的需求呈现出爆炸式的增长，建设我国的信息高速公路，也变得至关重要。

第二，数字经济是消除信息不对称引起的市场失灵、生产效率低下的灵丹妙药。数字经济时代下，建设好信息交通网络，就能在基础设施层面，将整个中国从客观世界的物质、能量、信息上，形成一个统一的大市场，从而消除地方保护主义和内部贸易保护，使中国的内需市场扩充到它能够扩充到的最大范围，市场的更大规模化，将更利于内部分工合作，更利于提高市场的生产效率，更利于先进技术的运用。而随着信息高速公路的建成，利用已有的数据终端，将极大地便利个人和企业对信息的获取。信息的高度共享和光速传播，将最大限度地消除市场中的信息不对称，进而消除由于信息不对称带来的市场效率低下。在数字经济建成的阶段，由于市场信息不对称现象已经灭失，在信息的层面上，市场将高度同一化，市场主体将在统一的外部基础和市场环境下经营，在共同的开放平台上自由竞争，这将极大地激发市场主体的主观能动性，提高市场竞争的效率。在数字经济时代，传统的依靠信息不对称进行制度套利的盈利方式将失去空间，企业为了在市场竞争中占得先机，将更加注重对新技术的应用及自身组织的创新以实现更低成本的运营、更高效率的生产，经济系统在数字经济时代将达到更高水平的均衡。

第三，数字经济是解决生产相对过剩的有效技术手段。在西方，生产的相对过剩曾是经济学的一大难题，从信息的角度去理解，这是由于生产者和消费者甚至包括供货商之间的市场信息不对称导致的生产和消费失衡。生产的产品没有有利可图的市场，消费者的需求也得不到有效满足。借由信息共享的数字经济发展，就能使生产者、消费者、供货商在统一的大平台上彼此获得相互间的有效信息。生产者可以通过低成本渠道获得消费者的需求信息，进而生产出贴合有效需求的产品。供货商也可以以此来积极备货，甚至由于信息的一体化，供货商将实现零库存，使生产者生产出来的商品即对应消费者的有效需求，为需而产，进而彻底消灭相对过剩。发展到极端情况，供货商就会消失并演变成配送方，最后达到以需定供的程度，进而杜绝生产消费过程中的资源浪费现象。在我国，也有产能过剩的危机，从本质上来说，也是一种相对过剩，市场有效需求不足，而产能却因投资过多而变得过剩。去产能会引起大量资源被浪费，社会生产极度低效化。数字经济的发展建设，能使整个市场的信息高度共享，产能也能根据实际需要来决定，这就从源头上遏制了产能的过剩，无论是对国民经济运行，还是对社会的长治久安都是一件功利千秋的事情，从这个意义上来说，数字经济的建设不仅战略长远，而且意义重大。

数字经济的高效发展离不开顶层设计。在政策和制度层面上，国家应当给予数字经济足够的自由空间和谨慎保守的监管，使其能在最大程度上解放生产力，发挥市场主体自身的创造性，激活市场的创新精神，形成一个极具活力的市场环境。在所有的制度中，知识产权的保护显得尤其重要，结合我国的现实情况，在这方面更需要具有智慧的制度环境，在促进竞争的同时保护创新的经济利益，用市场的手支撑市场的创新。国家在支持企业发展壮大形成规模效应的同时，也同样要重视反垄断，由于数字经济的特殊性，往往形成赢家通吃的市场格局，为了市场的长期效率，国家有必要制定切实可行的反垄断制度，以制约企业的垄断带来的缺乏经济效率的寡头竞争。在国家战略的高度重视下，我们已看到了数字经济辉煌时代的曙光！

“数字货币”作为“货币”的发展可有多层空间

刘宇飞

以比特币为代表的数字货币的交易行情从2017年到2018年再度经历令人咋舌的暴涨暴跌，对其如此肆意发展的质疑之声也随之高涨。在这一背景下，2018年“两会”期间，即将卸任的央行行长周小川在中央银行专场新闻发布会上，正面回应了社会对于数字货币发展的关心，明确表示反对将数字货币当作虚拟资产来炒作，主张数字货币的发展，应该考虑给消费者、给零售市场带来效率、带来低成本、带来安全隐私的保护，以及要保证货币政策、金融稳定政策的传导机制。可见，央行并没有因噎废食之意，不像有评论所说，要让此类数字货币“归西”。而是一方面稳步推进央行数字货币的研发，另一方面也并不反对非央行的数字货币作为“货币”的发展。更进一步，可以说数字货币作为“货币”的发展完全可以有多层空间。

以比特币为例，其作为虚拟资产被炒作的表现极具戏剧性，其交易价格从初创时只值几美分，到2011年4月第一次上升到1美元，进而，在各种因缘际会、经历数番大起大落之后，到2017年12月中旬暴涨到2万美元，继而又很快跌落至1万美元，甚至6 000美元。人们有幸或不幸地见证了17世纪荷兰的“郁金香泡沫”或20世纪80年代中国的“疯狂的君子兰”的活生生的当代翻版。直呼其为骗局，呼吁限制、禁止和取缔的声音不绝于耳，并且矛头指向往往是所有此类数字货币。恰好我国央行近年来已明确发行法定数字货币的政策意向，这就使得对比特币类的数字货币的存与废的选择看似不言自明了。但是有一点不该忘记，郁金香和君子兰是无辜的。比特币类数字货币之所以被选中来炒作，并且是“爆炒”，一定也是因为人们发现了它们作为货币的潜在特质和独特之美。

经济学家通常从货币的交易媒介、价值尺度和价值储藏手段等职能来定义货币，并且从作为货币的材料应该具有的良好的物理特征、市场特征和制度特征来把握和判断一种“东西”是不是堪当货币。其中，市场特征和制度特征尤其值得再做强调。前者指的是，作为货币的材料在不同的市场上的预期价格应该比较稳定；后者则指该材料作为货币应该被正规的和非正规的制度安排所接受。或者借用弗里德曼的话说，货币就是人们通过规定的程序，把它们选来并指定为货币的东西。

官方货币或法定货币自然更容易符合这些特征，无须赘述。但广义来看，这一特征不是只有官方货币才有。回顾货币史，所谓“法令货币”“菲亚特货币”(Fiat Money)是到晚近才出现的。货币史上曾经出现过各式各样的“货币”，各种商品货币和金属货币自不必说，也包括雅普岛的石币。该种货币通常存放在家门口或村里的空地，在交易发生后，虽然石币的所有权发生了转移，但仍可留在卖家的门口，甚至都不愿费力去做个标记，但全村人都知道并认可该块石币的所有权发生了转移。穿越时空看比特币，不过是利用了先进的计算机技术和所谓分布式记账的原理做了同样的事情而已。所以，以比特币没有“法偿性”或没有政府信用背书等断言其不具货币属性，就把问题简单化到没有讨论的必要了。

如果比特币类的数字货币也可以是货币，那么进一步要澄清的问题至少有二：一是当下其“郁金香化”对其作为货币的影响怎样？二是其与官方货币的关系究竟怎样？

虽然在连番炒作之下比特币的“郁金香化”极大地提高了人们对数字货币的关注度和期待，甚至被认为代表着货币的未来，但是毫无疑问也严重扭曲了其作为货币的属性，使其难以发挥作为货币的基本职能。不仅用于交易媒介的少而又少，而且也难以作为价值尺度为商品标价。试想，原本就是一帮看好比特币的人，接受并认定了奠基者中本聪发起的算法或规则，玩起了数字货币的游戏。如果没有炒家，那么买家与卖家“高大上”地通过支付和收取比特币完成交易，岁月静好。不想不幸被炒家看中，把价格炒得能上天，除非是真爱，谁还会用它买一杯咖啡？而咖啡店老板又该如何计算用比特币为一杯咖啡标价的“菜单成本”？

更严重的是，当下数字货币的发展因其“郁金香化”而遭遇越来越多的误解和嫌弃，经常看到有关报道或舆情将各国的限制性措施视为对数字货币的打压，乃至说到废除，无端地恶化了数字货币的生存和发展的环境。这更凸显了推动数字货币回归“货币”正途的必要性。不该错把数字货币的交易混同于数字货币的发展，正如不该混淆了作为炒作对象的郁金香和作为花儿的郁金香。正如历史上郁金香泡沫最后的破灭，丝毫不影响其作为鲜花为人们喜爱至今。限制现有数字货币的交易，当然不该也不会是限制数字货币本身的发展，而是恰好相反。

再看比特币类的数字货币与官方货币的关系，一直以来或隐或现地有一种认识可以被称为“取代说”，认为比特币具有取代现有官方货币的潜力，所谓其代表着货币的未来。但这种说法在很大程度上可以说是对比特币来势凶猛的一种比喻和形容，甚至可以说是比特币炒家所用的一种“话术”。粗略了解比特币的特点就不难了解到，其基础算法和使用规则、相关设备和网络的限制，以及人们的接受程度等，都决定了它只能供有限数量的人在有限的场景下使用，完全不具备取代官方货币的实力和势能，无论是现行官方货币及其数字化，还是未来的法定加密数字货币，都谈不上取代。从基础设施层面看，现有比特币类的数字货币无非是可以在特定的网络空间为其成员提供货币相关服务的一种“社区货币”而已，与官方货币明显位居不同的层次，完全可以各自走路，各不相扰。

现实中的“社区货币”作为“补充货币”在历史上其实早有发展，特别是服务于那些缺少官方货币的退休老人或刚刚参加工作的年轻人的各种名目的“小时币”“时间货币”，或者一些网络社区发行的“货币”，允许社区成员通过为其他成员提供服务挣得这种货币，再使用该种货币换取自己所需要的产品和服务。作为官方货币的补充，这种社区货币为改善这些缺少官方货币的社区成员的福利起到了积极作用。比特币类的数字货币虽然在生成机制上不同，以采用数字化加密技术为主要特点，但从其在社区成员的小圈子内得到认可并使用这一点来看，并无本质差别。

将比特币类的数字货币定位在“社区货币”的“补充”地位上意义重大，可以避免在思考其未来发展前景时落入思维陷阱，比如似乎如果它不能一统数字货币天下，就意味着它没有发展前途。恰好相反，服务好那些看好它、偏好它、选择它的社区成员，它自然就会获得存在和进一步发展的理由，反之当然就没有前途。进而，也可以宽容看待同类的数字货币，不会再将竞争性的数字货币贬称为“山寨比特币”。也无须再担心同类数字货币之间的良性竞争，因为这种竞争所带来的可替代性数字货币供给的增加，可以为数字货币的炒作活动降温，从而抑制哄抬价格。

尤其重要的是，对比特币类的数字货币的这一定位也意味着，在未来数字货币作为货币的发展战略中，仍有非官方数字货币的发展空间。循这一思路，在这一空间里，不仅可以有现行比特币类的数字货币，还可以有各类传统社区货币的数字化开发、商业银行自己的数字货币的开发、企业货币的数字化开发等。“数字货币”作为“货币”的多层次发展的前景，值得期待。

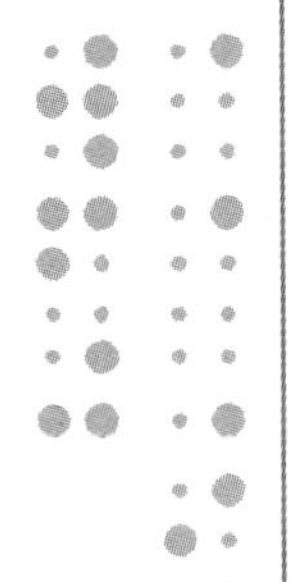

如何破解保险科技监管难题

陈　佩

党的十八大提出“创新驱动发展战略”。党的十九大指出：“创新是引领发展的第一动力，是建设现代化经济体系的战略支撑。”2018年《政府工作报告》指出：“五年来，创新驱动发展成果丰硕，科技进步贡献率由52.2%提高到57.5%。”近年来，科技创新与金融业的融合发展不断加深，金融业为科技创新提供支持，科技创新也正在改变金融业态。金融科技，尤其是保险科技风起云涌，在推动产业升级、促进国家供给侧结构性改革中发挥重要作用。

金融科技（FinTech）随着信息技术的不断发展而产生，保险科技（InsurTech）则是金融科技的重要分支之一。国际保险监督官协会（IAIS）将保险科技定义为“金融科技在保险领域的分支，即有潜力改变保险业务的各类新兴科技和创新性商业模式的总和”。纵观我国保险科技的发展历程：“互联网＋保险”的起点以2000年平安上线“PA18”为标志，以2013年众安在线保险公司获保监会批准成为国内首家互联网保险公司为标志进入专业化运营阶段；目前处于快速发展阶段，表现为人工智能、区块链、物联网、基因检测等科技在保险领域的广泛运用。”根据保监会的数据统计显示：“2016年全行业已有50余家机构与第三方社会化云平台合作；117家保险机构开展互联网保险业务，实现签单保2 347.97亿元；新增互联网保险保单61.65亿件，占全部新增保单件数的64.59%。”

保险科技的快速发展正在重塑保险业生态，在产品精准定价、提供差异化服务、提高业务效率以及促进普惠金融方面发挥积极作用，推动保险业回归本源，进一步发挥风险管理和保障功能。但也应看到，保险科技的发展带来了新的监管挑战：科技应用加剧了监管机构与企业之间的信息不对称问题；信息安全和个人隐私保护的难度加大；监管滞后和监管空白可能带来新的监管套利；保险科技发展带来的风险具有隐蔽性、复杂性和传染性的特征，需更加警惕系统性风险的发生等。

笔者认为破解保险科技监管难题应从以下三点出发：

第一，优化监管体制。科技在金融行业的运用，进一步加深了银行业、证券业和保险业之间的综合经营趋势。我国自 2003 年银监会成立起，“一行三会”分业监管的金融监管体制正式建立，面对综合经营的市场现状，分业监管存在监管重复、监管缺位和监管职责不明确的问题。国家正在逐步优化监管体制以解决当前监管中存在的问题。2017 年 11 月，国务院金融稳定发展委员会成立，以加强金融监管协调、补齐监管短板。2018 年 3 月 17 日，十三届全国人大一次会议第五次全体会议表决通过的《国务院机构改革方案》中提出“将中国银行业监督管理委员会和中国保险监督管理委员会的职责整合，组建中国银行保险监督管理委员会”，自此“一委一行两会”新的金融监管体制形成。金融监管从纵向的机构监管转向横向的功能监管、行为监管，有利于明确监管职能、减少监管空白及监管交叉，适应综合经营趋势下防控系统性金融风险的需要。金融监管体制改革是一个渐进的过程，未来在条件成熟的情况下，可以考虑进一步优化金融监管框架，由国务院金融发展稳定委员会对金融监管进行统一协调，中国人民银行实施审慎监管职能，银保会、证监会二会合一成立金融监督管理委员会实施行为监管职能，以实现全面监管，有效防范金融风险。

第二，明确监管目标。金融监管与金融创新之间的关系如何平衡，金融监管如何兼顾安全与效率，一直以来就是监管者面临的难题。在第四次工业革命时代，科学技术发展呈现“从科学原理和规律的探索揭示到产业化之间的周期越来越短；一体化的趋势越来越强；发展速度呈指数级增长”这三个规律。在此背景下，金融科技、保险科技对创新的要求前所未有，需要重新审视金融监管与金融创新之间的关系，预防新一轮的金融创新引发金融危机。从我国当前的监管趋势看，无论是全国金融工作会议还是中央经济工作会议，都强调防控金融风险的重要性，金融监管目标将安全性放在第一位。当然，金融监管目标是一个动态发展的过程：在保险科技发展初期，扩张速度较快，创新风险较大，监管目标侧重于强调安全；当保险科技发展到比较成熟的阶段，由高速度转入高质量发展阶段，监管目标则应侧重考虑提高保险资源配置效率，以提升保险业的国际竞争力。

第三，创新监管方式。一是建立"监管沙盒"(Regulatory Sandbox)制度。保险科技创新带来的监管难题是各国都面临的问题，各国也纷纷出台相关的创新监管政策，目前"监管沙盒"制度在英国、澳大利亚、中国香港等国家和地区已达成共识。"监管沙盒"最早由英国金融行为监管局(FCA)提出，是指由监管机构提供一个"安全空间"，金融创新机构在符合特定条件的前提下，可申请突破一定的规则限制在该空间内进行金融科技创新测试。对金融创新机构而言，在符合保护消费者利益、确实有创新需求以及相关条件的前提下，申请进入沙盒进行测试，有利于创新企业获得更多的融资、在更短的时间内推出其创新产品。对监管机构而言，通过参与机构创新的全过程，能够及时掌握行业最新发展趋势和风险点所在，有利于提高政策制定的科学性，降低监管成本。结合我国监管实际，建议由国务院金融稳定发展委员会牵头，出台"监管沙盒"相关政策，建立沙盒制度，以实现监管与创新之间的平衡。二是引入监管科技(RegTech)。随着金融科技的快速发展，面对新的监管形势，各国开始在监管领域探索应用监管科技。监管科技最初是指金融机构为降低合规风险，减少因不合规带来的损失，应用科技手段以实现高效达到监管要求。金融机构对监管科技的大量应用无疑倒逼监管机构改革，建议在保险科技监管中充分应用大数据、云计算、人工智能等技术，以提升监管技能、提高监管效率，降低新技术运用给监管带来的冲击，实现监管的实时性、有效性。

文化篇：独步天下，盛德卧心

7 Part

文化作为一种上层建筑，其对于物质基础的发展具有能动作用，强大的国家必然有其自身强大的文化。当下我国的强国之路离不开自身的文化建设。本篇将立足文化发展，并分享各位作者对于文化建设的相关思考，以期分析文化建设对于我国经济发展的重要意义。

发挥企业家精神，推动社会经济全面发展

周建波　李　婧

习近平总书记在十九大报告中表示，要激发和保护企业家精神，鼓励更多社会主体投身创新创业。2018年3月5日，李克强总理在第十三届全国人民代表大会第一次会议上向大会报告政府工作时，明确提出："激发和保护企业家精神，增强企业家信心，让民营企业在市场经济浪潮中尽显身手。"的确，在当前经济转型的关键时期，企业家不仅应当提高投资热情、坚守实体经济，更应当弘扬企业家精神、承担社会责任。

改革开放已40周年，在中国共产党的领导下，中国人民凭着一股逢山开路、遇水架桥的闯劲，凭着一股滴水穿石的韧劲，成功走出了一条中国特色的社会主义道路，其中，涌现出了一批优秀的企业家，形成了初步的企业家精神。"两会"召开前，《经济日报》报业集团旗下的《中国企业家》杂志、中国企业家智库联合发起"百名企业家两会调查"，在问及"您眼中的企业家精神包括哪些内容"时，有77.78%的企业家认为创新力是其重要组成部分，比例位列所有选项之首。然而，在当今提及企业家精神时，我们往往会想起其在生产领域表现出的敢闯的熊彼特创新精神，而常常忽略企业家在消费领域和分配领域中需要具备的勤劳节俭和经邦济世的精神。

早在1912年，美籍奥地利经济学家熊彼特在其著作《经济发展理论》中，便将创新作为一种生产要素和生产条件的"新结合"引入生产体系，并且认为创新是社会经济增长和发展的动力。这一独具特色的创新理论很好地解释了社会经济的发展动力以及经济危机的爆发原因，奠定了熊彼特在经济思想史

中的地位，也开启了经济学中创新研究的新领域。在"创新理论"中，熊彼特认为，任何企业、行业及经济体的发展都必须要靠供给者内生的创新来驱动，通过这种创造性的"质变"过程，旧的生产方式将被破坏，新工具或者新方法将被应用，新的发展将会被实现。在此进程中，以实现这种"新组合"为职业的"企业家"将会扮演主导性的角色，对于企业、行业或经济组织的发展产生至关重要的作用，他必须拥有足够的理性、明确的目标、征服的意志以及创造的欢乐，从开发新产品、创造新生产方式、开拓新市场、寻求新供应来源或者组建新组织等方面实现新的组合方式。自改革开放以来，社会中不乏具有敢闯精神的实业家，诸如张瑞敏、任正非、柳传志、马云、马化腾等，这使得中国经济稳步提升。然而，创新精神并非衡量企业家品质的唯一标准，也并非促成企业家成功的唯一要素，在高度重视创新精神的同时，企业家有时抵御不住外界的诱惑，难以坚守勤劳节俭的品质，缺乏互利共享的意识，忽略了对自己、对他人、对社会应负的责任。针对此现象，学习德国著名政治经济学家马克斯·韦伯和华人著名历史学家余英时对于勤劳节俭、互利共享精神的论证具有重要意义。

正如马克斯·韦伯在《新教伦理与资本主义精神》中所阐释的一样，勤劳和节俭对于企业家而言意义非凡。以经马丁·路德和加尔文改革后的基督新教为例，它作为欧美资本主义社会的伦理基础，其教义具有两个重要特点：一是勤劳。它将努力增加自己的资本并以此为目的的活动视为一种尽责尽职的行动，当作一种职业责任、一种美德和能力的表现。二是节俭。对新教徒来说，财富的享受虽然是绝对禁止的，但通过努力工作获得财富却是必须要践行的，毕竟努力工作的结果是报酬增加。但这同时也增加了外面的诱惑和腐败的风险，由此会导致资本主义发展动力的下降。而崇尚善行，奉行节俭，把工作所得交给上帝，不但会极大地降低腐败的风险，保证资本主义的发展有持久的动力，还会为资本主义的不断发展准备日益扩大的市场。

余英时受韦伯新教伦理理论的启发，参考韦伯的写作框架，写出了《中国近世宗教伦理与资本主义精神》一书。他认为明清商品货币经济能够大发展，是与六祖惠能推动下的面向现世、面对此岸的新佛教——禅宗，以及在其影响下最终形成的儒释道三教合一的价值观分不开的，这奠定了宋元明清的商业伦理。与改革后的基督新教相似，它也有两个特点：一是勤劳，“一日不做，一日不食”“少壮不努力，老大徒伤悲”等成为大众俗语，对人们的经济活动起到了指导性的作用；二是节俭，这要求人们要积德行善，济世救人。范仲淹的“先天下之忧而忧，后天下之乐而乐”，成为士人自我期许的目标。毕竟前者的努力工作在赚取更多金钱的同时，也会增加外部诱惑和腐败的风险，带来贫富的分化。而出于为天下贫病者考虑的积德行善可以帮助穷人，有助于财富的再分配过程，由此推动明清商品经济高效而可持续的发展。

因此，在技术更迭迅速的时代里，企业家的确需要将坚持创新置于企业家精神的重要位置，这样才可避免诺基亚被微软收购而走下神坛时，其 CEO 所谓“我们没有做错什么，但还是失败了”的遗憾和感慨。在需求不断更新的大潮中，企业唯有继续将创新置于重要地位，方可迎合、预见甚至引领时代的需求，实现张瑞敏所谓的“没有成功的企业，只有时代的企业”的持续发展。除此之外，企业家更需要坚守勤劳节俭的优秀品德，从开源和节流两个方面实现财富的创造与积累。作为社会的一分子，企业家们还需要承担起互利共享、经邦济世的责任，实现自身与社会的共同发展。在 2017 年被称为风口的共享单车的兴起便说明了个体与社会的效用是可以同时被提高的，它们秉承着互利共赢的观念，借助前沿的互联网技术和丰厚的资本投入，真正解决了城市出行“最后一公里”的问题。在国家实现共同富裕的过程中，企业家也纷纷投入精准扶贫的大潮中，以马云、刘强东、许家印等为代表的大企业家纷纷为脱贫致富开出良方，“10 位在沪襄阳籍企业家向家乡捐赠扶贫财务 650 万元”的新闻更是屡见不鲜。通过对勤劳节俭、互利共享精神的传承和传播，企业家得以在自身力量不断扩大的同时，通过不断回馈社会、传播正能量，推动社会和财富的可持续发展。

回顾历史，我们不难发现建立在因果报应、积德行善、普度众生观念基础上的儒释道三教合一的价值观，因其对欲望的极端约束，而有助于维持社会成员身心的平衡，有助于协调个体经济与自然、社会的矛盾，有助于促进国内外的和平与安定，因而推动了宋元明清商品经济的发展，以至出现了晋商、徽商等十大商帮。展望今日，在党的十九大提出“道路自信、理论自信、制度自信、文化自信”之背景中，在“我们前所未有地靠近世界舞台中心，前所未有地接近实现中华民族伟大复兴的目标，前所未有地具有实现这个目标的能力和信心”的时代下，激发企业家精神的内容，并非仅仅包括创新和敢闯的精神，更意味着在重重诱惑中坚守勤劳节俭的优秀传统，遵守爱岗敬业的职业操守，弘扬经邦济世的中华精神，为中国梦的实现添砖加瓦。

做大做强文化产业需多措施并举

崔建华　王　燕

2018年3月5日,李克强总理在《政府工作报告》中提到,过去的5年里,创新驱动中国的发展,成果丰硕。我国文化产业快速发展,年均增长13%以上。在谈到2018年的工作时他多次强调文化和文化产业的发展,如:发展壮大新动能,做大做强新兴产业集群,在医疗、养老、教育、文化、体育等多领域推进"互联网+";深入推进教育、文化、体育等改革,充分释放社会领域巨大发展潜力;推进消费升级,发展消费新业态新模式;支持社会力量增加医疗、养老、教育、文化、体育等服务供给;为人民过上美好生活提供丰富精神食粮,要弘扬中华优秀传统文化,继承革命文化,发展社会主义先进文化,培育和践行社会主义核心价值观;繁荣文艺创作,发展新闻出版、广播影视、档案等事业;加强文物保护利用和文化遗产保护传承;深入实施文化惠民工程,培育新型文化业态,加快文化产业发展;深入中外人文交流,增强中华文化影响力;以中国特色社会主义文化的繁荣兴盛,凝聚起实现民族复兴的磅礴精神力量。

"文化"也许是最难准确解释的词语之一。《易经》中有"刚柔交错,天文也;文明以止,人文也。观乎天文,以察时变,观乎人文,以化成天下"。据此,"文化"就是"人文化成"。现在比较普遍的解释是,文化是人类全部精神活动以及精神活动的成果,包括活动及成果的既有、传承、创造和发展。至于"文化产业",一般认为是阿多诺和霍克海默在《启蒙辩证法》(1947)一书中最初提出的,并区分了"文化产业"和"大众文化",特别强调"文化产业"是把旧的面熟悉的东西熔铸成一种新的特质。"文化产业"的英文名称"Culture Industry"直观地告诉我们它就是“文化工业”，深受工业的影响。联合国教科文组织下的定义是：文化产业就是按照工业标准，生产、再生产、储存以及分配文化产品和服务的一系列活动。

文化产业应该而且可以做大做强，成为国民经济中具有重要地位和影响的支柱产业。马斯洛说人的需要有五个层次，从低到高分别是：生理上的需要、安全上的需要、情感和归属的需要、尊重的需要、自我实现的需要。不难看出，从第二或第三层次开始，对精神产品和服务的需要越来越明显。因此，一个经济发达的社会，人的需要层次越往上扩展，就必然表现为一个规模巨大的文化产业的存在。美国最为典型，其恩格尔系数不到10%，世界最低，文化产业在美国经济中占有举足轻重的地位，为美国的GDP增长和就业都做出了很大的贡献。据美国经济分析局(Bureau of Economic Analysis)2016年4月19日公布的数据，2014年美国文化产业的附加值达到近7 300亿美元，约占美国当年GDP的4.21%。而2014年美国矿业的附加值约为4 800亿美元，同年美国农业、林业、渔业和狩猎业总附加值约为2 000亿美元，文化产业的附加值比两者加起来还要高。（统计不同，文化产业占一国GDP的比重有很大的差异。例如，国际知识产权联盟发布的有关报告显示，早在2010年，美国创意产业增加值为16 279亿美元，占GDP的11.1%；2010年日本文化产业增加值占GDP的15%。）2012年，美国文化产业总就业人数为468.2万，接近或远远超过许多的传统产业；同年，矿业就业人数为77.9万，建筑业就业人数为553.4万，农业、林业、渔业和狩猎业就业人数为113.4万。

中国文化产业在进入21世纪以后才真正开始发展，并上升到国家发展战略的高度。2009年7月22日，《文化产业振兴规划》由国务院常务会议审议通过。当时它是继钢铁、汽车等十大产业振兴规划后出台的又一重要的产业振兴规划，是中国的第一个文化产业发展专项规划，具有标志性的意义。2012年2月，中共中央办公厅、国务院办公厅印发《国家“十二五”时期文化改革发展规划纲要》，明确提出了加快发展文化产业、加快文化体制机制改革创新、加强文化产品创作生产的引导等内容。2017年4月，我国发布《文化部“十三五”时期文化产业发展规划》，明确了“十三五”时期文化产业发展的总体要求、主要任务、重点行业和保障措施。该规划同时具有很强的操作性，以8个专栏的方式列出了22项重大工程和项目。根据国家统计局2017年公布的数据，2016年我国文化产业增加值首次突破3万亿元，占GDP比重为4.14%；截至2016年年末，我国文化及相关产业企业数量达297.65万户，注册资本达14.29万亿元。其实，文化产业的地位与影响，也是很难用单纯的数字来衡量的，它是一国软实力的重要组成部分，从美国好莱坞的电影、日本的动漫产品在全球的影响就可见一斑。

中国特色社会主义进入了新时代，社会主要矛盾已经转化为人民日益增长的美好生活需要和不平衡不充分的发展之间的矛盾。文化消费是美好生活不可缺少的内容，文化产业的发展，在解决这一主要矛盾中，发挥着不可替代的作用。与一般的实体产业不同，作为精神产品和服务提供者的文化产业，更具有如下的特殊作用：一方面，通过文化产品和服务的消费，弘扬正能量，传播优秀传统文化，并进行文化的创新与发展，凝聚社会共识，为实现中华民族伟大复兴的中国梦提供强大的精神动力；另一方面，文化产业的国际化发展将中国文化传播到世界，提升中国的软实力，同时让世界更多地了解中国、读懂中国。

根据国际经验，当人均GDP超过5000美元时，一国就进入了精神文化消费的旺盛时期。中国的这一时点大致在2011年，现在中国人均GDP已经超过8000美元，中国居民的恩格尔系数2017年已经降至29.3%，告别了“民以食为天”的时代。消费结构的巨大变化，说明中国的文化产品和服务的消费，已经进入黄金时期，但事实上，精神文化产品和服务为我们的美好生活所做出的贡献还显得很不足。如何将中国的文化产业做大做强？笔者谈些粗浅的认识：

第一，继续深化文化领域的改革，明确“文化立国”“文化兴国”“文化强国”的发展方向；继续强化文化产业的支柱地位，适时调整和更新文化产业发展规划，完善文化产业发展的顶层设计。

第二，做好政府的服务工作，营造文化产业发展良好的营商环境。在金融、税收、人才培养等方面的政策上给予一定的倾斜，加大支持的力度，特别是文化产业发展规划中重点推进的文化创意、影视制作、文化会展、数字内容和动漫等。政策要到位、接地气，不能只停留在纸面上和口号中。

第三，形成文化产业和文化事业相互协调、相互促进的发展格局。文化产业和文化事业的重要区别在于，文化产业是市场化、商品化的，而文化事业是公益性的。文化产业和文化事业，实际上是文化发展的两条主要途径，但二者不应该也不可能完全割裂开来，而应该是有机的统一。

第四，尊重传统与发展创新并重。中国有五千年的文明史，地域辽阔，民族众多，产生了极其丰富的精神文化产品和服务，也为新的精神文化产品和服务的生产提供了用之不竭的源泉。同时，在互联网、大数据等迅速发展的技术变革时代，人们的需求、消费方式乃至整个生活方式、商业模式等都发生了颠覆性的变化，精神文化产品和服务的提供也要与时俱进，不断创新，发展与新技术变革时代相适应的文化产业新业态、新产品、新服务和新消费。传统的戏曲、相声、文物古迹等有人喜爱，现代的影视、音乐、出版、展览、娱乐服务等也大有市场。

第五，做好文化产业园区、示范基地建设，做大做强一批骨干企业或企业集群，以点带面，以区域带全局；树立精品意识，培育文化产业的品牌产品。改革开放后的一段时期内，我国的各级各类开发区、产业园区，多是以加工制造业为代表的实体经济为主。21 世纪初至目前，我国分批设立了 10 个国家级的文化产业示范园区，分布在辽宁、山东、湖南、四川、陕西、上海等省市，以及数百家文化部命名的文化产业示范基地。这些园区、基地以及其中的部分企业，应该成为中国文化产业发展的主骨架、主干网。除国家级的以外，其他各类文化产业园全国有上千家，但大多处于亏损状态，空心化现象比较严重，这是需要重视的问题。精品意识就是价值意识，特别注重产品和服务的内涵与质量；通过生产高质量的产品和服务，来树立品牌，开拓市场。一部《战狼 2》，让国人欣喜若狂，也使一些从事文化产业尤其是影视制作的公司和个人从一个维度看到了中国文化产业庞大的市场容量与更加美好的前景：观影人次近1.6亿（全球电影史上单一市场观影人次排名第一），票房收入约57亿元人民币，成为首部跻身全球票房TOP100的中国电影（排名第55）。

第六，进一步培育文化消费市场，扩大文化产业发展的市场基础。文化产品和服务的提供，既要从供给侧入手，提高供给数量并改善供给的结构与质量，又要从需求侧入手，培育和扩大消费市场，二者并重。例如，将与各类文化有关的课程开进课堂，在提高学生文化素养的同时也能促进他们未来对文化产品和服务的消费。

第七，促进文化产业的国际化发展，提升国际竞争力，进一步走向世界市场。根据商务部2018年2月8日发布的数据，2017年，我国文化产品和服务进出口总额达1 265.1亿美元，同比增长11.1%。笔者认为，这一规模与我国的经济规模和在世界经济中的地位还不完全相称。而且，其中主要是文化产品的进出口，规模为971.2亿美元，我国顺差792.6亿美元；文化服务进出口293.9亿美元，我国逆差170.5亿美元。由此看来，中国不仅要扩大文化产业发展的国际化规模，也要特别注重提高文化服务在国际市场上的竞争力，大力扩展文化服务的出口。

第八，加强文化产业人才的培养。事在人为，数量充分、质量高的人才队伍是文化产业发展的基础和决定性因素。

（感谢龙小鹏为本文提供的部分数据）

居民幸福感与中国梦的实现

崔　巍

2017年10月，党的十九大报告明确了我国社会的主要矛盾已经转化为人民日益增长的美好生活需要和不平衡不充分的发展之间的矛盾。我国社会主要矛盾的新表述，不仅将开辟全面建设小康社会的道路，还将为实现中华民族伟大复兴的中国梦开辟道路。中国梦反映了人民对美好生活的向往，折射出人民对幸福感的追求，其目的是使人们具有获得感、幸福感和安全感，进而提升全社会的幸福指数。

关于幸福感，一直缺少被普遍接受的定义。大体上看，可以分为主观幸福和客观幸福，分别追溯到边沁的以个人感受为主的主观享乐主义和亚里士多德的强调价值实现的客观幸福论。在经济学中，主观幸福的概念得到了更多的支持。对幸福感的定义可以借鉴丹尼尔·卡尼曼的研究，幸福感既包括情感维度，也包括认知维度，主要是指人们对幸福的主观精神层面的感受，是基于记忆的，对近期事件做出的主观判断。

萧伯纳曾说过："经济学是一门使人幸福的科学。"作为研究稀缺资源的合理有效配置的经济科学，其最终目的是研究如何才能增进人类幸福。事实上，古希腊哲学家柏拉图在《法义》中认为，经济学应该有助于促进有德者的事业，并保持他们这种精神状态。每个成员都能够实现最高的善和自身最大的幸福，进而给整个社会带来最高的善和最大的幸福。亚当·斯密在《国富论》中也提到，经济行为的核心价值是社会和谐与人类福祉的上升，而财富并不是唯一的研究目标。

那么，影响居民幸福感的因素有哪些呢？事实上，在不同的历史阶段，随着经济和社会环境的变化，影响幸福感的因素是不断变化的。首先，在改革开放的早期，政治忠诚和宗族、家庭关系是影响幸福感的主要因素，因为我国传统社会是建立在"熟人社会"基础之上的"关系"本位社会，人们仅在一定范围内彼此熟知和信任，特别是在农村表现出较强的集体主义倾向。其次，随着我国社会和经济的转型，"熟人社会"逐渐瓦解，我国社会的主要矛盾表现为人民日益增长的物质文化需要同落后的社会生产之间的矛盾，这是"需要"和"生产"之间的矛盾，在这一阶段，绝对贫困和落后、经济不满是影响幸福感的主要因素。接下来，在中国特色社会主义进入了新时代的今天，社会主要矛盾已经转变为"需要"和"发展"之间的矛盾，不平衡、不充分发展成为影响幸福感的主要因素。而随着历史进程的进一步推进，在全面建成小康社会之后，居民对于诸如自由和民主等方面的关注则会凸显出来。

这样，"伊斯特林悖论"，即"幸福悖论"就可以在一定程度上得到解释。伊斯特林在 1974 年的一篇文章中指出，富国并不一定就比穷国幸福。在包括美国、英国和法国等在内的发达经济体中，虽然人均收入保持十年或数十年的持续增长，但是居民的主观幸福感得分却基本保持不变。在我国最近的 30 年中，GDP 以每年超 8%的速度增长，这从根本上改善了绝大多数中国人的生活条件。特别是近 5 年来，我国农村贫困人口累计减少 6 853 万人，贫困地区农村居民人均可支配收入年均名义增长 12.4%，城镇居民人均可支配收入年均增长 9.05%，但是整体上看，根据人们对生活满意度和幸福感自我评估来衡量的主观幸福感并没有显著增加。因此，人们就好比是一架"快乐水车"，即"有钱不快乐"，收入增长，但快乐却不相应增长。这一现象可以用幸福与收入之间的关系来解释：在生活水平较低时，收入增加会带来幸福感的显著增加，但是随着收入的持续增加，幸福感的增加则会趋于平缓。

因此，在当前的历史阶段，增加相对收入，解决经济发展不平衡、不充分问题是提高居民幸福感的关键因素。人们期望获得更高的收入，其实质是期望提高相对收入，因为人们自身的期望会随着收入的提高而提高，或者说其竞争群体的收入将会提高。“相对剥夺”是参照群体理论的一个基本观点，意味着人们认为自己相对于其他人处于劣势的一种状态。为了解释我国居民幸福感尚未显著提高的原因，卡罗尔·格雷厄姆和斯特法诺·佩蒂纳托提出了“失意的成功者”这一概念，这是指随着收入分配不平等不断偏向高收入群体，尽管一个国家的大多数人的绝对收入都增加了，但是由于低于人均国民收入的人口比例增大了，因此他们的相对地位反而恶化。

此外，在经济发展过程中，收入差距的扩大存在着一种“正向隧道”效应，对幸福感也会产生积极的影响。我国的市场化改革打破了平均主义和“大锅饭”式的收入分配体制，让一部分地区和一部分人先富起来，由先富带动后富，这能够给人们带来乐观的收入预期，激励人们更加积极地工作和生活，从而有助于提高潜在的幸福感。

在政策指引方面，用综合考察居民内部收入分配差异的基尼系数来看，尽管近年来我国基尼系数逐渐下降的趋势没有改变，但是仍然高于国际贫富差距的警戒线。这一方面反映了我国当前仍然有一部分低收入群体，另一方面也反映了社会收入分配不够均衡。因此，政府应该关注收入不平等和机会不均等现象，从收入分配均衡发展入手，通过合理的收入分配把“蛋糕”分好，逐步缩小城乡差距，以解决我国贫富差距和城乡发展不均衡问题。同时，应该建立健全社会福利保障制度、建立完善医疗保险制度，扩大政府社会性支出，特别关注低收入者的生活质量，让所有的居民特别是低收入居民都能够分享经济发展的成果。当然，在制定政策时，也应该考虑收入差距对经济发展的双向作用。因此，如何保证收入的均衡化分配，寻找其中的平衡点，使收入差距既能发挥其积极的激励作用，又能够增加居民的幸福感，是一个值得探讨的问题。

让优秀传统文化成为民族复兴的内生动力

闫　雨

2018年《政府工作报告》中提出："要弘扬中华优秀传统文化""要以中国特色社会主义文化的繁荣兴盛，凝聚起实现民族复兴的磅礴精神力量"。中华优秀传统文化是中国思想、中国精神、中国智慧的宝贵资源，凝聚了民族复兴的最大公约数，经过创造性转化，具有鲜明的实践特质，为世界和平发展提供了中国智慧。中国优秀传统文化基因为中国治国理政提供了独特的思维模式。"定于一""民本""天下为公""协和万邦"的价值观为构建人类命运共同体提供了共享、普惠的治理智慧。

《政府工作报告》中同时提出："致力构建以合作共赢为核心的新型国际关系，为打造人类命运共同体作出新的贡献。"

报告多维度展现了中国治国理政的特色与优势，为中国道路和民族复兴规划了新的蓝图。在理论渊源和实践方面，体现出鲜明的民族特色，具有坚定的文化自信和制度自信，中国优秀传统文化正成为其不竭的内生动力。

一、中国治国文化与思想

"定于一"奠定了国家共同体的基石。中国政治与西方政治最大的区别在于，中国早在公元前3世纪就建立起一个大一统的中央集权统治。"大一统"思想最早体现在《诗经》，汉代大儒董仲舒提出"大一统者，天地之常经，古今之通谊也"，较为全面系统地论证了"大一统"理论。在政治实践中"大一统"表现为以一个强有力的中央政府统一管理，实现治权一统、政令一统、文化一统、民族一统等。基于此，尽管历史上中国社会分合无定，但在一系列体制内外各种分权制衡中，其始终维系着统一的文化认同和政治认同。

统一性是中国特色社会主义制度的优势。其保证了国家治理的高效性，体现在决策连续性、执行有效性、运行效率高、运行成本低等方面，为创造中国发展奇迹提供了保障机制。而欧美国家陷入发展颓势与其国家意志分散撕裂密切相关。“定于一”为“新型政党制度”提供了掌控多元社会复杂局面的文化基因，确保国家有效治理，防止出现党争、民族冲突，避免了西方政党制度过强的对抗性所引发的社会持续分裂与动荡。巩固和发展最广泛的爱国统一战线，则加强了社会力量的合作协调，凝聚了国家治理的强大合力。

“民本”思想是国家共同体内在和谐的基础。“民惟邦本，本固邦宁”是历代中国统治者的为政思想，处理国家和人民关系的价值取向。从“水能载舟，亦能覆舟”到“执政兴亡在于是否代表人民利益”，立党为公、执政为民、以人为本，坚持以人民为中心的发展思想，“重民”这一治理规律不断被传承和超越。事实证明，中国历史上曾出现君主立宪制、复辟帝制、议会制、多党制、总统制，但都归于失败，均因其偏离了全体人民的共同利益和意志。

我国已经初步建立起世界上规模最大的符合中国实际情况的社会保障体系，保障水平稳步提升。党的十八大以来，精准扶贫与精准脱贫开创了扶贫工作的新局面。本次《政府工作报告》中提出“完善产权制度和要素市场化配置机制”“推进基本公共服务均等化”“加大精准脱贫力度”，具有极强的包容性和弥合性，强化了中国国家治理体系中重要的顶层设计，是经济社会转型过程中增强国家共同体凝聚力、提高共同体成员认同感和归属感的重要举措，在确保了社会公正的同时也避免了西方福利经济的危机。

“天下为公”情怀和“以天下为己任”的自觉意识提供了国家共同体的核心价值。“大道之行也，天下为公”，可以被视为中国社会主义思想产生的标志。在坚持公有制的基础上，强调集体主义、强调成员的权利共享和责任共担、强调国家责任普遍性的价值观，是社会主义的重要特征，成为区别于西方国家以自由主义为代表的国家治理价值取向的重要标志，奠定了国家共同体治理观的核心价值取向、内在诉求和思维模式。

“协和万邦”的天下情怀奠定了人类命运共同体的基调。中国传统文化倡导“社会和谐、天下太平”的理想，试图把国内社会秩序的和谐推行到整个世界，以谋求世界秩序的和平与稳定。“与远迩相安于无事，以共享太平之福”强调国际交往要以和平方式构筑秩序，而尽量不要诉诸武力。从“和平共处五项基本原则”“构建和谐社会”到“世界人类命运共同体”，和平发展的理念一脉相承。

近代西方向世界输出的是“西方中心论”，引发国际和平赤字、发展赤字、债务与环境赤字、治理赤字等全球性问题，系统性风险剧增。一旦继续遵循西方零和博弈、冷战思维、文明冲突观主导的国际政治逻辑，不但无法在短期内提出解决方案，甚至将进一步扩大主权国家间在意识形态、权责边界等方面的矛盾。习近平总书记提出普惠概念，把普惠作为建设持久和平世界的根本原则，以建设利益合作共同体、价值共同体、行动发展共同体、安全共同体、合作共同体为核心内容。推进“一带一路”国际合作，坚持共商共建共享。从韬光养晦到奋发有为，着力建设以构建人类命运共同体为核心的全球文明。在观念多元、利益多元、民族多元、宗教多元、区域差异多元、发展阶段多元的风险社会背景下，为引导经济全球化走向提供了中国方案。

二、中国发展的动力引擎

习近平总书记在党的十九大报告中强调指出：“没有高度的文化自信，没有文化的繁荣兴盛，就没有中华民族伟大复兴。”中华文化是世界多元文化的集大成者，在传统向现代转型中彰显出强大的生命力。中华民族伟大复兴的本质是中华文明的复兴。

中华文明作为世界上唯一没有中断的古老文明，证明中华民族的历史发展内蕴着生生不息的伟人力量，即优秀传统文化及其所滋养的民族精神，它潜移默化地培育了国民共同的心理预期，这种文化认同作为一种软实力，具有内在生命力，形成文化约束、价值观约束。其在当代治国理政实践中转化为独特的优势，体现在：统一的政治共同体，即“家国一体”；执政集团与百姓并非二元对立，而是人民本位、共生一体，国家不断完善的社会保障体系担负民生责任，共享发展成果；在对外开放的新格局中贡献和合共生的包容理念，将世界经济联结为公平共享、合作共赢的人类命运共同体，进一步发挥负责任大国的作用。中华传统文化精华作为中国梦的“根”与“魂”，影响着中国道路的广度、深度和实际成效，是民族复兴的深层动力，为世界新文明的崛起提供启示。

三、优秀传统文化成为民族复兴的内生动力

旧邦新命，是现代中国的特点。中国道路与中华民族独特的文化和历史密切相连，扎根中国大地。中华民族复兴是对中华文化的坚守与复兴。爱国与统一的国家观和民族观凝聚起广泛的力量；“民惟邦本”的价值观确立了以人民为中心的发展思想，催生了全面深化改革的自我更新能力；“天下为公”的情怀激发国家自觉履行责任担当；“协和万邦”的天下视野强调成员的权力共享和责任共担，构建出“世界人类命运共同体”新秩序观。中国优秀传统文化树立起和平发展的民族理想。

中华民族伟大复兴事业不仅是要实现经济社会的全面发展，更是对于传统文化发展的全面促进。在2018年《政府工作报告》中有意识地将民族复兴的“中国梦”体现为对人民利益的重视和关注。在教育、社会保障、医疗卫生服务、生态环境等方面推动具体目标，尊重个体尊严，旨在达成民族整体利益与个体利益、世界人民利益的共赢。在世界舞台上，和平崛起的中华民族展示出开明开放、自信进取的风范，树立起鲜明的文化中国形象，对中国传统文化价值观做出了世界性的新诠释。

中华民族伟大复兴意味着在文化上全面传承自身的民族传统文化，正如《政府工作报告》中提出的，“我们要以中国特色社会主义文化的繁荣兴盛，凝聚起实现民族复兴的磅礴精神力量”。

从历史经纬看乡村振兴战略

周治富

东晋诗人陶渊明在其《桃花源记》中描述了一个世外桃源般的村庄。对于该村庄的面貌，他写道："土地平旷，屋舍俨然，有良田美池桑竹之属。阡陌交通，鸡犬相闻。其中往来种作，男女衣着，悉如外人。黄发垂髫，并怡然自乐。"这是一幅多么令人神往的乡村图景！党的十九大报告提出，要按照产业兴旺、生态宜居、乡风文明、治理有效、生活富裕的总要求实施乡村振兴战略。理解新时代背景下的乡村振兴战略，制定切实可行的实施路径，都有必要从一个较长的时期来把握乡村振兴战略的历史方位和现代意涵。

我国是一个城乡二元结构极为突出的国家。十九大报告提出我国主要矛盾已经转化为人民日益增长的美好生活需要同不平衡不充分发展之间的矛盾。笔者以为，我国发展最大的不平衡就是城乡发展的不平衡，最大的不充分在于乡村发展的不充分。透视中华人民共和国成立以来我国城乡二元结构的发展历程，是理解新时代乡村振兴战略的一个很好的视角。

一、中华人民共和国成立之初到改革开放时期的农村：资金与原料的双输出阶段

中华人民共和国成立后，我国经过社会主义改造，建立了高度集中的计划经济体制，并仿照苏联，选择了并不具有比较优势的重工业优先发展的赶超型发展战略。由于重工业是一种资金密集型产业，要实施重工业优先发展的战略，就需要巨额资金的支持。因此，国家就建立了与此相适应的国有银行体

系。相关研究已经表明，国有银行体系是一种具有较强储蓄动员能力的金融体系。国有银行通过其储蓄动员能力，将大量资金用于城市中的重工业建设，而农村、农业、农民的资金需求长时期处于饥渴状态。遍布乡村的农村信用合作社也具有类似的功能，虽然其大量资金来源于乡村，但用于乡村建设的却并不多。因此，国有银行扮演了从农村进行资金抽血进而输血给城市和重工业的角色。

此外，这一时期的乡村还扮演了原料输出的角色。客观讲，依赖于土地、阳光等自然要素生长的物质原料本身就是工业深加工的基础，这是由工业生产的代谢机制决定的。但其中的关键在于，一是农村以不平等的价格提供了廉价的原料，为了尽快实现工业的原始资本积累，国家刻意压低农产品价格，形成工农产品之间的"剪刀差"，导致了农村的资本积累速度极为缓慢；二是原料提供的方式较为简单粗暴，就是纯粹的原料提供，基本没有任何附加值。

通过资金和原料的输出，城乡发展就呈现截然不同的图景。农村处于被抑制的自然发展状态，各种矛盾不断积累。

二、改革开放到中共十六届五中全会时期的农村：资金、原料和劳动力三输出阶段

这一时期没有改变农村资金输出、原料输出的状况。大量资金依然持续地从农村流向城市；对于原料输出而言，经过我国价格体制的市场化改革，这一时期的原料价格逐步反映出供求关系和经济价值，价格剪刀差逐步消除。

这一阶段，在重工业优先发展的战略下，为之配套的劳动密集型的轻工业和服务业也发展迅速，因而进一步加大了农村的劳动力输出，典型表现就是打工一族在农村广泛兴起。据笔者观察，打工对于农村的影响绝不仅仅是在经济方面，它对于农村生产方式、生活方式、价值观、教育观等诸多方面有着深刻的影响。而这一点似乎并未引起学者们的足够重视。对于生产方式，现在的新生代农民工基本不会种地，如果未来我国不发展职业农民和大规模机械化种植，我国的粮食安全恐成问题；对于生活方式和价值观，打工一族长期在城

市生活，难免受到城市生活方式乃至价值观的影响；对于教育而言，打工对于农村教育的戕害极为严重，以前从农村到城市就是高考一条独木桥，而现在可以通过打工长期在城市生活，极少数农民能够最终落脚城市。打工使得农民对城市产生了不切实际的幻想，大量短视的农民放弃孩子接受教育、积累人力资本的机会，甚至在孩子初中没毕业时就将其早早地推向了社会。这就是近年来重点大学招收的农村孩子越来越少的重要原因，而各省市的高考"状元"，农村孩子更是凤毛麟角。大量进城务工人员的存在，也造成了我国城市化率统计数据的失真，造成了低质量的城市化或者伪城市化。

通过资金、原料和劳动力的单向输出，农村逐步处于"被掏空"的境地，产业空心化、劳动力空心化、资源空心化等特征极为明显，以至于在2000年，湖北监利县一个乡党委书记李昌平向朱镕基总理泣血陈情："农民真苦、农村真穷、农业真危险！"这不得不说是当时农村危险局面的真实写照。

三、十六届五中全会到中共十九大时期的农村：农村与城市的双向互动阶段

2005年，党的十六届五中全会通过的《"十一五"规划纲要建议》中提出，按照"生产发展、生活宽裕、乡风文明、村容整洁、管理民主"的总要求推进社会主义新农村建设。这是中华人民共和国成立以来，我国首次明确提出乡村振兴发展的战略思路，可视为乡村振兴战略的1.0版。

社会主义新农村建设的提出，使得国家对经济社会发展战略进行了适当调整，国家逐步重视并采取措施解决农业、农村、农民发展所长期积累的各种问题。其主要方式为进一步加大"三农"建设财政资金转移和支持力度；大力发展乡村旅游等现代服务业；加大对乡镇企业的扶持力度，实施东部地区产业转移和中西部地区产业承接，使得农民离土不离乡就能实现就业；加强农村基础民主和乡村治理建设；加强农村文化、医疗、教育等公共服务体系建设，促进公共服务均等化。

从城市与乡村的二元结构视角来看，这一阶段逐步改变了农村单向的资

源输出局面,城市与农村开始有了双向互动。在很大程度上,这是在工业反哺农业、城市反哺乡村的基础上,基于市场化资源配置的一种互动和协同发展。

四、十九大之后的农村:乡村振兴战略大力推进实施阶段

党的十九大报告正式提出了乡村振兴战略,将乡村振兴提高到了史无前例的战略高度,并为乡村振兴战略描绘了时间表和路线图,这可视为乡村振兴战略的 2.0 版。随后,2018 年发布的中央一号文件以乡村振兴战略为主题;在此次国务院机构改革中组建设立农业农村部,预计该部门将统筹负责乡村振兴战略的规划实施。

关于乡村振兴战略的具体路径,习近平总书记 2018 年 3 月 8 日在参加山东代表团审议中提出“五个振兴”的理念,即乡村产业振兴、乡村人才振兴、乡村文化振兴、乡村生态振兴、乡村组织振兴。这个提法较之之前社会主义新农村建设的总体要求,既有继承,又有创新。笔者以为,乡村产业振兴,要着力构建生态经济和循环经济体系,推动科技与产业融合;乡村人才振兴,应该大力发展职业教育,不能让农民工成为只能从事低技能、简单重复劳动的代名词,要着力培养符合现代农业和农村经济发展的高素质农民,符合现代产业发展的高技能农民工人才,让农民、农民工成为受人尊敬的职业;乡村文化振兴,要着力构建乡村传统文化保护传承体系,促进传统文化与现代文明的交流融合;乡村生态振兴,要着力构建符合乡村自然资源和生态环境的绿色产业体系,以发展促生态保护和振兴;乡村组织振兴,要着力健全各类村民自治组织,提高乡村自我组织、自我治理、自我发展的能力。

总之,梳理中华人民共和国成立以来城乡二元结构的历史演变,可以看出,农村为我国的革命、建设和改革做出了重大贡献乃至巨大牺牲。现在提出乡村振兴战略,具有强烈而迫切的现实必要性。如果将历史的镜头再往前推进数千年,自秦以降的几千年封建社会,乡村安宁繁荣时期乏善可陈。封建君王对农村的统治无非是为了战争——国之大事,在祀与戎。因此,农村对于封

建统治者最大的意义在于生产人口和粮食。而现在，乡村振兴是社会主义社会共同富裕、全面建成小康社会的应有之义和必然要求。在这个意义上，乡村振兴的实现，也可以说是实现我国“千年未有之变局”。期待在不远的将来，现代意义上的“世外桃源”般的乡村可以在中国如雨后春笋般成长！

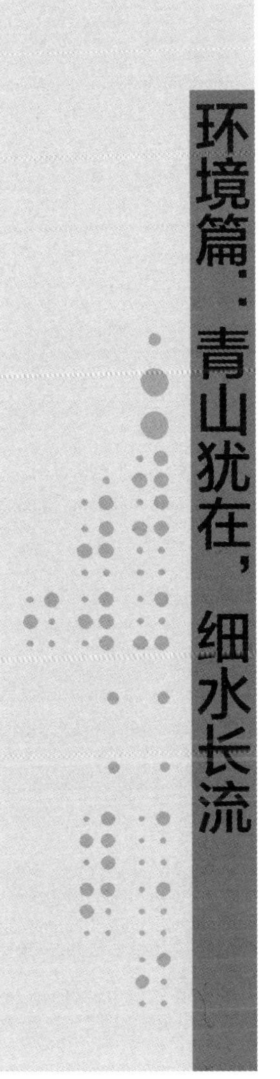

8 Part

环境篇：青山犹在，细水长流

在新的历史时期下，如何更加可持续地发展，做好环境与经济发展的平衡已经越来越成为国家发展过程中关注的重点，而近年来频繁发生的雾霾等环境污染事件已经使得环境治理成为影响我国人民幸福生活的重大问题。本篇将聚焦环境问题，希望通过多层次的研究，分享关于环境与产业转型方面的意见与建议。

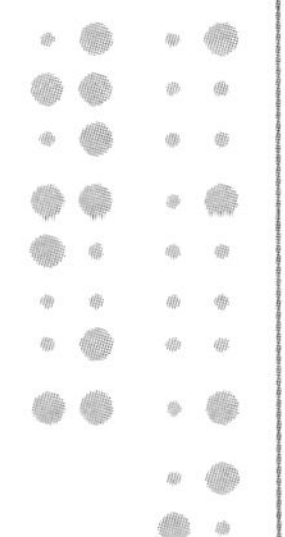

新动能培育与资源型城市转型

李　虹

培育资源型城市转型发展的新动能是供给侧结构性改革的要求，同时也是实现资源型城市转型升级的必经道路。资源型城市转型新动能的挖掘，需要基于内生增长理论，从资源型城市具有相对优势的自然资源等主要投入要素入手，以企业、政府和市场这些资源型城市转型的主要推动者为行为主体，以国内市场化程度和国际市场分工格局作为资源型城市发展和转型的根基，再加上自然资源产权制度、自然资源资产负债表、矿业资本市场的发展、资源税改革和环境规制政策措施等，来决定资源型城市资源配置效率、资源节约利用、环境保护和市场风险分散等。

一、中国资源型城市转型发展的动力来源

资源型城市最大的特点是形成了以存量资源投入为主的经济增长模式，但在资源、环境的承载力约束下暴露或隐藏着经济、社会、环境的发展矛盾，导致了可持续发展极难以维持，所以转型的需要是特别迫切的。从近年来资源型城市转型实践看，其转型发展的参与主体包含了政府、市场、企业，探索转型发展的阵地既体现在经济领域，也发生在社会、环境领域，其探索转型的行为既包括了对产业链的延伸、产业结构的升级、接续产业的培育，也包含了对城市功能的重新定位、环境的规制以及各类体制机制的完善。这一过程既形成了对原有转型发展动力的巩固，又在机制、制度、环境的不断调整中形成了发展的新动能。为此，在分析资源型城市转型发展动能时，需要将要素投入和政

府、市场、企业等主体行为有机结合，对资源型城市转型发展动能进行深度剖析和提炼。总而言之，如今资源型城市的转型发展动力主要来源于：

(1) 转型的压力影响了转型的决心，而转型的决心则决定了转型的动力。资源型城市的转型是应对发展风险的被动之举，并根据风险暴露程度的不同，不同城市所面临的转型压力是不同的。总体来看，资源型城市的转型压力比较大的城市通常面对的困难也较多，其经济的增长很难维持，大量资源型企业的发展困境所带来的就业、稳定压力普遍存在，环境与发展的矛盾日益突出，因此无论是政府还是企业，其转型的决心相对较大，对于转型发展的投入也相对较大。换而言之，资源型城市所面临的转型压力决定了其转型起点。资源型城市的转型发展要在一定的压力环境下进行，因而需要对城市发展当前以及潜在的压力和风险进行全面衡量与评估，建立起“壮士扼腕”的转型决心，进而通过资源的投入和体制机制的传导，形成合力最大的转型发展动力。

(2) 经济转型引领了城市的综合转型，决定着城市未来的发展方向。经济转型是资源型城市转型的主要领域，经济转型所释放出的可持续发展动力某种程度上也成为转型发展的动能来源。而资源型产业转型则是经济转型的核心，是引领资源型城市转型发展的旗帜，直接关系着转型的成效。资源型城市产业布局与城市格局密切相关，产业转型路径对城市的格局、功能调整、转型方向起到直接深远的影响。

(3) 创新驱动下要素投入结构优化和使用效率提升是当前转型发展的主要动因。中国的资源型城市的转型均呈现出一种从资源利用粗放型向集约型转变的大趋势，这是如今驱动城市转型发展的主要动因。这一切都得益于创新。在转型发展的任务面前，政府、企业不断加强对创新的重视和投入，为创新驱动的培育提供了有效的支持和发展环境。

(4) 市场和企业将成为下一步资源型城市转型发展的新动能的主要来源。中国市场在政府与市场的协调和配合、有效的市场机制和规范完善等方面面临一些阻力，如何从产权着手，进一步捋顺市场发挥作用的先决条件和关键要素，使市场在资源配置中发挥更为重要的作用，是下一步培育资源型城市转型发展新动能的主要方向。此外，从中国发展实际来看，部分资源型城市在过去的发展中，形成了国有企业主导城市发展的模式。这种大企业、小市政的局面，一方面造成政府管控力度降低，对经济的调节能力降低；另一方面这类企业往往股权结构单一，公司治理结构臃肿，在市场经济条件下，发展面临较大的压力，盈利能力较低。因此加大对资源型国有企业改革也会释放出更多的发展动能。

(5) 政府的治理行为和水平影响着未来城市转型发展的新动能培育。政府是我国资源型城市转型的参与主体，扮演着“掌舵人”“服务者”“监督者”等多个角色，其治理水平的提升成为下一步资源型城市转型发展的新动能来源。而目前，政府作为发挥核心作用的行为主体，在与其他的行为主体的配合方面仍存在不足，在要素投入的把握和综合管理水平方面仍有不小差距，因此应该认清自身角色、积极做好各要素的引导和监督工作。政府是实现城市经济内生稳步增长和实现城市产业升级与转型的关键所在。

二、资源型城市培育转型发展新动能的对策建议

(一) 完善制度建设

针对资源型城市经济转型中内生动力不足的问题，政府应当采用创新驱动机制来推进。十八届三中全会的报告明确提出要建立起自然资源资产的产权制度、有偿使用制度及生态补偿制度。产权制度是其他制度的保障，明确产权并建立有偿使用制度，可以有效地解决资源型城市过度依赖自然资源的问题。可以借鉴我国碳交易市场的成功经验，通过将二氧化碳的排放产权化，在政府确定一级市场配额后，剩下的问题交给市场来解决，企业和个人在二级市场自由交易形成合理的碳价格。通过市场机制来治理环境问题，不仅降低了企业节能减排的成本，而且解决了企业在处理污染物时内生动力不足的问题。应在产权制度的保障下，创新制度供给、创新公共品投入，完善市场机制建设。

(1) 完善自然资源产权制度。要继续推进自然资源的有偿使用制度，并建立起各类自然资源的有偿使用市场的交易机制；积极推进资源税全面改革，

通过资源税让资源体现其市场属性；推进自然资源产权的精细化管理；加强对非正式制度在自然资源管理中作用的重视，除法律法规等正式制度具有一定的辐射范围和使用成本外，乡规民约、社会组织等非正式制度和群体也可以起到很好的补充作用；健全和完善生态补偿制度，并且建立资源耗竭的补贴机制，自然资源的利用必须用生态补偿制度作为重要支撑，从而确保资源可持续利用。

(2) 创新制度供给。资金方面，要推进金融体制的改革，提高金融服务实体经济的效率；劳动力方面，应加强人力资本建设；技术方面，增强自主创新的能力，改善创新环境和营造创新氛围，加强对知识产权的保护，加快科技创新投融资平台建设，开展如知识产权质押贷款、科技保险等金融创新产品试点，来带动社会资金投向科技创新领域。

(3) 创新公共品投入。应建立并完善促进科研成果转移转化的公共服务平台和中介服务市场。

(4) 完善市场机制建设。政府要优化企业的发展环境，加快形成公开透明、竞争有序的市场体系，促进资源、人才、技术等要素的自由流动，在资源型城市转型的初期、中期、后期，积极主动转变职能，建立有效市场和有为政府相协调的模式。

(二) 完善多层次矿业资本市场

(1) 在全国中小企业股份转让系统下设立矿产资源勘查资本市场或设独立业务板块，利用市场的力量，吸引民间资本投资矿产资源勘查开发，建设与中国矿业强国梦相一致的矿产资源勘查资本市场。

(2) 从中国建设矿业强国的角度出发，改革中国矿政管理体制机制，规范矿业相关法律法规政策环境，建立国家矿业权统一交易登记制度，促进矿业市场出清。

(3) 以设立的矿产资源勘查资本市场或设立的独立业务板块为契机，制定并完善中国矿产资源勘查开发国际化规则、矿产资源勘查开发信息披露准则、矿产资源资产定价方法、矿产资源财务制度准则等诸多标准规则体系，形成中国在国际矿业领域标准规则的国际话语权。

(4) 以设立的矿产资源勘查资本市场或设立的独立业务板块为基础，以市场化的方式引导战略性矿产资源，如稀土、石墨、钨、锑等产业健康发展，避免或减少由于中国矿产资源进出口管制引发的国际贸易纠纷。

(三) 探索建立市县级国有资本投资运营公司

探索一种符合地方实际发展情况，同时又能克服财力有限所导致的资金投入不足问题的运营方式，是培育资源型城市转型发展新动能的先决条件和关键因素。

(1) 探索建立市县级国有资本投资运营公司进行资产和资本重整有助于形成地方经济发展的内生原动力。对市县级资源型城市来说，与产业转型中的巨大资金缺口相对应的，一方面是政府有限的财力和国有资产的沉淀闲置的矛盾，另一方面是金融资源大量空转难以下沉和中小企业融资难、融资贵的矛盾，从而导致沉淀的资产难以转化为资本，而优质的金融资本又难以主动流向转型升级需求迫切的中小微企业主体，进而引发了地方政府违规举债、企业融资成本抬升等新的问题。因此，如何盘活当地存量资产，加快产业链企业重整和优化，并引导金融资源向地市下沉，是资源型城市解决自身转型动力不足的破题之举。

(2) 采取“省市政府与驻地央企共建”原则组建市县级国有资本运营公司。资源型城市组建市县级国有资本投资运营公司最大的目的在于建立“资产与资本”“政府与市场”“金融与产业”的纽带，为资源型城市培育发展新动能提供原动力支持。因此，其业务重点应集中在以下四个方面：一是通过并购重组，对传统行业企业进行优势整合，提高核心竞争力；二是通过担保、债转股等解决企业短期资金需求，降低企业资金成本；三是通过基金形式进行股权投资，吸引金融资源和社会资本，共同培育具有发展潜力的新技术、新业态，培育新的经济增长点；四是盘活存量国有资产，实现国有资本流转和价值增值。

为了充分提升国有资本运营公司的投融资水平和市场化竞争能力，在公司组建时，以资源型城市为主，采取省级政府（省级国有资本运营公司）与参与当地资源开采的央企共建的形式，由当地政府相对控股，省级公司、驻地央企共同出资持股，同时鼓励具有投融资项目管理经验的社会第三方专业机构参与，发挥各参与主体的专业水平和资源优势。

新时代生态文明建设的新思考

杜丽群

党的十八大报告对“大力推进生态文明建设”提出了新要求、新部署，生态文明建设被提高到前所未有的高度。党的十九大报告中多处涉及生态文明建设，其中第九部分重点部署了加快生态文明体制改革，提出了建设生态文明和美丽中国的战略目标与重点任务，生态文明再次成为当前社会各方关注及学术界研究的热点。

李克强总理在2018年的《政府工作报告》中有18处谈到生态、生态环境与生态文明建设，强调保护生态环境、建立生态文明绩效考评和责任追究制度的重要性以及如何健全生态文明体制。由此可见，生态文明建设在中国特色社会主义“五位一体”总体布局和“四个全面”战略布局中占有重要地位。

一、对生态环境建设的反思

我国生态文明建设始于生态环境建设，但是大量的生态环境建设投入没有从根本上扭转我国生态环境“局部好转、整体恶化”的态势。我国生态环境建设并未达到预期的效果，究其原因：一是从发展阶段来看，我国目前仍处在经济高速增长期，还远未出现环境库兹涅茨曲线(EKC)的“拐点”，而粗放的经济发展模式是我国环境问题产生的主要根源，这种发展模式又源于中国式分权下的政府行为；二是从管理体制来看，我国目前的行政管理体制存在诸多弊端，如生态环境保护管理体制条块分割，权力分散，重建设轻管理，先污染后治理，生态法制建设严重滞后等，导致我国生态环境建设效果不甚理想；三是我国尚未建立起一套完善的生态补偿机制，由于存在生态补偿的主体不明确、生态补偿的对象错位、生态补偿的效率低下等问题，有些地方过度开发资源对生态环境造成严重破坏，而生态环境的破坏致使整个区域的经济发展、生存环境受到严重影响。

综上，建设生态文明是一场涉及价值观念、生产模式、消费方式以及发展格局的全方位变革，是一项复杂的系统工程。党的十八大提出"把生态文明建设放在突出地位，融入经济建设、政治建设、文化建设、社会建设各方面和全过程"，表明"五位一体"中推进生态文明建设，就是要把生态建设和环境保护全面纳入经济社会发展的主流，从政治、经济、社会和文化等多个方面推进，不能仅局限于生态环境建设。因此，生态文明建设应该与四大建设融为一体，应该是全方位、多元化的推进模式。

二、生态文明建设与经济发展的关系

良好的生态环境不仅能促使企业制造出更多满足大众需求的优质产品，而且能帮助企业实现经济效益、社会效益和生态效益的统一，从而促进整个社会经济快速健康发展。

然而，在市场经济条件下，以利润最大化为最终目标的生产者所关心的是降低自身的成本，追求最大的经济效益，而很少考虑其行为的生态后果，结果是企业内部经济目标的实现是以外部不经济为代价的。特别是生产的主体在进行自身经济核算时，根本不考虑资源利用过程中的负外部性，从而引起诸多生态环境问题。由于对资源的占有、消耗和污染造成的损害没有按市场价格来支付费用，资源浪费和环境破坏的现象难以制止。在这种情况下，市场在配置资源方面效率低下，市场失灵就出现了。由于市场失灵，环境的社会价值不能通过市场精确地反映出来，市场通常也反映不出环境破坏使社会付出的代价。

经济发展与生态文明是辩证统一的关系。一方面，生态文明对于经济发展意义重大。生态文明为经济发展提供良好的自然条件，没有良好的生态环境，经济发展就成了无源之水和无本之木。虽然经济发展是社会发展的根本动力，如果人们一味地追求经济价值，忽视了生态价值，那么经济的发展最终也是不可持续的。另一方面，生态文明建设离不开经济的发展。经济发展为生态文明建设提供重要的物质保障，因为生态文明建设中遇到的所有问题都需要依靠经济发展来加以解决。人们通过科学技术和有效手段利用自然资源，改造自然条件，调整产业结构，改变增长方式，从而建立起一种新型的生态经济和循环经济的发展模式。

三、生态文明建设中需突破的瓶颈

李克强总理在2018年《政府工作报告》中指出：生态环境状况逐步好转；制定实施大气、水、土壤污染防治三个"十条"并取得扎实成效；单位国内生产总值能耗、水耗下降，主要污染物排放量持续下降，重点城市重污染天数大为减少，森林面积不断增加，沙化土地面积逐年缩减，绿色发展呈现可喜局面。随着我国进入新的历史发展阶段，生态环境状况确实有了明显的好转。但是，我国环境保护仍滞后于经济社会发展，生态环境形势依然十分严峻，多阶段多领域多类型的生态环境问题长期累积叠加，环境承载能力已经接近甚至达到上限，全国主要污染物排放总量远高于环境容量，生态环境恶化趋势尚未得到根本扭转，环境质量改善的任务仍然十分艰巨。

新时代生态文明建设，环境问题是必须首先突破的一大瓶颈。环境污染与发展阶段密切相关，产业结构是联系人类经济活动与生态环境之间的重要纽带，它不仅是"资源配置器"，更是环境消耗和污染物产生的"控制体"，因此产业结构调整优化是我国现阶段大力推进生态文明建设的关键切入点。一方面，要将"大量生产、大量消耗、大量排放"的工业化生产方式转变为"低消耗、少污染、可循环"的生态化生产方式，这是生态文明形成和发展的物质技术基础。另一方面，由于我国的特殊国情，区域之间差异明显，不同区域的产业结构演进具有自身规律和内在动因，不能单纯为了节能减排违背产业发展和区域分工的客观规律，刻意改变产业结构，而应针对不同区域因地制宜地调整产业结构。

其次，制度建设是生态文明建设必须突破的又一瓶颈。生态文明制度建设是建设生态文明的根本保障，加强生态文明制度建设，可以带来低投入、高收益的持续“制度红利”。生态文明制度建设的关键是要构建一个系统完整的生态文明制度体系。从制度表现形式来看，生态文明制度是指“在全社会制定或形成的一切有利于支持、推动和保障生态文明建设的各种引导性、规范性和约束性规定和准则的总和”，包括正式制度和非正式制度。从生态文明建设动力来看，生态文明制度体系是一个由政府推进机制、市场调节机制、公众参与机制构成的制度体系。从制度功能作用来看，生态文明制度体系包括强制性制度、选择性制度和引导性制度等三个方面。从生态环境建设过程来看，十八届三中全会决定首次阐明了生态文明制度体系，要求“实行最严格的源头保护制度、损害赔偿制度、责任追究制度，完善环境治理和生态修复制度”。

此外，在生态文明建设中法治建设亟待推进。近几年来，我国生态文明法治建设取得了显著成效。一方面，环境立法涉及的范围不断扩展，第二代《环保基本法》已修订完成，《大气污染防治法》《水污染防治法》《海洋环境保护法》等专门法律也相继修订，环境保护的法律体系已逐步建成。另一方面，我国环境司法专门化水平不断提高，环保督查与环境行政执法得到强化，在很大程度上解决了市场失灵与政府失灵的问题。但是，对照十九大报告中提出的建设目标，从整体性、系统性与协调性等方面来看，我国生态文明法治建设依然存在较大的差距。因此，应加快与绿色发展息息相关的经济立法和能源立法，建立系统性的管理体制，注重政府、市场与社会力量的多方协调和共治。

构建生态文明观，实现美丽中国梦

李　虹

在2018年“两会”上，李克强总理提出要树立绿水青山就是金山银山的理念，以前所未有的决心和力度加强生态环境保护。为加强我国生态环境保护职能，在此次政府机构改革中，组建了自然资源部和生态环境部，重塑生态环境治理和自然资源管理的顶层机构，生态文明建设不仅引领中国经济发展新常态，也将推动实现美丽中国梦的新时代。

十八大以来，中国在实践的基础上，提出了“五位一体”“美丽中国”“中国梦”等一系列有关生态文明的新观点、新论断，将生态文明的理念和实践进一步升华。十九大报告将生态文明建设提升到前所未有的高度，十九届三中全会提出要改革自然资源和生态环境管理体制，“两会”报告也提出要健全生态文明体制，改革完善生态环境管理制度，加强自然生态空间用途管制，推行生态环境损害赔偿制度，完善生态补偿机制，以更加有效制度保护生态环境。近年来，国家相继出台了《生态文明体制改革总体规划》《自然生态空间用途管制办法（试行）》等文件，制定实施了《中华人民共和国环境保护税法》和《中华人民共和国资源税法（征求意见稿）》。总的来看，新时代下中国生态文明观的重点变化在于：

第一，发展目标。从发展目标来看，在十八大提出的“富强民主文明和谐”的目标上进一步拓展，十九大首次提出建设“富强民主文明和谐美丽”的社会主义现代化强国的目标，将生态文明建设上升为“美丽中国”和新时代中国特色社会主义的重要组成部分。

第二，实现方式。十九大报告将降低资源消耗进一步细化为降低能耗、物耗。“物耗”一词的加入，表明中国资源节约和循环利用工作将做得更细、更全面、更到位，注重经济增长的减量化。

第三，制度安排。从生态环境监管体制改革来看，十九大做出了更加细致和可操作化的部署，习近平总书记明确提出“设立国有自然资源资产管理和自然生态监管机构，统一行使全民所有自然资源资产所有者职责，统一行使所有国土空间用途管制和生态保护修复职责，统一行使监管城乡各类污染排放和行政执法职责等”。

第四，治理模式。十九大将之前的“政府、企业、公众共治”升级为“政府为主导、企业为主体、社会组织和公众共同参与”的治理模式。

新时代下的生态文明观重新定位了人与自然、人与社会关系，它强调了生态文明的必然性与重要性，既非拒绝人类可持续发展，也非回到“从前”传统式生态文明观，而是以提高人类充分认识和把握自然规律的能力为途径，实现人类更全面的发展。可以从以下几个方面进一步加以认识。

一、完善符合中国自身特点的生态经济理论体系

我国作为社会主义国家，秉承马克思主义生态经济思想并结合中国实际发展状况，通过数代人不懈探索，努力探寻一条具有中国特色的生态经济建设道路。中国已经临近甚至达到经济发展与环境改善的转折点，环境污染的累积效应和滞后效应在一定程度上影响着整体环境质量能否立刻得到改善。转折点能否到来以及何时到来，表面上看与产业结构的变动、能源结构的调整、治污技术的升级等因素有密切关系，但驱动其发生变化的更关键因素则是政府政策、企业转型和社会参与所构成的绿色机制。中国作为后发国家，应尽早挣脱“先污染后治理”的束缚，并进一步突破后发劣势。一方面，后发国家必须更多地通过利用从先发国家所引进的节能减排的先进技术，并借助国际社会

达成的各种气候、环境协定和规制所传导的压力，以保障国内环保制度的改革进一步推动；另一方面，应及时把握第三次工业革命带来的全球产业链调整的契机，利用互联网、物联网、新材料、3D 打印等高新技术，实现产业分工向“微笑曲线”的两端移动。在生态经济建设进程中，通过建立完善具有中国自身特点的生态经济理论体系，在此基础上不断采取一系列行之有效的措施，实现生态系统与经济系统的共融发展。

二、明确绿色发展的方向，走高质量发展的道路

习近平同志指出：“要正确处理好经济发展同生态环境保护的关系，牢固树立保护生态环境就是保护生产力、改善生态环境就是发展生产力的理念，更加自觉地推动绿色发展、循环发展、低碳发展，决不以牺牲环境为代价去换取一时的经济增长。”落实生态文明观，应当以坚持绿色富国、绿色富民为思想前提，并通过在全社会推动形成绿色发展方式和生活方式，树立绿色发展的底线思维，从而有序稳健地推进国家生态文明试验区建设，实行绿色规划、设计、施工标准，建立较为完善的绿色低碳循环发展产业体系，推动低碳循环发展，把握绿色发展的基本方向。

三、加强生态法治建设

加强生态文明建设，必须构建系统完善的生态文明制度体系，实现生态文明建设的制度化、法治化。当前，中国的生态文明建设的体制机制保障存在不够完善的问题。因此，在大力推进生态文明建设过程中，必须牢固树立生态法治观，构建系统完善的生态文明制度体系，推进生态文明建设各项重大制度不断完善。第一，生态文明制度应按照“源头严防、过程严管、后果严惩”的思路进一步制定和完善。应较为成熟和全面地建立源头保护制度体系、治理制度体系和奖惩制度体系。第二，应坚持严格执法、公正司法，筑牢公平正义防线。

当前,中国生态文明建设的难点在于准确有效地落实制度执行,在实际执法过程中,执法不严、司法不公等不良现象会引起公平正义的缺失,并给社会带来一些不和谐因素。因此,在生态文明建设制度的执行过程中,必须严格执法、公正司法,从而筑牢公平正义的防线。

“无知之幕”视角下看大气污染治理中的公正问题

季　曦

近几年,我国大气污染形势严峻,各地雾霾频发,引起了各方的广泛关注。国家高度重视雾霾污染问题,并为此制定了严格的举措,取得了一定效果。2017年冬季,国家更是制订了史上最严攻坚方案,以“壮士断腕”的勇气采取了多项强硬措施,取得了显著的成效。身处北京的居民尤其受益,北京2017年冬季空气质量大幅转好,蓝天数比过去几年明显增多。2018年《政府工作报告》对我国环大气治理事业做了重要部署:二氧化硫、氮氧化物排放量要下降3%,重点地区PM 2.5浓度要继续下降,由此可见我国大气污染治理的决心。然而,治国如治家,一家尚且众口难调,一国治理更是见仁见智,其中搬、停、改、治等大气治理措施中涉及的效率与公平问题引发了广泛的讨论。

任何一项决策都会面临这样的问题:不同的社会主体会有不同的利益诉求,如何满足这些诉求?是否能够或者应该满足这些不同主体的利益诉求?和其他环境污染不同,大气污染不仅涉及国家社会经济发展问题,更涉及每一个人的基本呼吸权利,必然牵扯到效率和公平的权衡。大气污染治理中如何平衡经济发展和国民生存的问题?如何实现污染成本的分担公平和治理收益的分配正义?这些问题已经到了不能回避的时候了。

政治哲学大师约翰·罗尔斯(John Rawls)指出,公平是社会生活的最高价值,正义是社会制度的首要美德,他在著作《正义论》(*A Theory of Justice*,1971)中提出了“无知之幕”(the Veil of Ignorance)这一重要理论。“无知之幕”是一种纯粹假设的“原初状态”,决策者在“无知之幕”后面浑然不知自己的社会地位、经济条件、政治状况、阶级历史、资质禀赋，不知道有关他个人及其社会的任何特殊事实，不知道揭开“无知之幕”后自己会在何种社会或组织中，处于什么位置，担任什么角色，拥有多少社会财富、权力和机会，只具有对社会的一般认知和人的基本理性。此时决策者才会考虑社会各个阶层、各个角色、各个主体的利益和待遇，做出保证社会最弱势主体基本利益的决策，避免个人利用自然机遇和社会环境中的偶然因素来谋取私利。罗尔斯认为，“公平的分配原则是有利于社会的所有成员，特别是有利于社会中处境最差的成员的分配规则”，以“无知之幕”下的这种原初状态，决策者才能创造出公平的分配原则，才能制定出符合公平正义的政策决定。

大气污染治理的关键是各主体之间的利益博弈，而利益失衡是当前雾霾治理过程中的主要问题。归纳起来当前我国大气污染治理有国家、地方政府、企业和社会民众四类主体，我们先来看看这些利益主体的不同利益诉求。

(1) 国家。国家面临着经济发展和环境保护两大目标，经济发展是国家综合实力和人民生活水平提升的重要条件，而环境保护是人们生存的基本要求，因此国家的决策往往要在经济发展和人们生存之间进行平衡。

(2) 当地政府。目前当地的经济发展水平是地方官员政绩考核和晋升的硬指标，大气环保类指标对其约束力并不强，地方政府在政绩考核和晋升的利益驱使下，会更关注本地区短期的经济增长和自身晋升的需求。同时，由于环境监管方面的不到位，环境治理又需要耗费巨大的人力、物力和财力，因此地方政府在环境治理问题上缺乏动力。

(3) 企业。企业作为理性的经济体，在环境治理问题上会进行成本收益衡量。大气治理工程投资大、回报周期长、外部性强，短期成本远大于收益，因此，企业往往缺乏污染治理和环保技术创新的主动性。而且，在监管不力或市场机制缺位的情况下，企业排放的社会成本无法内部化为企业自身的成本，出于逐利性的考虑，企业会趋于多生产、多排放、多污染。

(4) 普通民众。由于自身禀赋和内在实力的差异，民众承担着不同的大气污染成本，大气污染治理过程中的利益诉求也呈现多元化的状态。一方面，由于信息不对称，公众对大气污染程度及危害了解程度不同，对治理和防护的要求也不同；另一方面，由于经济实力、社会地位、工作性质等的差异，不同的群体在大气污染治理(或不治理)过程中的受益(或受损)程度不同，因此对大气污染治理的基本诉求也不一样。自身禀赋优越的高阶层公民可以通过诸如新风系统、空气净化器等物品的消费实现"空气特供"，但呼吸这一生存的基本自由也在一定程度上遭受了剥夺，且新风系统、空气净化器等这些消费品的生产和消费又直接或间接地导致了更多的资源环境成本，并由包括社会弱势群体在内的所有人共同分担；一些身处污染企业一线的工人，虽然短期就业得以保障，但长期身体受损，无论是经济层面、生活层面，还是身体状况都得不到长足的保障和发展；而其本身生产生活与污染无关又无力承担污染防护成本并长期暴露在雾霾污染中的社会弱势群体，则成为大气污染的主要受害者。

如果按照功利主义的逻辑，政策应该依据社会总效用最大化原则来制定和执行，然而功利主义可能没办法保障社会最弱势群体的利益。"无知之幕"拒绝功利主义的价值观，罗尔斯认为，当人们不知道"无知之幕"拉开后自己成为社会中最弱势者的概率时，会选择一种能够尽可能改善最弱势者境况的分配正义原则。

大气污染的特殊性在于它剥夺了所有人的呼吸和生存权利(尽管有的被剥夺的多，有的被剥夺的少)，大气治理能使所有的人获益。因此，就算是从功利主义出发，大气治理也是必须必然的。大气污染治理的公正问题体现在采取什么样的治理措施以及如何实现大气治理收益的分配正义。国家、地方政府、企业和普通民众这些利益主体由于政治地位、经济实力、资源禀赋、地理位置、发展阶段、个体认知等差异，在大气治理措施的选择上面存在着偏见，因此难以做出对弱势群体公平的决策。若将大气治理决策的各利益主体置于"无知之幕"之后，他们的地位是平等的，这种平等既不是来自制度的保障，也不是源于道德的制约，而是他们对各自的自然和社会属性的未知。由于每个主体都会面临"落入最弱势者的队伍"的不确定性，这时，国家、地方政府、企业和社会民众便不会从自身利益最大化去考虑如何应对大气污染问题，因此，大气治理的目标便不会是经济发展、政绩考核、职位晋升、企业获利等利益诉求，而是最大化改善最弱势群体的基本利益。

在大气污染中最弱势群体是那些承受着直接的大气污染成本却无力支付防护成本的个体，比如那些本身与污染的产生没有关系而又买不起防护设备的社会底层老百姓以及身处污染企业一线而其收入根本无法弥补其付出的工人朋友。大气污染治理中如何实现治理收益的分配正义？如何保障社会最弱势群体的基本正义？以“无知之幕”的视角，我们能获得一些基本的答案。

首先，污染产业的挤出和转移一定不是能满足“有利于社会中处境最差的成员的分配规则”的治理政策，产业转入地的老百姓显然是这一政策的无辜受害者。其次，无论是从短期还是长期来看，污染企业的淘汰、污染产业的升级和转型都是必需的，而保障职工的生存权利，需要制定科学的补贴与就业指导政策。短期而言，要为他们提供一定的生活补助，帮助他们渡过缓冲期；长期来看，应该引导他们的绿色就业意识，提供绿色技能培训，帮助他们实现绿色持久的就业。当然，纵观各国环境治理史，环境治理单靠国家和政府之力从来都是难以持续的，公众的参与至关重要。因此，一方面，国家和政府在大气治理方面的信息要及时公开，保障民众的知情权、参与权和监督权；另一方面，民众也应该积极参与，并自省自律，努力成为大气治理的践行者。此外，我还想强调的是，根据“波特假说”(the Porter Hypothesis)的经验，环境治理和经济增长并不必然存在矛盾，通过规制或市场的倒逼，更利于激发企业和社会的创新，从而实现更长足的发展，积极科学的大气治理政策也能实现国家、地方政府与企业的长远利益。我们以我国30个省、自治区、直辖市为研究对象，进行了宏观经济的波特假说验证，研究结果显示，从长期来看，加大环境规制强度、推进环保事业的发展可以促进我国各省、自治区、直辖市的绿色技术创新、产业结构升级，实现经济与环境的双赢。

“无知之幕”这一理论自提出以来就引起了各界广泛的关注，一方面是因为公平正义是历代社会所重视和追求的状态，另一方面也恰好说明真正的公平正义是难以企及的理想。环境治理特别是雾霾治理依然是2018年“两会”的热点。“两会”代表是各族人民选出的代表，代表着人民的根本利益，愿每位代表心中都存有这样一个实现公平正义的“无知之幕”。

人造资本诚可贵，自然资本价更高
——经济发展应该保持合适的资本丰度

季　曦

一、人造资本日益丰富而自然资本逐渐稀缺

工业革命以来，我们以空前的速度和规模改造着这个世界，人类和我们赖以生存的自然环境之间的关系发生着翻天覆地的变化。工业革命以前，我们生活在一个"空"的世界，而现在我们正面临着一个变"满"的世界。18世纪以来，全球的经济和人口规模发生了翻天覆地的变化：经济总量已经从1700年的0.37万亿美元(以1990年美元计量)(Maddison，2007)扩张到了2016年的75.85万亿现价美元，人口总数则从6亿(Maddison，2007)迅速上升到74.42亿(世界银行)。2014年全球人均生态足迹达到2.6全球公顷，这意味着需要约1.5个地球才能提供人类每年所需(世界自然基金会)。全球的人均能源消耗从1971年的1 336.8千克石油当量上升到2014年的1 919.42千克石油当量，二氧化碳排放总量也从1960年的93.97亿吨上升到361.38亿吨。

与人造资本不断膨胀的情况相反，全球的生态系统服务正在逐步散失，生态系统正面临着严峻的挑战。根据联合国千年生态系统评估(Millennium Ecosystem Assessment)的报告显示，大气中的二氧化碳浓度从1750年的280ppm上升到2016年的403.3ppm，平均浓度达到了近百万年以来的最高水平(数据来源于2017年10月的《WHO温室气体公报》)，升幅超过44%；超过60%的生态系统服务处于退化或者不可持续利用的状态，森林生态系统的面积在过去的三个世纪消失了50%。

我国在过去的几百年也实现了社会经济规模的迅速扩张。人口总数从1700年的1.3亿(Maddison,2007)上升到2014年的13.82亿(国家统计局，2016),经济总量从0.08万亿美元(以1990年美元计量)(Maddison,2007)上升至2016年的11.199万亿现价美元(World Bank,2017);人均生态足迹为2.2全球公顷,这意味着如果地球上的每个人有着与中国普通居民同样的生态足迹,则需要大约1.3个地球来支撑人类对大自然的需求(WWF,2015)。我国能源消耗和二氧化碳排放分别在过去的30年间上升了3倍和5倍,并预计将在未来的30年中继续翻番(Maddison,2007)。

由此可见,我国也正面临着一个人造资本日益丰富而生态资本逐渐稀缺、经济福利日益增加而生态福利日益减少的状态。我国经济高速增长的背后伴随着高流量的自然资源消耗,人造资本迅速积累的背后伴随着自然资本的逐渐消失,人们在享受经济增长所带来的社会福利时也逐步牺牲了优质的生态系统服务。由于经济规模的不断扩张,生态系统已经不堪重负。经济规模日益庞大,不断被消耗和破坏的自然生态系统对于经济扩张的制约日益显著。

二、人造资本并不能完全替代自然资本

不同的资本并不是可以完全相互替代的,人造资本为人类提供的经济福利并不能完全替代自然资本所提供的生态福利。随着人们物质生活水平的提高以及马斯诺需求层次的提升,人们的主观偏好也逐步由单一的"物质偏好"向"多元化偏好"转移。比如,人们对于优质环境的需求与日俱增。北京因为其发达的都市经济、完善的基础设施、良好的公共服务吸引了来自五湖四海的人们。然而,近些年由于严重的雾霾以及其他的城市环境问题,越来越多的人选择离开或不再进来。新风系统、净化器、口罩这些"人造产品"虽然能一定程度上实现"室内空气的特供",但却无法提供蓝天白云下自由呼吸的愉悦,而这些"人造产品"的制造和使用也是建立在资源和环境消耗的基础上的。

我们常常有种错觉,人类在不断地创造新的产品。事实上,人类只是在不断地转换产品。人造资本由自然资本转换而来,从长期来看,人造资本和自然

资本又呈现出此消彼长的关系。因此，决定人类福祉的不只是资本总量，更是资本丰度！理性的经济应该是把合适比例的自然资本转换为人造资本。

作为嵌套在大生态系统中的经济子系统与生态系统是一种协同演化的关系。从早先的玛雅、苏美尔等古都市文明的兴衰我们就可以得到初步的启示，都市文明多因自然优势而生，也多因环境困境而亡。人类经济的兴衰与环境的兴衰保持着内在的节奏。在本人已经发表的一些研究成果里，我对宏观经济的演化趋势进行了大时间尺度的模拟，发现宏观经济会因为自然环境的波动而呈现出成长、成熟、衰退、积累四个阶段，而整个生命周期会延续数百年，当然不同的经济生命周期长短会有不同。宏观经济在成长期仰赖资源和环境的消耗而实现人造资本的迅速积累，但随着自然资本不断转换为人造资本，宏观经济最终会因为面临资源和环境的限制而步入衰退。如果人类经济能顺应自然，及时紧缩，等待资源和环境的缓慢积累，不断紧缩的经济也可以顺利进入下一个生命周期。也就是说，虽然作为一个开放的自组织系统，经济子系统对外界资源有着强大的内向性吸引力，但即便如此，经济子系统也会由于资源和环境的制约而存在着增长的极限。

三、经济发展应该保持恰当的经济规模和合适的资本丰度

人类文明经历了漫长演化的农业经济时代和迅猛发展的工业经济时代。在农业经济时代，人类资本积累速度慢、规模小，对自然环境干扰小，可持续性强，但经济福利水平过低，无法满足人们的物质需求；工业经济时代的到来，使人类以空前的速度进行资本积累，经济生产节奏快、规模大，人类经济福利水平得以大幅度提升，但对人类的生态福利造成了严重的剥夺，使人类经济本身也面临着严重的不可持续问题。不能太慢、太少、太小，也不能太快、太多、太大，我们应当学会如何去调和。因此，“恰当的经济规模、合适的资本丰度、适当的增长速率”应该成为宏观经济的发展目标。

21 世纪头十年，中国经济的主要目标是促增长，然而进入 21 世纪第二个十年后，能源、水资源等重要战略性资源的枯竭，雾霾等城市生活环境恶化等

问题凸显，中国政府开始逐渐意识到盲目追求经济规模的扩张所带来的诸多负面效应。2012年“两会”通过的《政府工作报告》将中国经济增长目标调低至7.5%，是2006年以来首次下调至低于8%。2015年以来对于调节经济增长预期的讨论越来越多，十八届五中全会通过的《中共中央关于制定国民经济和社会发展第十三个五年规划的建议》将经济增长预期设定为2020年比2010年翻一番，也即“十三五”期间经济增长目标大约为6.8%，说明我国政府开始更加重视经济增长的质量，而不是单纯地追求经济增长。2017年《政府工作报告》提出，过去一年中经济运行缓中趋稳、稳中向好，经济发展的质量和效益明显提高，2017年国内生产总值增长预期再次降至6.5%左右。在这样的时代背景下，稳态经济追求“存量满足，流量最小，服务最大”(Daly，1974，2014)的核心思想具有重要的战略意义。相比经济增长，稳态经济强调经济内在质量的提升。对于增长过热的中国经济来说，在生态约束下保持一定的经济规模，实现结构的调整，强调资源高效配置的同时重视福利的公平分配，这对于提升社会的整体福利具有更为现实的意义。

参考文献

[1] Daly，Herman E. The economics of the steady state[J]. The American Economic Review，1974，64(2):15—21.

[2] Daly，Herman E. From uneconomic growth to a steady-state economy[M]. Edward Elgar Publishing，2014.

[3] Maddison，A. Chinese Economic Performance in the Long Run，2nd Edition[M]. OECD，2007.

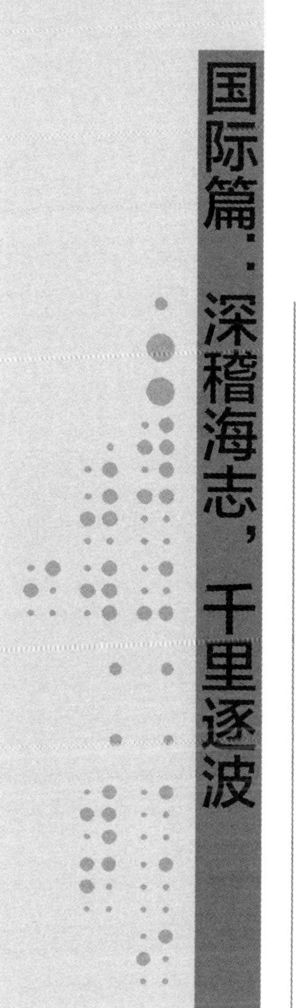

国际篇：深稽海志，千里逐波

9 Part

随着中国的崛起，当前国际形势正在发生深刻的变化。保护主义的抬头与全球经济的不景气给我国经济发展带来了持续的挑战。同时，随着我国改革开放的深入，“走出去”的需求越来越强烈，如何更好地应对全球经济形势所带来的新挑战，如何深入推进“一带一路”倡议的落实，将是本篇讨论的重点。

世界经济将进入全球主义与区域主义、孤立主义并存的纷乱时代

王跃生

李克强总理在2018年全国人民代表大会开幕会议上所做的《政府工作报告》中明确指出："综合分析国内外形势，我国发展面临的机遇和挑战并存。世界经济有望继续复苏，但不稳定不确定因素很多，主要经济体政策调整及其外溢效应带来变数，保护主义加剧，地缘政治风险上升。"上述论述，是对当前复杂多变的世界经济形势的准确判断，为我国制定相应的政策、采取针对性措施提供了重要的纲领性指导。

的确，当前的世界经济和国际经贸关系正处在错综复杂、瞬息万变的动荡之中。世界经济虽已开始复苏，但基础不稳。更重要的是，世界经济结构处于大变动之中，格局未定，各国都在按照自利原则出牌，构建未来的世界经济结构与国际经贸规则，这为世界经济的持续复苏和稳定发展增添了巨大的变数。仅举几例。其一，美国特朗普总统上台以后大搞孤立主义、保护主义，不仅退出TPP（跨太平洋伙伴关系协定）、搁置TTIP（跨大西洋贸易与投资伙伴协定，即美欧双边自由贸易协定）、重新谈判NAFTA（北美自由贸易协定）、边缘化WTO（世界贸易组织），而且于2018年3月宣布对全世界几乎所有国家的进口钢铁和铝征收高额关税，以保护美国的相关产业，并扬言乐于开打贸易战。其二，美国退出TPP后，在日本等国的坚持下，TPP其他11国经过重新谈判，对部分条款加以修改，达成了新的CPTPP协议（全面与进步跨太平洋伙伴关系协定），并于2018年3月8日正式签字。一个新的具有时代标志性与规则引导性的区域国际经贸机制正在形成。其三，自从2017年年初习近平

主席在瑞士达沃斯论坛上发出中国全力倡导和支持经济全球化的倡议以来，中国成为经济全球化最重要的推动者。中国更通过实施“一带一路”倡议、支持联合国与WTO等多边机制具体践行推进全球化和进一步扩大开放的精神。中国的主张和做法也得到世界许多国家包括欧盟的响应与支持……

以上几个例子表明，当今的世界经济中，的确存在着多种声音、多种潮流。其中既有中国所力主和倡导的新型全球化，也有CPTPP、RCEP（区域全面经济伙伴关系）、欧盟一体化市场、“东盟＋1”等新老区域经济合作机制，还有美国和英国的孤立主义。当然美国和英国作为最早的自由贸易倡导者和经济自由主义的信徒，也并非闭关锁国，只是想通过一对一的重新谈判，建立更有利于自身的对外贸易投资关系双边谈判机制。

那么，这种多潮流并存、多机制交错、多方向发展的状况是短期的、暂时的，还是长期的、持久的呢？我们认为，既然这种状况的产生具有深刻的时代背景和现实的经济基础，那么它就将会持续相当时间，直到全球的政治经济环境发生改变、新的全球结构逐步形成、大国博弈尘埃落定为止。

世界经济格局失序与经贸形势复杂多变、潮流交错的最重要基础就是既有全球化进程受阻、矛盾积累叠加、危机频繁发生。由美国等主要发达国家主导和推动的上一轮全球化始于20世纪80年代，到21世纪初达到顶峰。通过开放市场、自由贸易、产业转移，逐渐建立了全球市场、全球分工和全球生产体系，以及上述全球化结构借以实现的国际经贸规则。然而，这场全球化大潮在大大促进世界经济增长的同时，也带来全球经济失衡、国家之间以及一国国内贫富差距扩大、多数国家发展缓慢甚至沦为失败国家的后果，并且带来不断发生的金融经济危机。随着各种矛盾的积累，特别是贫富分化与金融危机暴露出的全球化结构的弊端，加之民粹主义的兴起壮大，反全球化潮流无论是在发展中国家还是发达国家都渐成燎原之势，“中心—外围”结构的全球化便日渐式微，自由贸易和开放市场不再被奉为圭臬。既然全球化不再能为参与国带来利益，那么减缓甚至退出全球化便成为理性选择。这成为反全球化的力量，也是孤立主义、保护主义、单边主义潮流的社会经济基础。

然而，全球分工和全球生产体系既已形成便不是轻易可以改变的，这不以人的意志为转移，反全球化的社会运动和个别主张孤立主义的政治领导人也是如此。资本的逐利天性使其必然会推动全球化进一步发展，把资本的触角伸向全球。与此同时，虽然发达国家的经济结构在上一轮全球化中已经调整完成，未来只是小修小补，但诸如中国、印度等发展中新兴大国仍然需要通过全球市场和全球资源重新配置来实现产业转型升级和可持续发展。或可说，工业化进程中的中、印等国比之后工业化的美英等国更需要全球要素自由流动、市场开放和国际经贸规则稳定。中国等新兴大国经济的规模和影响力又使之有能力在一定程度上倡导和推动全球化。所以，未来中国等新兴大国和诸如德国、日本等制造业发达国家会共同成为经济全球化的主要推动力量，虽然两者所主张的全球化规则可能不同。其中，中国的影响最为巨大。一则由于中国经济体量巨大、处于上升期，影响广泛；二则更由于中国所提出的全球化方向和全球化规则超越了美欧主导的全球化，更具有包容性、灵活性、普惠性，更易于为其他国家特别是发展中国家所接受。无论如何，全球化作为既“政治正确”又符合主流经济学“基本教义”的当代准则，更具有客观经济基础，因而无论何时都会是世界经济的重要趋势之一。

我们说世界经济将呈现出矛盾错综复杂、各种规则和各种主义各行其是的纷乱局面，还有一个重要的背景就是中国崛起与大国博弈过程中的秩序失范与规则缺失。随着中国经济的发展和实力增强，一个拥有近14亿人口、不久将成为世界第一经济大国的中国，其崛起于世界政治经济舞台是不可避免的。这就带来了新兴大国与守成大国的地位更迭与利益冲突问题。人类历史上多通过剧烈冲突完成新旧更替，即所谓的“修昔底德陷阱”。我们认为，“修昔底德陷阱”是一种现实威胁但并非不可避免。同时，另一种威胁即所谓的“金德尔伯格陷阱”也同样重要：原有的守成大国既然不再是世界老大和霸主，便不再负责维护全球秩序，提供国际公共产品，包括制度规范与经贸规则；而新兴大国又缺乏这方面的经验和能力，从而使世界处于一个旧秩序已被打破、新秩序尚待建立的没有秩序和缺乏规则的混乱状态。在这种情况下，各国只能选择“个人管个人”的自保行为，或者与左邻右舍结成小圈子、小集团，抱团取暖，从而使全球处于孤立主义、区域主义、小集团泛滥的状态当中。我们在当前世界经济中各种区域小集团兴起、全球规则和多边主义式微的状态中多少可以看到这种影子。

借鉴国际经验解决增值税留抵问题

刘　怡

改革开放以来我国制造业发展迅速，逐步成为国民经济的重要支柱。近年来，工人工资的普遍上升，包括土地价格、能源价格和原材料价格在内的成本提高，以及我国日益严格的环境保护标准，都使得制造业企业面临较大的成本压力。加之经济下行压力加大、经济结构调整、国际政治经济局势复杂多变，我国企业在内外因素的共同影响下，经济效益普遍下滑。众多因素交织导致了我国制造业竞争力的危机：一方面，人口红利的消失使得我国制造业传统的比较优势下降；另一方面，资本和技术密集型产业尚未发展到一定规模，导致我国制造业难以在短期内实现转型升级。因此，现阶段我国制造业所面临的困境和挑战尤为突出。

在各项因素中，税负问题一直是影响制造业企业竞争力的最重要因素之一。我国的税制体系以间接税为主体，在经济下行时期，企业的"税负"感受更为强烈，因此完善相关税制以提升我国制造业的国际竞争力尤为关键。

具体来说，间接税对货物和劳务征收。根据国际货币基金组织（IMF）发布的《政府财政统计年鉴（2015）》，各国总商品和劳务税占税收收入（不含社会保障缴款）的比重美国为 20.87%，法国为 39.87%，德国为 44.96%，英国为 42.77%，日本为 36.36%，韩国为 42.80%，而中国高达 64.75%。总商品和劳务税包括一般商品劳务税（general taxes on goods and services）和特种消费税（excises），其税额多少直接影响商品或劳务的市场竞争力。特种消费税通常针对特殊商品征收，一般数额较小，因而一般商品劳务税更为普遍。一般商品劳务税在不同国家有不同的表述，例如在美国为消费税（Sales Tax）；在新加坡、加拿大等国被称为货物和劳务税（Goods and Services Tax，GST）；在欧洲国家被称为增值税（Value Added Tax，VAT）；在中国主要包括增值税和营业税，随着营改增的全面推开和营业税的废止，增值税的重要性进一步提升。2017年，中国国内增值税收入为56 378亿元，再加上进口货物增值税、消费税15 969亿元，减去出口退税13 870亿元，共计58 477亿元，占全国税收收入总额144 360亿元的40.51%。如此大规模的增值税，一旦其中存在对制造业竞争力提升的阻碍，其负面影响值得重视。

增值税采取税款抵扣的计算方法，即分别计算销项税额和进项税额，用销项税额抵减进项税额后的净额为企业应缴纳的增值税。这样一来，增值税仅对生产经营各个环节的增加值征收，既能够有效避免营业税存在的重复征税问题，也有利于税务部门对税款的监控。然而，现实的企业生产运营中，由于行业经济特点和产业结构等问题，许多企业大量长期存在增值税留抵税额——我国《增值税暂行条例》第四条规定："当期销项税额小于当期进项税额不足抵扣时，其不足部分可以结转下期继续抵扣。"由于不足抵扣的进项要结转至下期抵扣，因而被称为留抵税额，常简称"留抵"。

留抵的成因众多，最常见原因有产品不能及时销售、不能及时取得进项税发票等。根据留抵的产生是否由政策导致，可将其分为政策性和非政策性两大类。其中，政策性因素导致的增值税留抵主要有由价格管制而导致的价格倒挂、国家储备、多档税率等几种情形；非政策性因素造成的留抵大多在企业正常生产经营过程中出现，且往往与季节性因素、生产经营周期等相关。无论何种原因形成的留抵，均占用了企业资金，甚至成为实际上的企业税收负担。特别是对于需要面对重大风险和长期不确定性的创新创业企业而言，留抵制度不利于企业全球竞争力的形成：企业需在投资之初就预缴投资所含的17%的增值税及其附加。而且，任何一个制造业企业进行固定资产和长期研发投资，如果投资失败，相比于不实行增值税留抵制度国家的企业，需多付近20%的增值税成本。因此，留抵对企业竞争力的负面影响不容小视。此外，留抵还可能引致“配货配票”行为——通过某种方式将销项和进项在时间上进行匹配，这种行为可能是合法的税收筹划，但更多存在于违法和违规操作中，不仅增加了交易成本，更会造成经济秩序的混乱和国家税收收入的减少。

世界范围内，增值税因其征收便利而被许多国家广泛采纳。对于“留抵”问题，大多数国家都采取直接退税的做法，即只要纳税人允许抵扣的进项税额超过其销项税额，税务机关将在规定的时间内对差额部分予以退还，若未能按期退税，税务机关还需按规定支付利息或退税补款(repayment supplement)。还有部分国家采取了更为灵活的做法，如法国和马来西亚允许纳税人自行选择退税或是留抵，即如果满足各项条件，纳税人可以在纳税申报时选择全部或部分退还增值税留抵税额，同时纳税人也可以决定将留抵税额递延至以后纳税期间，用于抵扣未来应缴纳的增值税；新加坡的规定则更为便利——若进项税额超过销项税额不足 5 新元，不退税也不留抵(相应地，应交增值税不足 5 元时，纳税人也不必缴纳)；若进项税额大于销项税额不超过 15 新元，则不退税，留待下期抵扣。

当然，并非所有进项税额都可以用于抵扣。通常，增值税不可抵扣的进项包括餐饮、住宿、娱乐、赠品及奢侈品、购买交通工具、汽油燃料、班车服务等，像企业提供给员工及其亲属的福利、购买或租赁汽车的费用、俱乐部会费、劳工法规定之外的医药费和医疗保险费、娱乐费用等均不得抵扣。

根据上述国际经验，对增值税留抵实行退税在操作上具有一定的可行性。我国也已经在一些行业和领域内实行留抵税额退税的政策，例如根据《财政部 国家税务总局关于大型客机和新支线飞机增值税政策的通知》(财税〔2016〕141 号)，对纳税人从事大型客机、大型客机发动机研制项目以及纳税人生产销售新支线飞机而形成的增值税期末留抵税额予以退还；对于一些符合条件的增值税一般纳税人，由于特定事项产生的留抵税额，也可按照一定的计算公式予以计算退还，包括：符合条件的集成电路重大项目增值税留抵税额退税(财税〔2011〕107 号)；对外购用于生产乙烯、芳烃类化工产品的石脑油、燃料油价格中消费税部分对应的增值税额退税(财税〔2014〕17 号)。

笔者认为，考虑到留抵的产生原因复杂多样，各项留抵的规模也大小不一。考虑到留抵成因的复杂性及其对企业的影响，应当对留抵的规模进行准确计算，有针对性地采取相应措施完善增值税抵扣制度，解决留抵问题给企业造成的资金占用，切实提升企业竞争力。

“一带一路”：共建新型全球化

张　辉

“一带一路”(The Belt and Road)是“丝绸之路经济带”和“21世纪海上丝绸之路”的简称。2013年，中国国家主席习近平在出访哈萨克斯坦和印度尼西亚期间，先后提出共建“丝绸之路经济带”和“21世纪海上丝绸之路”，即“一带一路”倡议。2017年5月14日上午，国家主席习近平在“一带一路”国际合作高峰论坛开幕式上发表主旨演讲，高屋建瓴地指出：“古代丝绸之路绵亘万里，延续千年，积淀了以和平合作、开放包容、互学互鉴、互利共赢为核心的丝路精神。这是人类文明的宝贵遗产。”2018年3月5日上午，国务院总理李克强在第十三届全国人民代表大会第一次会议上做《政府工作报告》时对2018年政府工作的建议中提出：“推动形成全面开放新格局，推进‘一带一路’国际合作。”

中国改革开放40年，最令人瞩目的成就之一就是跨越了贫困的陷阱，使一个有八亿多贫困人口的国家成功脱贫，这对世界脱贫工作而言是一个巨大的贡献。随着我国经济发展阶段的转变，以往确保中国经济增长奇迹的因素和条件也都开始发生了深刻的变化，一系列新的矛盾开始逐渐浮现。从生产的角度来看，以往生产要素低成本的优势开始衰减，而依靠创新和技术驱动的新行业尚未完全建立；人口老龄化的问题日趋严重，人口红利逐渐消失，劳动力成本上升，“刘易斯拐点”正在到来。中国贸易比较优势也呈边际递减：一方面，欧美国家的再工业化战略使得高端制造业不断回流；另一方面，中国要素市场价格上升，中低端制造业的成本比较优势在逐渐丧失，这些产业逐步向周边发展中国家转移，中国制造业产业转型升级迫在眉睫。

从全球经贸历史演进来看，一方面，随着20世纪80年代新自由主义势头的衰减，当前全球贸易结构已经逐渐发生变化；另一方面，根据资本积累的一般规律，早期全球化的资本积累逐步演化出了两个对立面：财富在资产阶级一方积累，贫困在无产阶级一方积累，最终形成严重的贫富分化，全球经济的两极分化不断加强。从全球价值链的角度来看，发达国家贸易陷入停滞，中国作为世界上最大的发展中国家，将在世界贸易的发展中扮演愈加重要的角色。与此同时，全球价值链的表现形式与以往相比，也展现出了新的特点，世界经济结构逐渐由以发达国家为核心的“中心—外围”这一单循环模式转变为更为复杂的双环流。一方面，以中国为代表的亚洲新兴国家与欧美发达国家保持着传统的经济往来关系，形成了价值链的上环流；另一方面，随着经济的高速发展，中国逐渐成为新兴工业化地区和全球制造中心，与资源丰富、工业化程度相对较低的亚非拉发展中国家开展经济合作，通过直接投资带动各国工业化发展，以贸易扩展当地市场，形成价值链的下环流。中国是全球贸易大国，在全球价值链中占据举足轻重的地位，因此处于全球价值双环流体系的中间环节，成为连接发达经济体与发展中经济体的桥梁。

坚持全面开放让中国的发展受益匪浅，我们的研究发现，中国1990—2015年的发展模式很大程度上经历了粗放发展—贸易学习—成果转化三个阶段。在三个阶段中，中国市场开放程度不断增加，贸易国际化程度总体升级，民营企业贸易参与程度不断增大，并伴随着产品生产技术水平、企业管理经验及产业结构的全面升级。

其中，1990—2000年为第一阶段，中国仍为以资源导向为主的低端供给国，市场开放程度较低，贸易国际化程度较弱，国有企业广泛参与贸易进程，各大类产品生产技术水平普遍落后，企业管理经验不足，国际竞争实力较差；农林牧渔第一产业出口及低端制造业出口仍占出口产品较大比重，进口能力较弱。这一阶段，中国在产业链中的位置从上游供给端向中游转移，贸易参与水平不断提升。

2000—2010 年为第二阶段，中国资源导向型产业发挥的程度明显降低，随着 2001 年加入 WTO 及一系列贸易协议的签署，市场开放程度明显提升，贸易国际化程度明显增强，民营企业在全球贸易进程中的参与程度加速；另外，随着对国外贸易产品及生产技术的不断引进，中国各产业产品生产及运营能力均取得了快速进步，各大类产品生产技术水平有明显增强，企业管理经验及管理能力不断提升，国际竞争实力不断增强，涌现了一批具有国际竞争力的中国本土企业；农林牧渔第一产业出口及低端制造业出口已日趋式微，消费能力逐渐增强，进口能力及进口意愿逐步提升。这一阶段，中国在产业链中的位置保持在中游水平，贸易参与水平仍然处于提升期。

2010—2015 年为第三阶段，学习型贸易逐渐得到红利释放，技术水平的提升带来了高端产品出口额增长，中高端最终消费品生产能力增强。中国高端制造业生产渐成规模，在个人笔记本电脑、通信器件等部分细分行业已逐渐构筑起全球竞争优势，市场开放程度已保持在较高水平，贸易国际化程度较强，民营企业价值创造能力不断释放，通过前期国际贸易中的学习发展，各大类产品生产技术水平得到普遍提升，企业管理经验及管理能力保持在较高水平，国际竞争实力较强；此阶段产业结构逐步从资源消耗型及人力资源依赖型产业转型为高端制造业，消费意愿及进口能力进一步提升。

展望未来，从 2018 年到 2021 年，我们将经历中国改革开放 40 周年、中华人民共和国成立 70 周年、全面建成小康社会和中国共产党成立 100 周年这 4 个重要的时间节点。而今后 5 年，中国正处在实现“两个一百年”奋斗目标的历史交汇期，不仅既定的各项规划要圆满收官，更要为十九大提出的更长远目标打牢基础、开创新局。中国目前正处于产业转型升级的关键节点，但我们相信，随着“一带一路”倡议的实施，全面的开放格局将进一步打开，伴随着陆路、海路基础设施的拓展和建设，进而引领更多的发展中国家加入到全球价值链中，我们将有望实现真正意义上的合作共赢，打造“人类命运共同体”，共建新型全球化格局。

一言以蔽之，“一带一路”倡议的横空出世，正是中国基于自身的实践经

验，力图将自身的所得所获反馈至全世界，通过构建一个公正、合理、包容的国际经贸投资规则体系，打通发展中国家之间的经济交流与合作，从而为发展中国家带来更加公平与可持续的发展机会。中国作为连接“一带一路”各类国家的重要节点，有望快速适应不同贸易类型国家的贸易需求，在贸易过程中形成循环串联，突出自身在全球价值链中发挥的独特作用。今天，中国已然跃居成为全球第二大经济体，比历史上任何时期都更加接近世界舞台的中央。通过“一带一路”倡议，坚持共商共建共享，落实“一带一路”国际合作高峰论坛成果，全面推动对外开放格局的贸易合作空间，使中国不仅在经济上，而且在法律、制度、教育、文化、思想等多个层面上更进一步加入到世界秩序当中，进而彰显自身的时代意义和价值体系。

浅议特朗普税改

陈　仪

特朗普放大招，美国大幅减税。2017 年 12 月 2 日，美国参议院以 2 票之差通过了特朗普政府提出的税改法案，在此前的 11 月 17 日，众议院也以 227∶205 的票数比通过了这一法案。这是美国自里根时代以来规模最大的减税计划，也是特朗普和共和党在临近执政周年之际取得的一项重大立法成果。特朗普减税的要点是什么？影响何在？中国如何应对其影响？从 2018 年"两会"李克强总理所做的《政府工作报告》和财政部部长肖捷答记者问中，可以获得大量极具价值的信息。2018 年中国的减税改革分量足、成色重，值得大家期待。我国的税收改革，是深化改革的重要组成部分，总体效果将是双重的：一方面将有效应对特朗普减税对中国的影响，应对世界经济的变化对中国经济发展的挑战；另一方面将进一步促进和完善中国供给侧结构性改革，更好地解决经济和社会领域的一些重大问题。笔者在此集中谈谈特朗普税改的几个主要方面。

一、特朗普减税计划的要点

简单说有三大要点。第一，将企业所得税从 35%降至 21%，从 35 个 OECD(经济合作与发展组织)国家的最高水平降到了平均水平(基于 2017 年数据)。第二，对美国企业境外所得的征税原则从属人原则改为属地原则，海外利润汇回改按优惠税率(约 10%)征收一次性汇回税。第三，不同收入群体的个人所得税下调，收入越低，税率下调的幅度越大，但从税额减免的幅度看，高收入群体的减免幅度更大。

从字面上看，该计划对企业的优惠力度比对家庭大，在家庭内部，该计划对高收入群体的优惠力度比对低收入群体大。

二、特朗普的减税计划是否具有可持续性

从当前情况看减税的国内政治障碍已基本消除，顺利启动不成问题。但正如大多数人所担心的，减税很可能导致财政状况的恶化和债务的扩大，其是否可持续值得怀疑。

减税是共和党人深入骨髓的政策理念之一，特朗普政府的减税政策很容易让人联想到里根政府的减税政策。但我们应该注意到，里根政府在推出减税政策的同时还提出了一揽子开支削减计划。在里根的八年执政期内，虽然联邦财政赤字占GDP的比重一度从1981年的2.5%升至1983年的5.7%，但到了执政的最后两年，已恢复至3%的水平。反观特朗普政府，虽然有（从绝对规模看）史无前例的减税雄心，却没有差堪比拟的节流安排。事实上，由于奥巴马政府已将福利开支提高到空前的水平，后者具有不言而喻的向下刚性，同时国防开支因为国际形势的不稳定以及共和党与军火集团的“传统友谊”而继续看涨，兼之大规模的基建计划呼之欲出，我们很难相信特朗普政府在削减财政预算方面有很大的空间。

财政赤字的扩大意味着公共债务的扩大，而公共债务的扩大是有约束的。当里根政府推出减税计划时，公共债务占GDP的比重仅为30.8%，到了执政末期也不过增加到49.6%；而当特朗普上任时，这一数字已高达104.1%，远高于60%的国际警戒线。由于美国政府的债务水平频繁触及国会批准的上限，国会不得不一次又一次地上调或暂停债务上限，以避免政府停摆或违约。仅在奥巴马任内，国会上调债务上限的次数便达10次之多。特朗普上任后情况丝毫未见改善，政府始终在“财政悬崖”边徘徊。税改法案通过后不到一个星期，国会便不得不批准一项临时拨款法案，使联邦政府的运作资金得以维持至12月下旬，但所有人心里都明白，这不过是权宜之计。在这种背景下，特朗

普减税计划的推行必将步履维艰。

三、特朗普的减税计划能否实现政策初衷

减税既是一项需求政策也是一项供给政策。在短期内，减税会直接刺激企业的投资需求和家户的消费需求；从长期看，下调企业所得税税率还会吸引资本内流。所有这些都有助于增加产出和就业，“让美国重归伟大”。产出的增加意味着税基的增加，这可以弥补税率下降对财政收入的影响，避免财政状况的恶化。

如果真有这么便宜的事，各国早就开始竞相减税了，国际“税收战”也早就打响了。之所以未出现这样的局面，正是因为减税的成效存在不确定性。芝加哥大学布斯商学院不久前对四十余名经济学家进行了访谈，结果除一位经济学家以外，所有受访对象都对特朗普减税计划的效果表示怀疑。那么，为什么减税的效果可能不如预期呢？

第一，减税几乎一定会使得公共债务增加。如果减税对产出——从而税基——的促进作用不大，那么公共债务无非是延迟的税收，具有前瞻性的私人部门会增加储蓄以应付未来的加税，减税对需求的刺激作用便较为有限了。这是广为人知的“李嘉图等价”原理。

第二，减税的效果还与货币当局的作为有关。如果货币当局因为减税造成了通胀压力而加息，减税对需求的刺激作用也可能会打折。

第三，在开放环境下，减税释放的私人部门需求未必指向本国产出，反而可能指向他国产出。在此情景中，财政赤字扩大的结果是经常账户逆差的扩大，经济学家们称此为“双赤字”假说。美国 2001—2007 年间经常账户逆差的持续攀升便被部分评论者归咎于小布什政府逐年恶化的财政状况。

第四，特朗普政府为了推行减税计划，确实做出了削减部分联邦政府开支的尝试，首当其冲的便是教育和基础研究支出，这无疑会伤害美国经济的长期增长潜力。

最后，下调企业税使得资本内流的观点也有值得商榷之处，后文将详加

说明。

总的来说,减税是否具有立竿见影的扩张效果在理论上是存在争议的。而纵观美国战后的发展史,也不难发现减税与经济增长间并不存在简单的正相关关系。里根政府的减税计划获得了成功,但克林顿时期的高速增长却是在加税的背景下实现的。

四、特朗普减税计划是否存在很强的负外部性

2017年4月28日,特朗普政府甫一公布减税计划,《人民日报》便发表了一篇观点鲜明的文章,大意是这一计划损人不利己,这反映了中国官方对特朗普减税计划的态度;援引国税总局一位官员当时的说法,"我们认为这是错误的,我们旗帜鲜明地反对收税竞争"。减税计划在美国国会通过后,中国的舆论场中更兴起了一阵挞伐之声,很多人都觉得这将对中国产生非常不利的影响。那么,事实是否必然如此呢?

从需求面看,美国减税对中国是一个正的外需冲击:无论是美国企业扩大投资还是美国家户增加消费,均会起到拉动中国出口的作用。如果近年来中国对外顺差的相对萎缩和外汇储备的下降确实值得担忧,我们就更应该将美国减税视为一个利好。

中国批评者更担心的是美国减税的供给面影响,即企业所得税税率的下降增加了美国对企业的吸引力,将使得制造业资本从中国向美国回流或转移。和将经济增长寄望于税收政策一样,认为企业的生产布局仅取决于税率的高低也犯了管中窥豹的错误。一系列因素决定了一国对制造业资本的吸引力,如劳动力成本、劳动生产率、市场规模、基础设施和社会基础设施、产业集聚度、能源成本、环境承载力,等等,税收政策只是其中的一项。世界上税率低而制造业不发达的国家比比皆是,反之亦然。中国的一些优势将不可逆转地消失(如劳动力成本、能源成本和环境承载能力),部分制造业的外流乃是大势所趋,但这一过程会在到达一个度之后停止,因为中国其他一些优势不仅牢不可破,甚至还会不断增强,即使特朗普税改也改变不了这一事实。

在笔者看来，中国没必要对特朗普税改做出过度反应。当我们早年为了引进外资而对外商提供税收优惠时，当十八大后新一届政府大力降低企业税费时，我们都不认为我们的政策是“不负责任”的。制造业的外流也不必担心。资本的跨国流动可能由扭曲性的政策所致，更可能由基本面的变化引起。前者不可持续，后者代表效率的改善，且往往惠及双方。中国在大量引进外资的时代与资本输出国分享了效率改善的好处。只要坚持改革，练好内功，中国在制造业全球再布局的新阶段仍将继续获益。

立足自身，稳步推进，建立全面开放新格局

李　权

2018年3月5日，李克强总理在《政府工作报告》中明确指出"加快推动全面开放，打造内陆开放新高地"，其中特别提到："主动跟进融入自由贸易港建设……打造更高能级的开放型经济新平台，走出更加宽广的对外开放新路子。"在新的国际局势和国内发展进程中，中国坚持改革开放，立足自身，稳步推进，谋求共同发展。

一、国际局势的新发展

马克思的《贸易论》预言：世界贸易中心的转移使太平洋成为世界交通的航线，地中海和大西洋都会变成内海。当前亚太局势错综复杂，不断面临新的变数。2017年11月11日，由启动TPP(跨太平洋伙伴关系协议)谈判的11个亚太国家共同发布了一份联合声明，宣布"已经就新的协议达成了基础性的重要共识"，并决定将TPP改名为CPTPP(跨太平洋伙伴关系全面进步协定，又称"全面且先进的TPP")，该协定计划在2018年3月8日于智利签署，虽然较原先TPP的范围略为缩小，但仍维持了高品质及深度开放的水准。CPTPP具有包容性，生效后开放第二波成员可加入。

CPTPP和美国退出前2015年签署的TPP相比，无论其规模还是标准都有明显的下降，与RCEP(区域全面经济伙伴关系，包括东盟10国、中国、日本、韩国、澳大利亚、新西兰、印度)的差距更大。

2009年美国高调加入TPP后，在包括环境、劳动、电子商务、国有企业规

制、新服务贸易等广泛领域，标榜TPP将成为修改现行WTO规则的高标准的跨区域的多边经济贸易协议。然而，因美国的退出，TPP 11国对2015年签署的协议进行了重新协商，其结果在保持降低95%以上关税的基础上，冻结了20项原来TPP中代表高标准的项目。即2017年11月10日，经过11国的协商，原本各国主张冻结的60多项项目经过协商后只留了20项，其中医药品数据的保护期限(原则为8年)、著作权的保护期限(作者去世后70年)等知识产权相关的项目占50%以上，而劳动者和政府之间纷争处理规则等4项成为今后继续交涉的内容。显然，知识产权、劳资纠纷规则等原本成为TPP高标准的象征，如今只能降低标准促成了部长级框架协议。在日本的主导下，为了使CPTPP尽快生效，TPP 11国也修改了生效条件，即原来TPP将在占12国GDP(国内生产总值)总额85%的6个以上国家完成程序的60天后生效，而新版本CPTTP的生效条件为11国中有6国完成国内批准手续即可生效。

二、未雨绸缪，积极应对

无论是TPP还是CPTPP，直接的目标是日本借此力争实施多边高质量贸易框架的贸易战略，牵制在亚太地区不断扩大的中国的影响力，挑战中国的多边自贸区战略。然而，CPTPP成员国内部矛盾依然难调。日本在国内经济复苏乏力、国际竞争力下滑的情况下，能否发挥11个国家的协调、引领和市场支撑作用值得商榷。如原定2017年11月10日举行的TPP 11国首脑会议，由于加拿大总理特鲁多的临时爽约而搁置，最后11日降格召开部长级会议，达成了CPTPP框架协议。虽然CPTPP框架协议提倡“确定开放的市场和抗议保护主义”的原则，也设立了菲律宾、泰国等新加入国家的协议，但一开始就传出了内部不和谐的信息，如加拿大在开会之前要求日本放宽汽车安全标准，而日方难以满足其条件时临时取消参会使TPP 11国首脑会议流产。今后日本与加拿大的汽车贸易、越南的电子商务交易规则和纺织品的贸易规则以及劳资纷争处理条款等问题将成为协议顺利达成的主要障碍。原来TPP的内容包括电子商务和国有企业改革等较高标准的规则。而CPTPP虽然其市场规模依然较大，但美国的退出不仅削弱了美国在亚太地缘政治中的重要作用，而且也降低了未来印度、印度尼西亚、泰国等国加入 CPTPP 的可能性，而加拿大等国在谈判中态度的转变等也增添了今后谈判能否顺利进行的变数。

对中国来说，在 CPTPP 11 个成员国中，中国与新加坡、文莱、马来西亚、越南、智利 5 个国家已经有双边的 FTA（自由贸易协定；2010 年中国与东盟 FTA 正式启动），日本、澳大利亚、新西兰 3 个国家作为 RCEP 成员国也正与中国一起推进区域经济合作，而中国与加拿大的自贸区谈判也即将开始。因此，CPTPP 的启动对中国的贸易转移和投资转移效应有限，反而有利于加快这些国家之间深入的经济贸易合作，而所谓高标准的自贸区也将成为 RCEP 的模板。CPTPP 的启动将有利于推动经济全球化以及多边贸易体系的构建，有效地推动 RCEP 成员国之间经济贸易谈判进程，有利于全球多边贸易谈判的顺利发展。

目前，CPTPP 作为跨区域的多边贸易协议，处在不断的动态调整之中，其发展前景不够明朗，但对中国来说，不管 CPTPP 如何发展，中国应一如既往地加强“一带一路”沿线国家之间的经贸合作，不断扩大双边或多边贸易合作圈，提升自己在亚洲乃至全球产业链中的核心地位，争夺亚太地区贸易投资规则的话语权，掌握全球经济一体化的主动权。

三、立足自身，创新机制

习近平总书记在十九大报告中指出：“中国将推动全面开放新格局。”2017 年习主席 APEC 演讲的主题是“抓住世界经济转型机遇，谋求亚太更大发展”，提出赋予自由贸易试验区更大的改革自主权，探索建设自由贸易港。2017 年年底，白宫发布的特朗普任期内第一份《美国国家安全战略报告》首次将中国明确定位为美国“战略上的竞争对手”，这一提法首度公开化，进一步印证了中国的发展成就，以 CPTPP 为代表的国际合作框架需要中国力量也越来越显著地体现出来。原因如下：

第一，中国的市场和进口潜力。习近平总书记在十九大上提出现在的矛盾主要是人民日益增长的美好生活需要与不平衡不充分发展之间的矛盾。在达沃斯会议上，刘鹤提出2018年中国会实行更多的开放政策，将持续增加进口力度。中国每年进口大约两万多亿美元，其中消费品进口仅占3%—4%，不足其他国家的一半。2018年中国即将举行进口博览会，已经到了继续开放消费品进口市场的时候。此外，在经贸关系方面要以国内需求为主，中国经济在转型，国内消费能力在不断增强。

第二，中国的制度改革在不断完善。近年来，中国在上海自贸区倡导的负面清单制度、持续扩大的外资开放领域、对民营企业的激励、国企改革等领域取得了长足进展。国外对中国抱怨很多的一点就是国企的补贴太高了。危机之后国有企业在海外购买的资产80%都亏了，而且不是亏一点点，这些钱都是拿国家补贴得来的，这种海量的补贴遭受了重大损失。包括CPTPP在内的国际经贸战略风云变幻的外溢效果可以进一步推进中国国内的改革，提高内部资源配置效率，在更大程度上提高中国的国际竞争力。

第三，自贸港与自贸区推进内外联动、提质增效。与传统自贸区相比，自贸港的特点可以概括为四个方面：境内关外；一线放开，二线管住；包括河港、空港、陆港；梯度转移。1990年，中国第一个保税区——上海外高桥保税区建成，这一模式对中国外贸的增长产生巨大的推动作用；2013年中国第一个自由贸易试验区——上海自贸区成立，经历了不断深化的制度创新和便利化进程。中国已经建成上海、天津、福建、广东、重庆、四川、湖北、河南、陕西、浙江、辽宁等11个自贸区，内外联动、提质增效，培育了对外贸易新业态新模式，构建了承接产业、资本、技术转移的新高地。

积极开展国际减贫合作，共建人类命运共同体

张晓颖

2018年3月17日，十三届全国人大一次会议表决通过了关于国务院机构改革方案的决定，其中“组建国家国际发展合作署”引起了社会的广泛讨论。根据改革方案，新成立的国际发展合作署将作为国务院直属机构运行，其主要职责包括拟定对外援助战略方针、规划、政策，统筹协调援外重大问题并提出建议，推进援外方式改革，编制对外援助方案和计划，确定对外援助项目并监督评估实施情况等。组建国家国际发展合作署，是为了充分发挥对外援助作为大国外交重要手段的作用，加强对外援助的战略谋划和统筹协调，推动援外工作统一管理、改革优化援外方式，更好地服务国家外交总体布局和共建“一带一路”等目的。由此可见，我国国际发展合作署的定位并不等同于发达国家（主要是指OECD-DAC成员国）的国际合作署，其职能也不是单向地提供援助，而是以此为平台，从更加系统、全面、务实、合作的角度开展合作。“一带一路”沿线国家多为发展中国家，因此我国与这些发展中国家开展的合作必须是建立在平等互利基础上的新型南南合作，尤其是以减贫发展为核心的共赢合作。

一、传统发展援助遭遇瓶颈

从马歇尔计划以来，国际官方发展援助（Official Development Aid，ODA）的援助目的已经从最初的战后重建发展到以促进经济增长、实现国家的减贫发展为核心。2000年发布的“联合国千年发展目标”（Millennium

Development Goals，MDGs）可算国际发展援助领域的一个里程碑，这是人类历史上第一次对全球范围内的减贫问题达成共识。然而在实践中，传统的发展援助国虽然积极参与MDGs的相关倡议和活动，但在承诺兑现过程中行动迟缓，出现了援助疲软现象，MDGs最后演变为“富国出钱、穷国动手”的游戏。2015年推出的联合国可持续发展目标（Sustainable Development Goals，SDGs）将目标1调整为“消除一切形式的贫困”，一方面表明这是人类社会对贫困认识的一次本质飞跃，全球领导人首次对贫困多维度特性达成统一，减贫不再单纯强调增加收入；另一方面，在援助理念、数量、质量均出现疲软的情况下，这也对现有的援助构架和内容提出了挑战，如何借助北方国家的优势找到适合南方发展中国家减贫的道路成为全球发展的一大难题。

二、中国通过新南南合作参与全球贫困治理

中国是最早实现联合国MDG减贫目标的国家之一，是全球减贫的重要贡献者，这主要表现为两个方面：一是发挥制度优势，减少本国内部贫困；二是以新南南合作为平台，通过基础设施建设、援助、投资、民生项目等途径增强其他发展中国家的内生动力，实现减贫。二者相互支撑构成了中国参与全球减贫的左手与右手。所谓“新”南南合作主要区别于传统的南南合作和南北援助，国际上对新南南合作还处于讨论阶段，因此也没有统一的定义。概括而言，我国提出的新南南合作主要包含了对外援助、对外投资、贸易、民生项目四部分。从合作形式看，既包括对外援助、对外直接投资、贸易等经济领域的“硬合作”，也包括技术示范、人才培养、援外医疗队、知识分享等“软合作”。从援助领域看，既有基础设施领域的援助和投资，也有农业、农村减贫等直接瞄准贫困地区的扶贫示范项目，还有教育、卫生等改善民生、培育长期发展能力的项目。对外援助属于政府行为，投资和贸易属于企业行为，民生项目既有政府的援助也包含了NGO的参与，这种新南南合作尽管在实践层面还有诸多待完善的方面，但从理念方面已经做到了政府、企业和社会组织的有效结合。

三、我国的减贫实践是新南南合作的根基

"一带一路"背景下，我国在发展中国家开展的新南南合作的理念来源于国内的减贫实践。我国自1986年开始大规模有计划的扶贫，时至今日尽管扶贫仍然在路上，但经过三十多年的摸索与尝试，已经形成了一些具有中国特色的减贫经验和模式，不同政府机构、专家对中国的减贫经验进行了不同的总结，综合而言可以概括为三点：

首先是坚持政府主导，强化政府责任，我国的扶贫工作主要是通过国务院扶贫开发领导小组完成的，其成员单位包括了财政、教育、卫生等近50个政府核心部门(因国务院机构改革，目前暂无法统计具体部门数量)。这种跨部门的扶贫机构设置是发展中国家少有的，多数发展中国家的减贫机构内设于社会福祉部、农村部等政府机构中，统筹协调能力、资源调动能力都很弱，因此减贫缓慢。值得注意的是，我国的对外合作强调不干涉别国内政，因此直接干预他国政府管理的项目并不在其中，但我们却在对外援助中开展了大量的以提升政府官员能力为目的的培训项目。

其次是坚持扶贫开发、自力更生、因地制宜。中国同很多发展中国家一样，经历了战后的百废待兴与重建，不同的是中国通过利用国际援助成功地摆脱了贫困陷阱，而很多发展中国家直到今天仍然严重依赖外援，ODA在一些国家的财政预算中甚至达到了三分之一。在我国的减贫与发展轨迹中，来自国际组织、发达国家的援助是发展经济的重要资金、技术、管理方式的来源。但不同的是，在利用外资的过程中，我国政府坚持自力更生、因地制宜地利用这些外部资源，从中学习并改造了一些发展理念，以世界银行对中国西南的扶贫项目为例，中国最大的收获是从中学习了世界银行的项目管理经验，完善了监测评估方法，而不是像非洲的很多极不发达国家那样，至今还在用西方的制度生搬硬造本国的减贫战略文件(PRSP)。

最后是从教育、医疗等方面入手，建立有利于贫困地区和贫困人口的公共政策，促进利贫增长和包容发展。同很多发展中国家一样，我国的贫困人口多

聚集于农村，因此减贫应始终把农业、农村、农民置于核心地位，通过系统广泛的工业化、城镇化、农业产业化政策，降低农民负担，提高农业生产力和农民的生产积极性，加强教育医疗保障，引导有能力、有意愿的人先富起来。同时在贫困地区采取特惠政策，增加对贫困地区的财政投入，加大对建档立卡贫困人口的帮扶力度，通过有针对性的产业扶贫、医疗、教育、财政手段不断营造出有利于贫困地区经济增长的外部环境，鼓励有外出务工意愿的人走出去，通过土地流转，扶持有愿意务农的人获得更多的生产资料发展农业，并吸纳贫困人口共同致富。

四、中国的减贫模式不可复制，但可借鉴

从中国的减贫经历可以看出，国际发展援助应该有效利用而不能依赖。在改革开放初期，中国发展的资本匮乏，正是因为利用了外国直接投资和国际贸易的市场融资机制，实现了经济增长。同时，中国作为一个受援国，积极争取国际发展援助，在利用外资的过程中加强管理方式、农业技术、监测评估等方面的学习。目前，中国正在通过新南南合作激励一部分有行动力的国家开展新的减贫实验，例如通过中国政府援助的形式开展非洲经济特区实验。另外还有一些国家，如埃塞俄比亚、坦桑尼亚等国开始自发尝试通过经济特区的形式，建立具有本国竞争力的产业，如服装加工、纺织和农产品等。这种自发式的探索已经说明，越来越多的发展中国家已经认同了中国的发展理念，愿意在新南南合作的框架下调整自身发展理念，进行新的尝试。

总之，随着经济社会的发展，中国逐渐从南南合作的参与者发展成为南南合作的倡导者。在此过程中，中国结合自身发展实践，丰富并创新了南南合作的内容，形成了具有中国特色的新型南南合作模式。

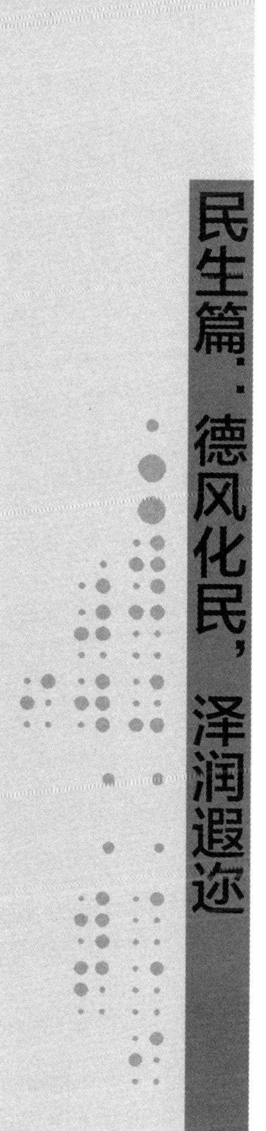

民生篇：德风化民，泽润遐迩

10 Part

党的十九大指出，当下我国的社会主要矛盾已经转化为人民日益增长的美好生活需要和不平衡不充分的发展之间的矛盾。如何更好地满足人民日益增长的美好生活需要？如何更好地解决当下复杂而深刻的民生问题？这些都将成为新时期我国发展过程中的重要课题。本篇立足民生，从细节入手，着重探讨当下民生领域几大重点问题的解决路径。

人口政策的进一步调整应基于对人口数量与质量的权衡把握

秦雪征

随着我国人口老龄化的加剧，人口政策的调整成为社会各界关注的热点话题。近年来，党中央相继推行“单独二孩”“全面放开二孩”等政策，标志着我国自 20 世纪 70 年代以来实施的人口管控政策相继在全国范围得到放松。然而，新的人口政策自实施以来，其效果和预期设想有着很大差距，年出生人口总数和人口出生率不升反降。2017 年是实施“全面二孩”政策的第二年，但国家统计局的数据显示，该年我国出生人口为 1 723 万，比 2016 年减少 63 万人，人口出生率也同比下降 0.52‰。为此，2018 年“两会”期间，一些代表、委员提议实施“全面放开三孩”乃至彻底放开生育管制的政策；另一些代表、委员则建议政府改善生育环境，降低生育成本，以进一步增进政策实施的效果。代表、委员们的踊跃建言，说明人口政策的进一步调整还将是未来若干年学术和政策讨论的焦点。

关于人口管控政策对经济社会产生的长期影响，学界一直有不同观点。1979 年以来实行的独生子女政策曾经有效控制了我国人口的过快增长，为“人口红利”的产生及我国经济的快速发展奠定了坚实的基础。但是，长年持续的计划生育政策使人口年龄结构不合理的问题日益凸显：根据国家统计局的数据，2017 年我国 15—59 岁的劳动年龄人口连续第六年呈绝对下降趋势，比 2016 年减少 600 万，比 2011 年减少 2 500 万；同时，我国 60 岁以上的老龄人口逐年上升，由 2012 年的 1.94 亿增长至 2016 年的 2.31 亿，同时老年抚养比也从12.7%上升至15.0%。为了遏制人口红利的流失和老龄化带来的养老压力,很多学者认为,继续执行计划生育政策将加重人口老龄化负担,并对我国的经济增长带来负面影响。然而,也有一些学者主张稳步推进人口政策的调整以避免未来人口结构的再度失衡和人口抚养负担的过快上涨。

笔者认为,人口政策的放松对短期内减缓我国"人口红利"的消失、维持社会的稳定发展具有重要意义。但是,它对经济发展的长期影响则取决于在我国当前的经济发展水平下,人口数量与质量之间是否存在权衡取舍的替代关系:如果人口数量的进一步增长会导致人口质量的下降,那么全面放松人口政策将可能给我国"以人为本"的创新型经济增长模式带来不利影响;反之,如果人口数量与质量之间不存在这样的负相关关系,甚至人口数量的提升还会带来人口质量的改善,那么人口政策的进一步放松将很可能会促进我国经济的可持续增长。从学术理论上来看,人口数量与质量之间的关系是经济学和人口学领域长期关注的重要问题。"人力资本学说"的创始人加里·贝克尔(Gary Becker)于20世纪70年代正式提出了人口数量与质量的替代命题(Quantity-Quality Trade-off)。根据这一理论,当家庭面临着预算约束(budget constraint)和信贷市场失灵(credit market failure)并且父母对子女一视同仁时,由于家庭资源的稀缺性,子女数量的增多将导致父母只能对每个子女进行更少的人力资本投资,从而家庭中子女的数量与质量(人力资本)之间便会存在负向关系。结合上文可知,对这一理论的检验将有助于为我国当前和未来的人口政策提供微观经济学理论基础。然而,受到数据可得性和统计方法的制约,相关研究文献还比较有限,并且没有获得普遍的共识。

为此,笔者根据我国的历史和制度特点,选用全国性的人口抽样调查数据,利用计划生育政策的实施这一自然实验,结合新的计量经济学方法——断点回归设计(RDD),估算了人口数量对人口质量(教育水平)的单向因果影响。研究结果显示,家庭子女数量的减少确实能够带来子女人力资本水平的提高,这与经典理论“数量—质量”替代的预测一致。进一步的分样本研究表明，人口数量与质量的替代关系只在收入较低、信贷发展较落后的地区得以显现，并且“重男轻女”的现象也弱化了这一替代关系。因此，随着中国经济的发展，全面放宽家庭对子女人力资本投资的约束将可能减轻计划生育全面放宽的负面影响，从而有利于经济的可持续发展。

上述研究成果为我国人口政策的实施和调整提供了一些新的启示：第一，从整体而言，我国过去三十多年的计划生育政策在控制人口数量和提升人口质量方面均有积极意义，因此对于这一政策的评估应趋向正面，不能因为目前人口红利的消失而将计划生育政策的成果全盘否定。第二，人口数量与质量之间的替代关系确实存在，但在不同地区具有异质性，尤其在经济发达、信贷市场较为活跃的省份，这一替代关系可能不再稳健。这表明我们现阶段的人口政策调整不一定会带来人口质量的下降。也就是说，随着经济的快速发展，当家庭的收入和信贷约束得以缓解，子女的培养成本也不再对家庭构成负担时，人口数量的增加将不会对人口质量的提升构成威胁。对于经济发展相对落后的地区，通过加快地方信贷市场发展速度、建立低息助学金贷款机制等方式也可以缓解家庭对子女的教育投资约束，逐渐降低“放宽计划生育导致人口质量下降”的风险。第三，笔者认为虽然人口政策的调整放宽了生育的限制，但女性教育和收入水平的提高以及社会保障体制的完善使养儿育女的机会成本不断增加、生育意愿逐渐减弱。因此，政府应在“全面二孩”政策实施的同时，完善相关的配套政策，在解决民众的后顾之忧方面多做工作，使适龄家庭真正想生、敢生。为此，李克强总理在2018年的《政府工作报告》中提出了“增加子女教育专项费用扣除、加强对儿童托育全过程监管”等措施，表现出政府对这一问题的关注。最后，人口政策调整的真正目的是实现我国经济社会更可持续、更高质量、更有效率的发展，因此各个政策组合的关键目标在于加快“人口红利”向“人力资本红利”的过渡。上文已经提到，家庭收入和信贷约束的存在是抑制人力资本投资的重要因素，因此政府在进行公共教育支出时，不仅要继续提高支出水平,更需要优化支出结构,并向贫困落后地区倾斜,为形成更高质量的人口增长奠定基础。

参考文献

[1] Xuezheng Qin, Castiel Zhuang, Rudai Yang. Does the One-Child Policy Improve Children's Human Capital in Urban China? A Regression Discontinuity Design[J]. Journal of Comparative Economics, 2017, 45(2): 287—303.

实验经济学助推，摆脱养老金发放困境

张　延　张轶龙

2018年3月20日，十三届全国人大一次会议闭幕后，国务院总理李克强在人民大会堂金色大厅会见中外记者并回答提问。李克强总理表示："保证养老金足额发放、按时领取，这是我们必须做到的。……要推进这个领域的相关改革，像今年我们将实施养老金基金调剂制度，中央收取3%统筹调剂，以后还会有所提高，以弥补有些省养老金可能会发生的不足。……保证老有所养的'定盘星'，大家对未来应该充满信心。因为如果我们不能做到这一点，老人辛苦了一辈子还不能老有所养，那后来人都会失去信心。"

公开数据显示，中华人民共和国成立之初，我国65岁以上的老人占比不到4.5%，到1980年未超过5%，30年来只增长了0.5个百分点，而到了2010年，这一比例提高到了8.9%，由于70后、80后人数更加庞大，在年老时的赡养问题就引发了各方关注。

当我们老了，养老金能足额发放吗？对于这个问题，2017年度诺贝尔经济学奖得主、芝加哥大学经济学和行为科学讲席教授理查德·塞勒(Richard Thaler)于2001年在《美国经济评论》刊发了与贝纳茨合作完成的论文"固定养老金储蓄计划中的幼稚多样性"(Benartzi 和 Thaler，2001)。该文指出理性程度有限的人们往往自控能力较弱，导致其多以简单幼稚的方式完成养老金储蓄的投资决策。因此，人们往往无法达成最优资产配置方案，自身福利遭受损失。作为塞勒的一项代表性成果，该研究证实了人们在投资决策中的有限自控问题，特别是揭示了养老金储蓄投资中的低效决策问题，这为塞勒此后提出以“助推”为主要抓手的自由主义温和专制理论提供了坚实依据。

固定养老金储蓄计划是一项全球广泛推行的社会保障制度。该计划要求雇员每月拿出工资中的固定比例用以养老金储蓄，雇员可使用该储蓄进行自主投资。这一计划既保证了养老金储蓄的充裕，又允许雇员自主制定投资方案，具有一定的灵活性和便利性。

然而，一些学者对人们的投资效率持怀疑态度，其中一个原因就是人们对金融体系和金融工具的认识较为肤浅、相关知识较为匮乏（Bernheim，1996）。在此背景下，塞勒等（Benartzi 和 Thaler，2001）通过多组实验揭示了养老金储蓄投资中低效率的“1/N”模式（将储蓄平均投资在 N 个可选投资品上），同时指出了待选投资品设置对人们投资决策的重要影响。这一成果在揭示有限自控问题的同时，亦为塞勒此后提出影响深远的养老金储蓄改革方案提供了重要支持。

塞勒等设计并完成了三组关于养老金储蓄投资决策的实验研究。第 1 组实验以叙述介绍的形式完成调查，被试者基于两种投资品做出投资决策；第 2 组实验辅以图表展示完成调查，并在第 1 组实验的基础上增加了对被试者在多个给定投资组合间选择的调查；第 3 组实验基于多种股票和债券，请投资者自行完成其投资组合设计。每组实验包含若干种情形，每名被试者只参加一组实验一个情形的调查。实验员将对应问题分别随机邮寄给康奈尔大学的众多雇员，信中同时表示，回复信件可参加一场奖金为 500 美元的抽奖活动。

第 1 组实验包括三种情形，每种情形均包含 A、B 两种投资品，被试者需给出其投资方案。情形 1、情形 2 和情形 3 的 A、B 投资品分别为股票基金和债券基金，股票基金和混合基金（由一半股票基金和一半债券基金组成），以及混合基金和债券基金。结果表明，被试者在三类情形下投资于 A 的储蓄比例均值分别为 54%、46%和 69%。基于此，投资于股票基金的储蓄比例均值分别为 54%、73%和 35%。此外，三类情形下分别有 34%、21%和 28%的被试者选择在 A、B 间平分其储蓄投资。随后，在三类被试者偏好相同的假设下，塞勒等基于情形 1 中每位被试者的资产配置方案，依次计算了其在后两种情形下的对照投资方案，也即在情形 2 和情形 3 下实现与情形 1 相同配置的投资方案。对照投资方案表明，在情形 2 和情形 3 下，被试者平均应将其 21%和 87%的储蓄投资于 A，这与实验结果的 46%和 69%具有明显差异。

由此，第 1 组实验结果具有以下两方面重要含义：

第一，被试者倾向于在 A、B 两种投资品上各投资一半养老金储蓄，这表现为三类情形下投资于 A 的储蓄比例均值都在 50%左右；第二，投资品设置将对雇员的最终投资方案产生显著影响，这表现为投资股票基金的储蓄比例在情形 2 下远高于对照水平，而在情形 3 下远低于对照水平。

为排除表达方式对实验结果的可能干扰，塞勒等在第 1 组实验的基础上设计并开展了第 2 组实验。第 2 组实验不再单纯表述“股票基金”或“债券基金”，取而代之的是向被试者分别展示每只基金此前 25 年的年收益率条形图，这样能够使被试者更好地认识和理解股票基金和债券基金，避免被试者因不明确两者差异而做出各投资一半的决策。此外，第 2 组实验在保留第 1 组三类情形的基础上新增了第 4 类情形，该情形包括 5 种给定的投资组合：分别将 0%、25%、50%、75%和 100%的储蓄投资于股票基金，其余投资债券基金。

结果表明，被试者在前三类情形下投资于 A 的储蓄比例均值分别为 56%、59%和 57%，ANOVA 检验表明三者间无显著差异；基于此，投资于股票基金的储蓄比例均值分别为 56%、80%和 29%。此外，对照投资方案表明，在情形 2 和情形 3 下，被试者平均应将其 29%和 84%的储蓄投资于 A，这与实验结果的 59%和 57%差异显著。另外值得一提的是，尽管被试者在情形 4 下面临的选择实质上与情形 1 一致，但资产配置结果却大不相同。在情形 1 下，被试者平均将 56%的储蓄投资于股票基金，但在情形 4 下这一比例高达 75%，更有多达 51%的被试者将其全部储蓄投资于股票基金，这表明当雇员面临给定的投资组合时，其多样化投资意愿随之减弱，加之获悉股票基金过去的强劲收益，致使雇员倾向于将大量储蓄投资于股票基金。该组实验对第 1 组实验的两点发现予以了有力证实，同时情形 4 的发现更揭示了备选资产组合对投资决策的重要影响。

在此基础上，为使实验情境与现实更为接近，塞勒等设计并完成了第3组实验。该组实验包含两类情形，情形1包括4只固定收益基金和1只股票基金，情形2包括1只固定收益基金和4只股票基金。实验结果表明，情形1下被试者投资于股票基金的储蓄比例均值为43%，而情形2下则高达68%，差异显著。

注意到情形2下的股票基金选择较情形1更为丰富，从而再次表明了投资品设置对投资决策的重要影响，当股票基金可选品种较多时，人们倾向于大量投资股票基金，反之亦然。此后，塞勒等还基于理性人假设分别计算了增加股票基金品种和增加债券基金品种对股票基金投资份额的影响。结果表明，在理性人假设下，增加两类投资品的品种和数量不会对股票基金投资份额产生显著影响，该份额始终保持在50%上下。

塞勒等援引布伦南等(Brennan 和 Torous，2010)的研究指出，当投资周期为20年时，如果一位最优股票投资份额为80%的储户仅投资了30%，那么其福利损失可达25%；当投资周期为30年时，这一损失将高达35%—40%。

塞勒的实验经济学研究具有重要的理论意义和现实价值。

塞勒(Benartzi 和 Thaler，2001)指出了人们在养老金储蓄投资决策中低效率的"1/*N*"原则，揭示了投资品和投资组合设置对最终投资决策的重要影响。该研究除具有重要的理论意义外，更具有丰富的现实价值，使塞勒确信了设置默认储蓄率和默认投资组合在养老金储蓄计划中的重要性，他据此提出的养老金改革方案在美国取得了巨大成功，类似的"助推"模式也在世界多国引起了强烈反响，对公共政策的制定和实施影响深远。已有近2 500万美国人加入"明天储蓄更多"(Save More Tomorrow)养老金计划中。从英国开始，全球很多国家都已建立助推小组(nudge units)。"明天储蓄更多"养老金计划是塞勒的理论在政策领域最为知名的应用，目标为促使大量没有存储习惯的美国人提前存钱。该计划要求美国401(k)养老金计划参与者把储蓄率和薪酬增长挂钩，也就是在每次加薪后，同意自动提升他们放入养老金的储蓄金，并利用人的惯性(或理解为惰性)使人们留在这项计划中。

发展完善多层次多主体的健康扶贫

姚　奕

2018年的全国“两会”上，《政府工作报告》将精准扶贫、精准脱贫放入了下一年工作的重要议程。精准扶贫是现阶段政府最重要也是最紧迫的任务之一，是实现十九大提出的第一个百年奋斗目标的重点任务，也是保障全体国民共享经济发展成果的重要举措。迄今为止，脱贫工作已取得重大进展，贫困发生率下降到3.1%，但余留的脱贫任务也格外艰巨。习近平主席在2018年2月召开的打好精准脱贫攻坚战座谈会上指出，我国目前仍有3000多万贫困人口，脱贫任务艰巨，需要提高脱贫质量，并聚焦深度贫困地区。

随着扶贫工作不断推进细化，从最初的开发式扶贫，识别贫困县、贫困村，到2014年提出精准扶贫模式的顶层设计，识别贫困户、贫困人口；从最初以收入为单一维度识别，进化到多维识别。伴随着经济发展，我国保险业也随之壮大，保费收入高居世界前三。商业保险在养老年金、补充医疗、大病保险等多个领域与社会保险互为补充，共同构建多层次的社会保障体系，促进提高社会治理能力。

近期扶贫工作进一步由开发式扶贫为主向开发式扶贫与保障式扶贫并重转变。而健康扶贫正是保障式扶贫的主要组成部分。根据国务院扶贫办发布的数据，我国贫困人口致贫返贫的首要原因是因病致贫，占比高达42%。大量研究表明收入会影响预期寿命，而健康水平作为人力资本的重要组成部分，直接影响生产力和收入水平。因而，推动健康扶贫是实现精准扶贫，为低收入人群提供必要保障的重要途径。在发展这一战略的过程中，笔者认为应继续发展和完善多层次的健康扶贫战略，并提倡和鼓励多主体参与健康扶贫工程。

我国现有的健康扶贫战略是政策逐步累加形成的，以基本医保为基础、大病保险为延伸、扶贫保险为补充、小额保险为合力，具有多层次的特征。

2009年全面实行的农村新型合作医疗(简称“新农合”)可以视为针对农村人口的基础健康保障，从根本上起到了广泛覆盖、初步保障的作用。2015年年底，全国参加新农合人数为6.7亿，参合率高达98.8%。新农合政策范围内住院费用支付比例达到75%左右，基金最高支付限额达到当地农民人均可支配收入的6倍以上。新农合的覆盖人群范围广，但出于筹资水平的限制，保障力度相对有限。

为了提高保障水平，缩小居民医保与职工医保在保障力度上的差距，尤其是防止居民因大病而致贫、返贫，2012年我国针对城镇居民医保(简称“城居保”)和新农合参保人推出了大病保险制度。在不额外单独收取保费的前提下，通过商业保险公司经办的方式，引入市场机制，提高运行效率，减轻居民大病负担，并规定大病报销比例不低于50%。大病保险可以视为对于基本医疗保险的延展和补充。

随着党的十八大、十八届三中全会和五中全会要求“建立更加公平可持续的社会保障制度”和“健全全民医保体系”，我国城居保和新农合并轨方案从2013年开始酝酿并逐步推进，截至目前全国基本已完成并轨工作，形成统一的城乡居民基本医疗保险(简称“城乡居保”)。城乡居保在并轨过程中，基本秉承就高不就低的原则，进一步缩小了原有的城镇居民和农村居民在用药目录、报销水平、起付线方面的差异，消除了政策层面造成的城乡二元结构差异，进一步减轻了农村居民的医疗费用负担。

2016年，在基本医保的基础上，各地开始大面积推广扶贫保险，以期实现精准扶贫的目标。扶贫保险针对贫困地区与贫困人口不同致贫原因和脱贫需求，分类开发、量身定制保险产品与服务。目前，扶贫保险大都采用政府付费、商业保险公司经办的模式，为各地建档立卡人员以及民政低保、五保人员购买保险。保险的扶贫功能主要表现在两个方面：其一，在保障性方面，保险能有针对性地兜住贫困人口相关生产生活风险，防止因病、因灾、因意外致贫返贫；其二，在开发性方面，保险能撬动和整合扶贫资源，为低收入人口融资提供保障和抵押，进而辅助造血功能，推动发展脱贫。

此外，由商业保险公司经办的针对低收入人群的保险产品还包括小额保险。小额保险的概念是在 1999 年首次由国际劳工组织正式公开提出的。在过去 20 年内，小额保险在亚洲、非洲和拉丁美洲蓬勃发展，获得了广泛传播和重视，多国出台了针对小额保险的专门监管法案，以推动这一产品发展，促进金融普惠和减贫脱贫。据瑞士再保险 *Sigma* 报告估计，全球平均收入水平低于 2 美元/天的低收入人口规模高达 40 亿，这是一个具有广阔前景的特定市场。我国在 2007 年加入了国际保险监督官协会与贫困人口服务小组联合成立的小额保险工作组，并从 2008 年开始试点，在 2012 年全面推广小额人身保险。截至 2012 年，小额人身保险已覆盖包括农村居民、进城务工人员在内共计 3 200 万人，成为商业保险公司参与健康扶贫的重要途径。

多层次的健康扶贫战略可以有效地拾漏补缺，并促成政府与市场的合理分工。在基本医保、大病保险、扶贫保险和小额保险这一体系序列中，政府的作用逐渐简化，而市场的力量得到释放。政府全面主导基本医保，但也充分利用市场机制，将商业保险公司引入经办大病保险和扶贫保险，借助商业机构的经办能力、资源和信息化技术有效地分散风险，减少贫困发生率。而小额健康保险是一类商业保险公司经营的产品，政府对其予以税费减免和政策支持，能够充分利用企业的自主性，发展个性化、区域化的定制产品。

健康扶贫战略是一项惠及民生的重点工程，也应进一步吸引和鼓励包括商业保险公司、医疗服务提供方、民政、扶贫等多主体的参与。多主体各司其职，贡献合力，在制度设计方面进行有效协调，将基本医保、大病保险、扶贫补充保险和民政救助、小额保险等进行相应分配，使得各部分资金都得到充分合理利用，相互配合，共同完成扶贫、减贫的任务。为基层卫生所和医院提供资金支持和完善的人员配备，以确保农村居民的就诊权利和就医质量。

各个相关主体的权责应明确，防止出现相互掣肘、权利职责相互交叉的现象，让保险公司拥有相应的话语权，在产品的设计、管理、控费方面发挥更大的作用。比如，在具体经办模式上，建议考虑让同一家保险公司同时经办某一地区的大病保险和扶贫保险，以有效降低管理费用和报销核销步骤，以大病保险的规模盈利带动保险公司经办扶贫保险的发展，实现可持续的公私合作双赢模式。

此外，健康扶贫应该注重政策和用户培育两方面的持续性。在政策方面，目前扶贫保险基本采用政府付费的形式，这涉及未来资金是否能够落实、保障是否能够持续的问题。对于建档立卡户，在实现脱贫目标前应保障政策连续性，维护政府信誉。但笔者认为更重要的是维护用户培育方面的可持续性。一方面，在 2020 年全面脱贫目标达成后，扶贫保险或许可以阶段性地完成任务，但是以商业保险的形式为低收入人群提供保障这一手段应该是不变的、可持续的。保险公司的扶贫保险产品、服务和流程在很大程度上决定了脱贫后的老客户是否能够成为小额保险或者其他险种的新客户。另一方面，现阶段小额保险应当与扶贫保险并行不悖地发展，为建档立卡户以外的低收入人群提供自主保障。一些扶贫保险可以考虑以优惠价格向其他低收入人群销售，这有助于扩大风险池和风险分摊能力，并向低收入人群普及保险概念，而非误导人们将保险完全等同于福利。从长远看，这有利于用户培育和市场发展。

教育预算支出责任要求完善教育绩效预算评价机制

许云霄

2018年全国"两会"期间公布的《关于2017年中央和地方预算执行情况与2018年中央和地方预算草案的报告》中指出，2017年预算执行情况是"促进教育改革发展。统一城乡义务教育学生'两免一补'政策，全国约1.43亿义务教育学生获得免学杂费、免费教科书资助。落实高等教育领域'放管服'改革要求，进一步扩大高校办学自主权"等。2018年预算安排日标是"支持发展公平优质教育。巩固落实城乡统一、重在农村的义务教育经费保障机制，改善贫困地区义务教育薄弱学校基本办学条件。支持加快世界一流大学和一流学科建设。支持和规范社会力量兴办教育"。这些方面的教育预算支出安排是我国教育发展目标的体现，《国家中长期教育改革和发展规划纲要（2010—2020年）》明确指出，教育优先发展是党和国家提出并长期坚持的一项重大方针。各级党委和政府要把优先发展教育作为贯彻落实科学发展观的一项基本要求，切实保证经济社会发展规划优先安排教育发展，财政资金优先保障教育投入，公共资源优先满足教育和人力资源开发需要。教育发展的资源投入要着力于实现以下战略目标：实现更高水平的普及教育，形成惠及全民的公平教育，提供更加丰富的优质教育，构建体系完备的终身教育，健全充满活力的教育体制。

一、我国当前的教育预算安排与支出责任

当前国家财政性教育经费占GDP比例自2012年实现4%的目标以来，连

续五年超过4%。随着教育支出大幅度的增长，教育支出的结构问题逐渐显现出来，我国财政教育支出在初等、中等、高等教育之间，城乡之间，地区之间的分配失衡;教育资金使用效率低下等也成为制约我国教育事业发展的重要因素。优化我国财政教育支出结构，提升我国财政教育支出资金的使用效率就成了现阶段的重点。对财政教育支出预算绩效进行系统考评，是提高教育经费使用效率、促进教育事业健康发展的重要手段。

教育支出绩效评价的主体应该包括国家审计部门、政府财政部门和教育部门等，以教育部门的自评为主。教育部门的自评主要通过每年提交《绩效评价报告》，对比年度绩效计划的绩效指标与实际执行情况，对指标完成情况进行评价，对未完成目标进行整改。国家审计部门审计教育部门的财务状况及绩效目标，提交绩效审计报告，并提出整改意见和措施。此外，社会公众通过问卷调查评判教育支出预算中无法直接衡量的效益，以及教育支出是否满足公众需求。专家考评由高等院校等专家协同政府部门确定标准，确定政府教育支出的成效。

财政教育支出预算绩效评价的对象主要是教育部门及其管理的项目。针对教育部门的绩效评价主要是教育部门年初制定计划目标的执行情况，是否在做有效的事情，是否在用正确低成本的方式做事，考察部门预算编制和执行的有效合理性。针对教育支出项目的评价主要包括对项目立项决策效果的评价，对项目技术方案效果的评价，对项目经济性有效性的评价，对项目社会影响效果的评价。

二、我国教育绩效评价亟待完善的几个方面

财政教育支出绩效的核心是政府的教育资源配置效率，当前的财政教育支出的绩效评价主要包括内部效率评价以及外部效果评价。内部效率评价的主体主要是财政部门以及教育主管部门的运作效率，各类学校的经营效率以及监管机构的监督效率。外部效果评价主要包括教育的直接效果(各类学校在校生数量、各级学校数量等)评价以及间接的经济、社会等绩效的评价;财政

教育支出绩效评价研究的是支出数量与支出质量。强调成本、注重效率的同时也维护公平；在法律、制度之外还要考虑社会发展、心理、文化等因素。

（一）针对教育的公共物品属性，多元客观地设计绩效评价指标

教育支出本身具有连续性，同时其效果的考评不能仅看资金投入使用后当年的效果，还需考察其对今后几年的影响；教育本身具有公共物品的属性，因此其资金使用后收益方面必然会相对其他营利性项目较低，不能单从此类指标方面界定资金使用效率等。由于教育具有正的外部性和时滞性，教育支出难以用特定量化指标进行评价和衡量，很多评价要求主要以升学率、入学率等作为中小学教学成果的考评指标，各个中小学对教育支出的安排也以教学升学率为最终目标。这些指标操作简单、具体，但作为基础教育绩效的最终衡量标准，也会存在一些问题，比如过度重视升学率，也就是学生成绩的要求，从而忽略学生素质全面发展。随着网络技术发展，电子产品无孔不入，如何处理好电子产品渗透与教育的关系成为当前最为迫切的教育难题。比如在教育指标评价体系里面加入沉迷于游戏并影响学习成绩的学生比例，学生的心理健康标准及做心理健康咨询次数；学生阅读的习惯，平均每天读多长时间的书，教育单位每年是否更新推荐书目；等等，这些指标能反映当代教育环境与质量。此外，许多定性指标的设计使得主观评价因素的成分比较大，在实施过程中，存在很大的操作空间，不利于评价结果的客观性。因此，要进行科学的教育支出评价，构建正确的教育目标，而不是过度致力于建立复杂化的定量指标，避免定性指标过度主观，要建立多元化、定量和定性相结合的绩效评价体系，比如以年龄作为划分类别，关注各年龄层的受教育程度，并结合劳动力的受教育程度对当地企业和经济发展的促进作用等。

实际操作中，有些指标设计非常详尽，通常是一些量化指标。这些指标虽具有较强的可操作性，反映了一些情况，然而以数额形式呈现出的指标框架有的过于复杂，种类过多，分类过细，数额规定比例比较死板，这一方面加大了绩效评价工作的难度，比如数据的搜集和计算难度，从而难以切实有效地实施绩效评价工作；另一方面，部分指标规定了绝对数额和比例要求，过于简单和纯

粹地追求数量，不能够客观反映现实绩效，有可能误导整个财政教育支出绩效评价及其本身的良性发展；某一数值的微小变动有时甚至并不能够真正反映出地区经济、社会等方面效益的改善，反而会使地方为了提高评价分数而过度重视达到指标要求，而忽视把切实改善地区教育水平作为支出的目标。也就是说，对指标设计划分得过于具体详尽，或者过于概括和简单，都不利于绩效评价工作的进行，如何把握指标设计的细分程度也是值得进一步研究的，同时应该考虑对整体财政支出影响的定性和定量分析。

（二）监管主体应该明确，监管实施到位，加强法规建设

对于教育支出实施绩效评价的本质在于监督教育资金的使用，提高资金的使用效率。引入“独立第三方”本意是弥补教育部门评价体系的不足，为政府部门绩效评价注入更多的市场化因素，提高绩效评价的有效性和真实性。目前相关评价机构多为与政府部门有合作的智库和咨询类机构，因此在实施评价时更多情况下会参考政府部门需求，而无法真正独立出具评价结果，这就违背了最初实施支出绩效评价的本意，也不利于支出绩效评价工作的进一步开展。对教育支出绩效评价工作实施监管，实际应当从绩效评价过程和结果两大方面把控。目前我国实施教育绩效评价监管工作，一般靠部门和单位内部实施自评，以及审计部门抽查，而对于第三方评价机构的运用能力还比较欠缺。但是作为更加市场化发展的第三方评价机构的监督，往往更有效率。一方面，应加强教育部门支出立法管理，将绩效评价内容纳入教育支出政策法规建设。完善的立法支持，将教育绩效评价管理上升到法律法规层级予以保障，有助于减少教育部门实施支出绩效评价工作过程中面临的阻力，使支出绩效评价工作的开展顺畅有效。另一方面，应在与教育相关的预算支出条例中对教育预算绩效管理的责任主体、管理范围、管理对象、评价体系、管理程序等予以明确。通过有力的法律规范明确教育预算绩效管理的发展方向、基本目标、工作程序、工作任务和主要内容。同时要推动建立中长期教育支出规范管理条法。适应目前公共财政“供给侧”改革要求背景，将财政投入与绩效考核衔接起来，进一步扩大教育专项资金绩效评价范围，着重体现资金使用效益。

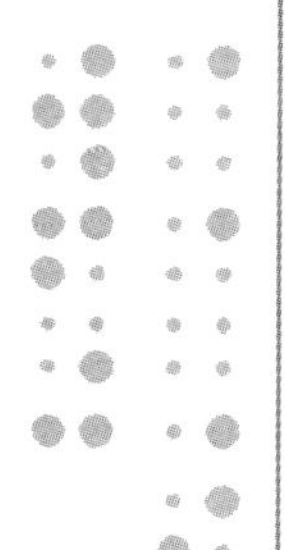

推动医保支付改革，促进全民健康

石　菊

2018年是全面贯彻党的十九大精神的开局之年，3月5日国务院总理李克强在《政府工作报告》中指出，2018年政府工作要“加强和改善民生，促进经济社会持续健康发展”。改革开放以来，我国的经济发展取得了举世瞩目的成就。2010年以前，我国的GDP年增长率超过了10%。近几年虽然经济增长速度放缓，但仍然显著高于其他国家。例如，美国2016年的增长率只有1.6%，西欧国家的增长率也在1%—2%之间，而我国2016年的增长率是6.7%，2017年达到了6.9%。随着中国经济的飞速发展和居民可支配收入的持续提高，人民群众对健康的重视不断增强。2016年10月，中共中央、国务院印发《“健康中国2030”规划纲要》，提出“共建共享、全民健康”，要求把健康摆在优先发展的战略地位，实现健康与经济社会良性协调发展。十九大报告指出，我国社会的主要矛盾已经转化为人民日益增长的美好生活需要和不平衡不充分的发展之间的矛盾。健康是人民享有美好生活的关键因素。实现全民健康，需要健康领域与经济社会协调发展。

推进医疗体制建设对健康的促进具有重要作用。2009年新医改以来，我国医疗体制改革取得显著成果。政府大力提高医疗卫生投入，建立了覆盖城乡居民的基本医疗保障制度。根据国家卫计委2018年2月12日消息，城乡居民参加基本医疗保险的人数超过13.5亿，参保率稳定在95%以上，实现了全民医保。但随之而来的问题是，如何将巨大的医疗资源投入转化为人民群众的福利，提高资金的使用效率，避免过度医疗等行为。人口老龄化、疾病谱转变、生态环境及生活方式变化等因素为维护和促进健康带来一系列挑战。随着医保保障力度的提高,医保基金支出水平逐年增加。生育率的下降加速了全社会人口老龄化的进程,未来将会给医保运行造成更大的压力。

《政府工作报告》指出,在过去五年,民生得到持续改善,人民群众获得感不断增强。居民基本医保人均财政补助标准由240元提高到450元,大病保险制度基本建立且已有1 700多万人次受益,异地就医住院费用实现直接结算,分级诊疗和医联体建设加快推进。2018年,政府医疗体制改革的重点是深化公立医院综合改革,协调推进医疗价格、人事薪酬、药品流通、医保支付改革,提高医疗卫生服务质量,下大力气解决群众看病就医难题。

医保支付制度直接影响医疗花费水平和医疗机构的运行效率。当前我国医疗体系普遍采用按服务付费的方式。该制度简单且容易执行,但被公认为是没有效率的支付方式之一。在按服务付费的架构下,医生有激励通过给患者多做检查和开高价药品,从而获得更高收入。支付改革的方向是采用设计更合理也更精细化的模式取代按服务付费。国际上,尽管各国的医保支付方式不尽相同,但是按服务付费以外的方式被广泛采用,以达到控制医疗费用的目的。美国最大的公共医疗保险Medicare,以按疾病相关组付费为住院服务的主要支付方式。与美国类似,加拿大也在部分地区对住院服务采用按疾病相关组付费。德国主要采用总额预算的方式,目的是控制医疗费用的上涨。日本采用总额预算和按病种付费相结合的方式,同时采用按绩效付费促进医疗服务质量。

医保支付制度改革一直是我国医疗体制改革中的主要任务之一,且其重要性与日俱增。中央政府持续颁布文件推动医保支付制度改革。关于支付方式的文件最早可以追溯到1999年。人力资源和社会保障部(以下简称"人社部",当时称作劳动和社会保障部)在《关于加强城镇职工基本医疗保险费用结算管理的意见》中提出,基本医疗费用的结算方式可采取总额预付、按服务项目、按服务单元等方式,也可以多种方式结合使用。2009年,国务院在《关于深化医药卫生体制改革的意见》中指出,医改的目标之一是完善支付制度,积极探索实行按人头付费、按病种付费、总额预付等方式。2011年，人社部在《关于进一步推进医疗保险付费方式改革的意见》中提出，改革方向是以医保付费总额控制为基础，结合门诊统筹探索按人头付费，针对住院和门诊大病探索按病种付费。2012年卫生部发布《关于推进新型农村合作医疗支付方式改革工作的指导意见》，推动新农合的支付方式改革。2016年年底，中共中央办公厅颁布《关于进一步推广深化医药卫生体制改革经验的若干意见》，提出全面推进支付方式改革，并提出鼓励实行按疾病诊断相关分组付费。2017年，国务院颁布《关于进一步深化基本医疗保险支付方式改革的指导意见》，强调其重要性和急迫性，将医保支付方式改革提到了新的高度。

在中央政策的指导下，各地积极开展支付制度改革试点。试点模式多样，包括按人头付费（比如宁夏盐池县和山东莒南县）、总额付费（比如上海市和云南禄丰县）、按病种付费（比如成都市和重庆市黔江区）、按疾病相关组付费（比如北京市）、按服务单元付费（比如黑龙江省林口县）和复合支付方式（比如广州市和杭州市）。其中，按疾病相关组付费系统设计复杂，技术含量高，且需要信息系统的支持，因此只在近年来才在部分地区开始试点。2017年6月，国家卫计委启动按疾病相关组收付费改革试点，将深圳市、三明市和克拉玛依市列为国家试点，并计划在2019年将试点城市扩大到50个，2020年进一步扩大到100个。

各地应积极分享改革试点经验，推广成功模式，推动医疗支付体制改革。制定合理化、精细化的医保支付制度，对于巩固医疗保障体系、建立医疗机构运行新机制、全面深化医疗体制改革、促进全民健康具有重大的理论和现实意义。

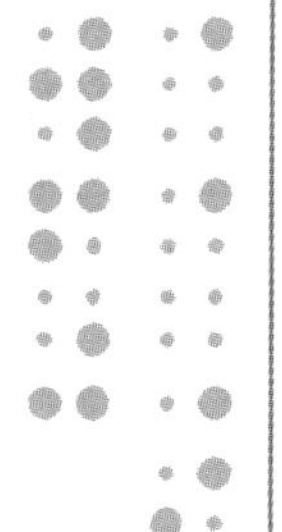

应对老龄化，多角度推动第三支柱养老

陈　凯

随着中国人口老龄化加剧，“养老”已成为近年“两会”提案中的高频热词，2018年也不例外。在这次的“两会”上，李克强总理在《政府工作报告》中提出，要“持续合理提高退休人员基本养老金”，持续、合理、提高这三个关键字表明了未来我国养老保险制度的走向。同时，国务院在近日通过了个税递延型养老保险试点方案，这表明探索十年的养老金“第三支柱”即将落地。届时，个人购买商业养老保险的钱会有一定额度在个人所得中列支，扣减个人所得税，待到未来领取时再纳税。从国外经验来看，此类政策有助于鼓励年轻人进行养老储备，而一些相关政策和制度的出台将会对我国的保险行业和金融市场带来重大和长期的影响。

个税递延型养老保险主要是指政府对于个人部分用于购买商业养老保险产品的收入免征个人所得税，在个人领取商业养老保险产品的保险金时再进行征缴。早在九年前，国务院印发的《关于推进上海加快发展现代服务业和先进制造业，建设国际金融中心和国际航运中心的意见》(国发〔2009〕19号文)文件中首次提出要适时开展个人税延型商业养老保险。之后几年间这一概念被反复提及，尤其是近三年来，随着我国老龄化的步伐越走越快，人口年龄结构不断恶化，在国务院印发的一些文件中个税递延型养老保险的试点工作被反复强调。那么个税递延型养老保险未来将在我国的第三支柱养老制度中扮演什么角色呢？

下面，我们首先分析我国的养老保险制度的基本构成和问题。我国的养老保险制度与大多数国家类似，是一个“三支柱”的体系，但这三个支柱发展得十分不平衡。社会基本养老保险作为养老保险制度的第一支柱，主要作用是提供个人退休后的基本生活保障。虽然覆盖面很广，但在老龄化问题日趋严重的背景下，保障水平和持续能力受到了严峻的考验，亟待改革。第二支柱是企业补充型养老保险，目前我国针对不同职工提供了企业年金和职业年金。然而，其主要问题是覆盖率人低，截至2016年年底，全国参加企业年金的企业仅为7.63万户，参加职工为2 325万人，大多数人缺乏保障职能依赖第一支柱。最后，个人储蓄型商业养老保险，也就是“第三支柱”，可以根据自身经济状况自愿选择购买，主要包括年金产品和储蓄型长期寿险产品。由于起步较晚，其投保参与率也很低。在基本养老保险替代率持续下行和企业年金的覆盖面严重不足的情况下，绝大多数的企业职工需要依靠自身的积蓄来养老。因此，第三支柱养老体系的建立和发展尤为重要。为了填补潜在的缺口，国家已经在2016年颁布的保险业新“国十条”中明确提出“把商业保险建成社会保障体系的重要支柱”“推动个人储蓄性养老保险发展”，体现了政府对于快速发展商业养老保险的积极支持态度。

接下来，我们再来讨论个人储蓄型养老保险的形式和作用。前面提到的个税递延型养老保险是一个非常好的形式，这也是2018年“两会”上讨论的热点之一。通过税收激励政策，让个人更愿意用税前的收入来为自己未来的养老进行储蓄。同时，由于个人购买了久期较长的养老保险产品，养老基金的规模得以提高，保险公司可以更有效地配置长期资产，获得较为稳定的收益，从而稳定了金融市场。个税递延型养老保险的另外一个优势在于可以平滑个人未来的收入水平。正如大家耳熟能详的小品名句所言：“人生最痛苦的事是，人死了，钱没花完。但比这更痛苦的是人活着，钱没了。”话糙理不糙，这里其实蕴含着很深刻的金融含义，个人的收入在进行储蓄和投资时一定会面临着各种各样的风险，其中包括市场风险、通货膨胀风险和长寿风险。投资股市基金收益水平很难保证，存银行可能因为通货膨胀造成财产缩水，加上生活医疗水平提高带来的寿命延长，未来真的很有可能出现小品里面提到的“人活着，钱没了"的情景。养老保险，尤其是个税递延型的养老保险可以督促个人将工作期间的部分收入存起来，由保险公司承担收益波动带来的市场风险、通货膨胀风险和预期寿命延长造成的长寿风险，从而保证个人在退休后还有稳定的收入。

虽然个税递延养老保险是构建第三支柱养老体系的关键组成部分，但它并不是唯一手段。

首先，个税递延这一制度在我国存在着一定的局限性，表现在我国目前的缴税是由单位代扣代缴，而不是西方一些国家的申报制度。这种制度造成个人所得税税率很难确定，虽然是个人的税收优惠和递延，但购买时却一定要通过公司和雇主购买才能享受政策优惠，这种情况下税收激励的效果大幅降低，很难起到欧美国家那种立竿见影的效果。在一些专家和学者的测算中也发现，个税递延固然能够增加个人的终身效用，但具体落实到我国国情，这一增幅有限。其次，我国个税人群有限，个税递延型养老险未来能惠及的人群规模其实并不会太大。因此，我国的第三支柱养老制度不必只靠保险产品，完全可以依托金融市场建立综合养老金融服务。归根结底，第三支柱养老制度的目标是为居民提供更多更稳定的退休收入。而除了保险之外，银行、基金、证券等行业也有各自的特点，都可以为第三支柱养老贡献一份力量。相比保险公司，银行在金融服务领域的优势更加明显，其网点较多，账户管理和托管经验丰富，加上长期以来建立起的信誉，可以让大众更放心地将养老储蓄交于它们进行投资。基金公司和证券公司的优势在于投资能力和资产管理能力，它们可以更有效地提升养老资产的收益水平并管理市场风险。保险公司当然也有自己的强项，其销售能力是经过长期积累获得的，值得信赖，保险精算队伍则具有在养老金领取阶段管理好长寿风险的优势，还有养老产业链上下游的整合能力也是保险公司的优势所在。

因此，我国的养老保险制度建设，尤其是第三支柱养老制度建设不能只依赖“个税递延”养老保险这一种方式，必须根据我国国情，在一个大金融的概念下，综合发挥保险、银行、证券、基金、信托等多方力量，从多个角度共同推动我国养老保险体系建设，让全社会的养老体系基础更加稳固，居民的养老收入更有保证。

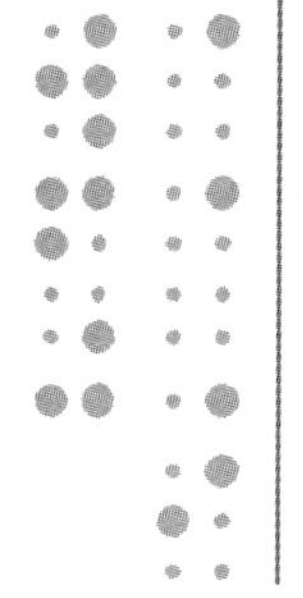

积极推动社保基本养老金基金精算平衡原则下的全国统筹制度建设

冯　晴

作为世界第一人口大国，我国已经建立了以全社会人口为覆盖目标的社会基本养老保险制度，并成为全世界公共养老金制度覆盖人口最多的国家，社会基本养老保险制度在保障国民老有所养、促进社会公平正义、推动社会和谐稳定等诸多方面起到了无可替代的基石作用。同时，与世界上很多国家一样，作为我国养老保险制度第一支柱的社会基本养老金制度，也遇到了人口老龄化和人口预期寿命不断提高带来的社会基本养老金基金支出膨胀、财政压力不堪重负的困扰。为了解决基金的偿付压力，我国政府不仅在加快建立社会养老金制度第二支柱和第三支柱，还在2016年伊始放松了严格执行三十余年的计划生育基本国策，全面实施一个家庭允许生育两个孩子的政策，并明确提出不久的将来要在全国范围内实施延迟退休政策。与此同时，社保基本养老金基金管理也在不断进行制度完善和制度创新。2018年“两会”期间，李克强总理所做的《政府工作报告》就明确提出“推进社会体制改革。深化养老保险制度改革，建立企业职工基本养老保险基金中央调剂制度”。深化养老保险制度改革的重要目标之一是建立社保基本养老金基金的全国统筹制度，建立企业职工基本养老保险基金中央调剂制度是社保养老金基金实现全国统筹的重要步骤。

现代养老金制度中的公共养老金基金一般都采取现收现付制度，当代退休人员基础养老金以同时代劳动年龄人口的基础养老金缴费作为发放资金主要来源，在基本养老金基金收支出现缺口时则以国家财政补贴形式全额承担，我国亦不例外。基本养老金基金作为一种现收现付方式下的跨代互助互济养老保险形式，参加的人数越多则可以在越大的范围内实现风险共担和收益共享，从而实现基础养老保险的最大效益。由于历史原因，我国社保基础养老金制度目前实施分级管理制度。基础养老金分级管理制度不仅造成社保养老金基金管理碎片化，也没有在全国更大范围内实现风险分摊和收益共享，还带来了社保养老金基金参保和缴费随意性和不规范现象。因此，我国政府正在推动社保基本养老金全国统筹，但是，基本养老金全国统筹迟迟难以实现。突出的困难首先是不同地方养老金缴纳政策不同，领取政策也不同，难以制定统一标准；其次是不同地方社保养老金基金的余额情况不同，有的省份有结余，例如深圳、上海等；有的则已经出现收不抵支，例如吉林、黑龙江省等，而有结余的省份对于全国统筹弥补收不抵支省份养老金缺口没有积极性。如果说社保基础养老金全国统筹下的缴纳和领取政策可以通过有效的制度设计实现，那么不同省份社保养老金基金盈余和缺口差异成为养老金全国统筹的阻碍则需要将其放在大的历史背景下去认识和解决。现在基本养老金基金存在盈余的省市主要是经济比较发达的省份和城市，不少地区在发展过程中都享受到了国家特殊的政策支持，特殊的政策优势带来了经济、就业、教育资源等优势，吸引着其他地区的年轻劳动力不断流入，提供了源源不断的社保基本养老金基金缴费来源，而大批的基本养老金领取人口则留在了没有政策优势的经济不发达地区，这必然导致人口年龄结构的两极分化以及不同地区养老金基金结余和亏空现象。在这个意义上，公平而言，现在的基础养老金结余的省份和城市有责任为基础养老金收不抵支的省份和城市做出贡献。

深化养老保险制度改革的重要目标之一是建立社保基本养老金基金的全国统筹制度，全国统筹的社保基本养老金基金有效运行还需要以精算平衡原则为基础。通过精算平衡模型，在精算平衡原则管理下的社保养老金基金的制度效率表现为对于未来基金收支状况的有效预测和把握能力以及基金征缴和领取政策的有效修正能力。例如，如果精算平衡方法下预测未来养老金基金将出现收不抵支，精算平衡模型将给出造成这种收不抵支问题的主要影响因素，并通过模型参数的修订给出相应的政策解决方案。再如，如果精算平衡模型指出基金将是长期性的收不抵支，解决方法则主要是提高缴费比例和延长退休年龄，同时，模型将有效地给出不同缴费比例和退休年龄下的社保养老金基金收支可能的状况，帮助我们更好地进行政策选择和制定。进一步，如果精算模型给出的结论是收不抵支是间或的或者是短期的现象，则没有必要使用诸如延迟退休和提高缴费比例这样的影响面很广而且非常敏感的社会政策，可能直接采取财政补贴的方式弥补更为适当。

现收现付基本养老金制度收支的基本原则就是当代劳动年龄人口进行养老金缴费，缴费收入用于支付已经退休的上代老年人口的养老金，以此代际循环，为了更好地保证代际公平，养老金基金资产储备主要是为了应对难以预知的人口和经济波动导致的养老金基金入不敷出，养老金基金理论上储备的规模能够保证一定时期里应对这样的风险即可。养老金基金总收入主要来自征缴收入、财政补贴和投资收益等，基金支出主要用于发放养老金等。增加基金收入的方法主要包括提高投资收益，提高缴费率，降低替代率，延长退休年龄，增加劳动年龄人口和财政补贴等，减少基金支出的方法主要是降低替代率，即削减退休金数量，延迟退休从而减少领取退休金的人数等。在社保基础养老金基金精算平衡原则管理下，现收现付的社保养老金基金既不应该出现各年征缴收入持续大量地超过领取支出，也不应该出现各年征缴收入持续大量地不足以支付领取支出。在社保养老金基金精算平衡制度下，持续的基础养老保险基金大量结余的情况并非制度效率的表现，而是没有效率的表现。当然，从各国的实际情况来看，随着社会人口老龄化和预期寿命的延长，更大可能是基础养老保险基金未来入不敷出的问题。如果在精算平衡下预期将出现长期持续的基金收不抵支，提高养老金缴费比例和延迟退休等政策则可能是不可避免的。

如何看待新时代的健康保险发展?

锁凌燕

2018年“两会”期间,卫生健康问题可谓是焦点中的焦点,会议期间释放出来的若干信号,也为新时代健康保险的发展提出了新任务,指出了新方向。

一要看《政府工作报告》。2018年的“两会”《政府工作报告》中,总理11次谈到医疗,涉及医疗保险三方面的重要问题。第一,基本医疗保险已经基本实现全覆盖,但在医疗方面,老百姓还有不少不满意的地方;第二,还要下大力气解决群众看病就医难题,一方面,深化公立医院综合改革,协调推进医疗价格、人事薪酬、药品流通、医保支付改革,理顺机制,减少资源错配和资源浪费;另一方面,在医疗领域推进新技术、壮大新动能,同时支持社会力量增加医疗等服务供给,扩大医疗领域的对外开放,进而扩大医疗服务的有效供给;第三,提高基本医保和大病保险保障水平,居民基本医保人均财政补助标准再增加40元,一半用于大病保险;允许个人将大病医疗等专项费用在个税前扣除,从而进一步降低个人医疗负担。

二要看“两会”期间备受瞩目的国务院机构改革方案。根据该方案,国家卫生和计划生育委员会、国务院深化医疗卫生体制改革领导小组办公室、全国老龄工作委员会办公室的职责、工业和信息化部的牵头《烟草控制框架公约》履约工作职责、国家安全生产监督管理总局的职业安全健康监督管理职责将会整合在一起,组建国家卫生健康委员会,作为国务院组成部门;不再保留国家卫生和计划生育委员会,不再设立国务院深化医药卫生体制改革领导小组办公室。此外,会将人力资源和社会保障部的城镇职工和城镇居民基本医疗保险、生育保险职责、国家卫生和计划生育委员会的新型农村合作医疗职责、国家发展和改革委员会的药品和医疗服务价格管理职责、民政部的医疗救助职责整合，组建国家医疗保障局，作为国务院直属机构。

各方面的信息汇集到一起，清晰地反映出这样一种政策取向：无论是从政策的阐释来看，还是从行政架构来看，都更加突出了"健康"这一核心战略导向，即更加明确了卫生工作只是提升健康水平的主要手段，国民健康才是目标；卫生事业"管办分开"，强调行政主管部门不仅要关注卫生服务业的高效率、高质量发展，更要致力于全人群、全生命周期的健康水平提升，卫生健康事业需要贯穿从预防到治疗的各个环节；强调不同类型的社会医疗保障制度统一管理、协同发展，并将医疗保障管理职责和医疗医药定价职责整合，确保医保资金合理使用、安全可控，社会医疗保险也将越来越具有影响医疗服务业和医药行业发展格局的能力。可以说，经过多年的讨论、探索和实践，步入新时代后，健康中国战略更多地落到了战术层面的执行落实上。这也再一次提示我们，必须围绕"健康"这一核心目标，从整体的健康政策体系的角度来思考未来健康保险的发展。

一方面，健康保险的发展潜力，要结合健康政策的整体思路去判断。一国健康政策的目标，应该是确保居民在恰当的时间，通过恰当的健康服务提供者以恰当的方式，获得恰当的健康服务。基于这样的考虑，健康政策需要统筹考虑成本、质量和可及性问题，但同时达到这几个要求颇具有挑战性，如何在满足健康需求的同时又能兼顾服务品质并降低成本，也是全球卫生体系所面临的共同难题。基于我国的社会经济客观条件，未来包括公共卫生、医疗救助、基本医疗保险等制度在内的公共健康保障，更多地要考虑可及性和成本的可持续性问题，主要在于满足基本的健康需求；商业健康保险的空间，更多地在于充当基本保障的管理服务提供者、补充性保障的提供者，主要在于满足基本保障的效率提升需求和民众的多元化保险需求。

另一方面，健康保险的发展方向，要结合当前社会经济的主要趋势去判断。步入新时代，健康保险发展的主要背景至少包含三大趋势：一是老龄化，

“未富先老”，老龄化进程又快，再叠加上与现代化和城镇化进程相伴随的生活方式转变、家庭规模缩小及人口流动性增强，卫生健康体系承受的需求压力可想而知。二是消费升级，民众需求日益呈现多元化格局，对于医疗服务的质量要求不断提升。三是科技进步，医疗技术的快速进步给健康水平的改善提供了有力的支撑，但理论和经验表明，如果不对医疗技术进步的成本与质量进行有效的评估，将会进一步加大卫生健康保障体系的经济压力。社会医疗保险和商业健康保险作为医疗健康服务的支付者，有能力也应该成为具有长期战略眼光的购买者，因为其购买决策在很大程度上会塑造未来中国卫生健康体系的成本结构、质量水平乃至国际竞争力。从这个角度讲，商业健康保险应该与医疗机构、医药机构、社保机构等在数据、业务等各个层面展开合作，成为健康管理的实践者，积极引领健康的生活方式，积极组织并参与疾病预防和早期干预，积极推进成本效益比更高的技术进步方向。